글로벌 금융위기 이후 **외환정책**

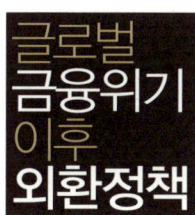

글로벌 금융위기 이후 외환정책

안병찬 지음

한나래플러스

안병찬　　고려대학교에 입학하여 경제학을 전공하고 1977년 2월 정경대학을 수석으로 졸업했다. 곧바로 한국은행에 입행하여 2011년 3월 24일까지 34년 2개월 남짓 근무했다. 대부분의 기간을 조사부(현 조사국), 자금부(현 금융시장국), 국제국에서 근무하면서 조사 분석·통화금융·외환·국제금융에 관한 이론 지식과 실무 경험을 폭넓게 쌓았다.

1987년 5월 미국 펜실베이니아주립대학에서 경제학 전공으로 석사 학위를 받았다. 1993년 9월부터 1994년 8월까지는 미국 세인트루이스 연방준비은행(FRB of St. Louis) 조사국에 객원연구원(visiting scholar)으로 파견되어 '소규모 개방경제에서의 통화정책과 금리 및 환율 결정'에 관한 연구 활동을 했다. 한국으로 돌아와 1997년 2월까지는 자금부 통화관리 과장으로 근무하면서 통화량의 목표 설정과 관리에 관한 실무 책임자로 일했다. 1930년대 이후 최대의 글로벌 금융위기 시기를 전후하여 2007년 5월부터 2010년 8월까지 3년 3개월여 동안 국제국장을 역임했다. 특히 한국은행과 미 연준과의 통화스왑 계약 체결과 달러자금 인출 및 공급과 관련하여 실무 총책임자 역할을 맡았다. 또한 외국환은행에 대한 선물환포지션 한도 제도 도입에도 정부 관계자와 함께 주도적으로 참여했다. 국제국장 직전에는 2년 6개월 동안 미국 워싱턴주재원 국장으로 근무하면서 미 연준, 재무부, IMF와의 협력 관계를 강화하였다. 현재 KB투자증권 감사로 있다.

글로벌 **금융위기**
이후 **외환정책**

지은이 | 안병찬
펴낸이 | 한기철
편집인 | 이리라
편집 | 한나래, 이여진, 이은혜
마케팅 | 조광재

2011년 5월 10일 1판 1쇄 펴냄
2012년 9월 10일 1판 2쇄 펴냄

펴낸곳 | 한나래출판사
등록 | 1991. 2. 25 제22−80호 · 주소 | 서울시 마포구 합정동 월드컵로3길 39(합정동 388−28) 합정빌딩 2층
전화 | 02−738−5637 · 팩스 | 02−363−5637 · e−mail | hannarae91@naver.com
www.hannarae.net

ⓒ 2011 안병찬
Published by Hannarae Publishing Co.
Printed in Seoul

ISBN 978−89−5566−115−6 93320

C O N T E N T S

일러두기

· 한글 표기를 원칙으로 하되, 필요에 따라 외국어와 한자를 병기하였다.

· 한글 맞춤법은 '한글 맞춤법' 및 '표준어 규정'(1988), '표준어 모음'(1990)을 적용하였으나 혼란이 있는 경우는 출판사의 원칙을 따랐다.

· 외래어의 우리말 표기는 개정된 '외래어 표기법'(1986)을 원칙으로 하되, 그 중 일부는 현지 발음에 따랐다.

· 사용된 기호는 다음과 같다.

  신문, 잡지 등: 〈 〉

  책이름 등: 《 》

Prologue

우리나라는 국내 자본이 부족한 여건에서 외국 자본을 활용하여 짧은 기간에 괄목할 만한 경제 발전을 이룩하였다. 다른 한편으로 외국 자본의 갑작스러운 유출 때문에 환율 급등과 외화자금의 부족 사태가 발생하여 두 차례 큰 위기를 겪기도 하였다. 이러한 위기는 대외 의존도가 높고 자본시장이 완전 개방된 우리나라에게 환율과 외국자본의 이동을 관리하는 외환정책의 중요성을 일깨워 주었다.

이 책은 외환정책을 다룬 것이다. 그동안 환율이나 외환시장에 관한 서적은 많이 있었지만 환율뿐만 아니라 외화자금 공급, 외환보유액, 외채, 자본자유화, 외환건전성 등을 종합적으로 다룬 외환정책에 관한 것은 찾아보기 어려웠다. 이 책은 과거의 외환정책 이야기는 최소한으로 줄이고 2008년 9월 글로벌 금융위기 이후 우리나라의 외환정책, 이와 관련한 핵심 이슈, 그리고 앞으로 풀어나가야 할 과제에 초점을 두고 있다.

이 책을 쓰게 된 동기는 정부 관계자와 함께 외환정책을 장기간 담당하면서 얻은 경험과 지식을 소개함으로써 외환을 직접 다루는 금융기관이나 기업 관계자는 물론 일반 독자들이 외환정책을 현실감 있고 폭넓게 이해하는 데 조금이나마 도움을 주고자 하는 데 있다.

필자가 한국은행 국제국장으로 있었던 3년 3개월여 기간은 한마디로 격동의 시기였다. 특히 2008년 9월 중순 미국 월가에서 발생한 리먼 브러더스 파산 사태는 순식간에 1930년대 대공황 이후 최대의 글로벌 금융위기로 확산되었다. 이러한 위기는 전 세계에서 생존해 있는 사람 중 거의 대부분이 과거에는 직접 경험해 본 적이 없는 일이었다. 우리나라도 그 영향에서 벗어날 수 없었으며 결국 외화유동성 위기에 직면했다.

나는 이를 극복하기 위해 90여 명의 국제국 직원들 및 정부의 관계자들과 함께 과거에 해보지 않았던 많은 새로운 일들을 추진하였다. 그 과정에서 힘들고 어려운 일들이 많았지만 1997년 12월 외환위기 때와는 달리 외화유동성 위기를 우리의 힘으로 극복했다는 남다른 보람도 느꼈다. 그 중에서 기억에 남는 몇 가지를 소개함으로써 외환정책의 핵심 이슈에 대한 독자들의 이해를 돕고자 한다.

첫째는 미국, 중국 및 일본 중앙은행과의 통화스왑 계약을 체결한 일이었다. 특히 한국은행과 미국 연방준비제도이사회(이하 '연준')와의 통화스왑 계약 체결은 내게는 평생 잊을 수 없는 사건이었다. 돌이켜 보면 리먼 사태 직후에도 연준은 우리의 기대와는 달리 선진국만을 대상으로 통화스왑을 통해 미 달러화를 공급하였다. 하지만 우리나라는 세계 경제 및 국제금융시장에서 높아진 위상과 연준과의 긴밀한 협력 관계를 바탕으로 마침내 그 해 10월 30일 브라질, 멕시코 및 싱가포르와 함께 연준과의 통화스왑 협정 체결을 성공적으로 이끌어 내었다.

그것은 신흥시장국으로서는 처음이자 마지막이었다. 이어서 12월 12일 우리나라가 여러 신흥시장국들 중에서 가장 먼저 중국인민은행과 통화스왑 계약을 체결한 것도 주목받는 일이었다.

미 연준과의 통화스왑 계약 체결 발표 당일 금융시장은 기대를 초월하는 엄청난 반응을 보였다. 주가는 KOSPI 기준으로 전일의 968.97포인트에서 1,084.72포인트로 115.75포인트 급등하였고 원/달러 환율(종가 기준)은 서울 외환시장에서 전일의 1,427원에서 1,250원으로 177원 급락하였다.

이러한 통화스왑 계약 체결은 국내 외환시장 및 금융시장의 안정을 가져와 외화유동성 위기를 극복하고 국제금융시장에서의 우리나라의 위상을 높이는 데 큰 기여를 하였다고 본다.

둘째는 금융기관에 대한 외화자금의 신규 공급을 중단하는 시기를 결정하는 일이었다. 이것은 외화자금 공급을 결정하는 것보다 훨씬 더 어려웠다. 한국은행은 국내 금융기관의 어려운 외화자금 사정을 덜어주기 위해 2008년 10월 21일과 12월 2일 각각 경쟁입찰방식 외환스왑 거래 및 외화대출을 처음 도입하였다. 이후 연말과 연초 및 설 연휴 시기를 제외하고는 매주 정기적으로 이들을 번갈아가며 실시했다.

이에 힘입어 2009년 2월부터 국내 은행들의 외화자금 사정이 크게 호전되고 있었다. 그럼에도 불구하고 일부 해외 언론들의 국내 외화유동성이나 외환보유액 사정에 대한 부정적 보도 등으로 3월 들어서도 환율은 매우 불안정한 움직임을 보였다. 이러한 시점에 금융기관에 대한 외화자금의 신규 공급 중단이라는 과감한 조치를 발표한 것이었다.

이 조치 발표는 우리나라가 외화유동성 위기를 스스로 극복할 수 있다는 자신감을 대내외적으로 공식 표명한 것이었다. 이 조치는 국제금융시장에서도 즉각적으로 긍정적인 신호로 받아들여지면서 국내 외환시장이 빠르게 안정을 되찾는 전환점이 되었다. 이후 원/달러 환율은 3월 9일 1,549.00원에서 3월 10일 1,511.50원으로 떨어졌고 3월 말에는 1,383.50원으로 크게 하락하였다.

셋째는 2010년 7월 선물환포지션 한도 제도를 도입한 것이었다. 이것은 기획재정부와 한국은행이 중심이 되어 6개월여간 철저한 준비를 거쳐 이루어진 것으로 알려져 있다. 이 제도는 다른 조치와는 달리 국내 은행과 외은지점에 대해 동시에 적용하였다는 데 큰 의미가 있다. 외은지점 등 일부에서는 선물환포지션 한도 제도 도입이 스왑시장의 불균형 심화, 국내 기업의 환헤지 수요 충족 미흡과 환헤지 비용 증가 우려, 심지어 외국은행 국내 지점의 철수 가능성 등의 부작용을 초래할 수 있다고 지적하기도 했다. 그러나 현재까지 그러한 부작용은 나타나지 않고 있으며 이 제도는 순조롭게 정착되고 있는 것으로 본다.

이밖에도 외화대출 용도 제한 조치(2007년 8월과 2010년 7월), 스왑시장 참여거래 실시(2007년 9월), 경쟁입찰방식 외환스왑 실시(2008년 9월) 등 중요한 조치들이 많았는데, 이들 내용은 본문에서 다루어진다.

이 책은 모두 11장으로 구성되는데, 두 가지 점에서 다른 책들과 크게 다르다. 첫째는 환율정책만 다룬 것이 아니라 외환정책 전반에 관한 내용을 다루었다는 점이다. 둘째는 11개 장 중 7개 장에서는 각 장의 주제에 관한 핵심 논점을 제기하여 알기 쉽게 풀어 설명하였다는 점이다. 각 장에서 핵심 논점 앞의 절들은 이를 설명하는데 필요한 사전 지식을 기술한 것이다. 외환정책에 대해 이미 많이 알고 있는 독자들은 핵심 논점 부분과 11장의 향후 과제만 읽어도 될 것이다.

아무쪼록 이 책이 외환을 직접 다루는 금융기관이나 기업 관계자와 일반 독자들의 외환정책에 대한 이해를 높이고, 외환정책 실무자들의 업무를 수행하는 데 있어 도움이 되기를 기대한다. 아울러 각 경제주체들이 앞으로 언제 어디서 어떤 형태로 일어날지를 예측하기가 어려운 금융위기에 대비하는 데도 이 책이 조금이나마 기여할 수 있다면 더 큰 보람이 없겠다.

끝으로 이 책이 완성되기까지 통계 자료와 그래프의 작성 및 관련 자료의 사실 확인에 도움을 준 한국은행 후배들에게 진심으로 감사의 말씀을 드린다. 그리고 주말과 설 연휴도 없이 집필하는 동안 끊임없는 격려와 지지를 보내준 아내와 세기와 민정에게도 고마운 마음을 표한다.

2011년 3월

안병찬

1

외환정책 운영 체계

우리나라는 선진국과는 달리 외환정책을 통화정책 등 여타 거시 경제정책과 구분하여 운용한다. 외환정책은 원활한 대외 거래, 국제수지의 균형, 통화 가치의 대외적 안정을 도모하는 것을 목표로 한다.

외환정책의 수립·운용에 관한 권한과 외환정책 대상 기관에 대한 감독·검사 업무는 외국환거래법에 의거해 기획재정부 장관에게 부여된다. 기획재정부 장관은 그 권한과 업무의 일부를 한국은행 총재, 금융위원회, 금융감독원장, 관세청장, 외국환업무취급기관의 장 등에게 위탁하거나 위임한다.

이 장에서는 먼저 우리나라 외환정책의 목표와 범위에 대해 살펴본다. 다음으로 각 기관별로 담당하는 외환정책 및 감독·검사 업무에 관한 구체적인 내용과 외환정책 대상 기관의 종류 및 기관별 외국환업무 취급 범위에 대해 알아본다.

1. 외환정책의 목표와 범위

신흥시장국은 외환정책을 통화정책과 구분해 운용

선진국의 경우 외환정책과 통화정책[1]을 구분하는 것은 의미없다.[2] 미국, 유로 국가, 영국, 일본 등의 경우 외환 거래가 완전 자유화되고 환율이 자유롭게 변동하도록 허용될 뿐만 아니라 자국 통화도 해외에서 널리 사용하도록 국제화되어 있기 때문이다. 다시 말해서 미 달러화, 유로화, 파운드화, 엔화 등 주요 선진국 통화는 금융기관, 기업, 개인 등 각 경제 주체가 다른 나라와의 경상거래나 자본거래에서 제한 없이 사용할 수 있다. 또한 이들 통화는 필요할 때는 언제든지 국내에서는 물론 해외에서도 외국 통화와 교환(매매)할 수 있다. 그래서 선진국에 있어 자국 통화 표시 금융과 외화 표시 금융의 관계는 흔히 동전의 앞면과 뒷면 관계와 같다고 말한다.

이에 반해 신흥시장국*emerging market economies*[3]에서는 일반적으로 외환정책은 통화정책과 구분된다. 신흥국의 경우 국내 자본의 부족 등으로 경제 개발에 소요되는 외국 자본을 유치하거나 조달할 필요가

---

1. 통화정책이란 자국 통화의 대내적 가치 안정(물가 안정)을 목표로 정책 금리, 예금 지급준비율, 공개시장조작 등의 정책 수단을 사용하여 통화량이나 시장 금리를 조절하는 것을 말한다. 각국의 중앙은행이 이를 담당한다.
2. 주요 선진국은 예외적인 상황에서 일시적으로 환율 안정을 위해 외환시장에 개입하는 경우가 있지만, 이는 흔히 일어나는 일은 아니다. 예를 들면 일본은 2010년 9월에 2004년 3월 이후 6년 반 만에 처음으로 엔화 강세를 저지하기 위해 외환시장에 개입하였다.
3. 줄여서 신흥국*emerging economies*이라고도 한다. 이 책에서는 두 용어를 함께 사용한다.

있다. 이러한 정책적 필요에 따라 외환 및 자본거래의 규제를 완화하거나 자유화를 추진한다. 하지만 국내외 금융·경제 상황이 악화되는 때에는 급격한 외국 자본의 유출로 외환위기나 외화유동성 위기를 겪는 경우가 적지 않았다. 따라서 신흥국의 입장에서는 외환관리가 필요하고 이에 관한 외환정책의 수립과 운용이 중요하다. 신흥국도 궁극적으로는 선진국으로의 발전을 목표로 한다. 이 때문에 경제 발전 단계, 금융·외환시장의 발달 정도 등 국내의 수용 능력을 감안하여 금융기관, 기업 및 개인의 외환·자본거래에 대한 규제를 단계적으로 완화하는 방향으로 추진한다. 아울러 다른 나라와의 경상 및 자본거래에 있어 자국 통화의 사용도 단계적으로 자유화하고 환율 변동폭에 대한 제한도 점진적으로 완화하게 된다. 이러한 외환 거래 전반에 관한 자유화 정책의 범위와 속도는 나라마다 다르다.

우리나라 외환정책의 목표

우리나라는 주요 선진국과는 달리 외환정책을 통화정책, 재정정책 등 여타 거시 경제정책과 구분해 운용한다. 외환정책은 대외 거래의 원활화 및 국제수지의 균형과 통화가치의 대외적 안정을 도모하는 것을 목표로 한다. 정부는 이러한 목표를 효율적으로 달성하기 위하여 법적 제한을 최소한 범위에서 함으로써 외국환 거래와 그 밖의 대외 거래가 원활하게 이루어지도록 하는 것을 기본 방침으로 삼고 있다.

외환정책은 환율정책과 외환 제도에 관한 정책으로 구분

외환정책은 크게 환율정책과 외환 제도에 관한 정책으로 구분된다. 환율정책이란 환율 제도의 선택과 환율의 안정적 운용에 관한 정책을 의미한다. 우리나라의 환율 제도는 경제의 발전과 금융·외환시장의 발달 정도에 맞추어 환율 변동 허용 폭을 점진적으로 확대하는 방향으로 변경되어 왔다. 1970년대까지 사실상 고정환율제도를 운용하다가 1980년 2월부터 복수통화바스켓제도를 도입하였으며 1990년 3월부터는 시장평균환율제도로 전환하였다. 1997년 12월 외환위기 당시에 일일 환율 변동 제한폭을 폐지하고 자유변동환율제도로 이행하였다. 이후 기획재정부는 환율의 안정적 운용을 도모하기 위해 한국은행과의 협의를 바탕으로 환율정책을 수행해오고 있다.

외환 제도에 관한 정책은 금융기관, 기업, 개인 등 각 경제 주체의 경상거래와 자본거래와 관련한 제반 정책을 말한다.[4] 외환 제도의 변경은 외환시장의 수급 변동을 통해 직접 또는 간접적으로 환율에 영향

---

4. 이 책에서는 '외국환'과 '외환'이란 용어가 많이 사용된다. '외국환'이라는 용어는 1962년 「외국환관리법」 제정 당시부터 현재의 「외국환거래법」에 이르기까지 법에 그 개념이 명확하게 규정되어 있다. 「외국환거래법」(제3조 제1항 13호)의 정의에 따르면 '외국환'이란 대외 지급 수단, 외화증권securities, 외화채권receivables 및 외화 파생상품derivatives을 포괄하는 개념이다. 그리고 '대외 지급 수단'이란 외국 통화, 외국 통화로 표시된 지급 수단과 그 밖에 표시 통화에 관계없이 외국에서 사용할 수 있는 지급 수단을 말한다. 그러나 '외환'이라는 용어는 법령에 아무런 정의가 없으며 과거부터 학문과 실무에서 두루 '외국환'과 동일한 의미로 사용되어 왔다. 따라서 '외국환'과 '외환'의 의미는 법적으로 별 차이가 없다. 다만, 대외 지급 수단, 특히 외국통화만을 지칭할 때는 통상 '외환'이라는 용어를 많이 사용해 왔는데, 예를 들면 외환시장, 외환매매 등에서의 '외환'이 그것이다.

을 미친다. 다른 한편으로는 환율의 변동이 상당 기간 지속되어 실물 경제 및 금융시장에 큰 부정적 영향을 미칠 것으로 우려되면 이는 외환 제도의 변경을 가져오게 할 수 있다. 이와 같이 환율정책과 외환 제도에 관한 정책은 서로 떼어놓을 수 없는 관계에 있다. 예를 들면 우리나라가 2010년 7월에 도입한 선물환포지션 한도 제도는 단기외채의 증가를 억제함과 아울러 환율의 변동성과 쏠림 현상을 완화하는 효과를 가져 온다.

우리나라의 외환 제도에 관한 정책은 1997년 12월 외환위기 이후 큰 변화를 보였다. 정부는 1998년에 외국인의 채권 및 주식투자 한도 폐지, 외국인 직접투자의 단순 신고제 전환 등을 통해 외국인의 직·간접투자를 사실상 완전 자유화하였다. 1999년 4월에는 외환 및 자본거래에 관한 법체계를 종전 거래를 규제하고 관리하던 체제에서 자유로운 거래를 보장하고 시장 기능을 활성화하는 방향으로 전면 개편하였다. 이후 외환·자본거래 자유화 조치는 국내 기업, 금융기관 및 개인의 해외 투자를 중심으로 단계적으로 확대 추진되었다. 이에 따라 외환 및 자본거래가 거의 자유화되어 현재 우리나라의 자본자유화 정도는 선진국 수준에 근접한 것으로 평가된다.[5]

이 책에서는 환율정책, 외환보유액 관리, 외화유동성 관리, 외채

---

5. 2006년 1월 1일부터 자본거래허가제가 폐지됨에 따라 외환 및 자본거래에 대한 실체적 규제(금지, 사전 허가 등 거래 자체를 제한하는 규제)는 대부분 사라져 주요 선진국 수준과 별 차이가 없게 되었다. 그러나 절차적 규제(자본거래 사전 신고, 지급 및 영수 방법 신고, 지정 거래 외국환은행 이용, 거래 증빙 서류 제출 등 거래 및 결제의 절차를 제한하는 규제)가 아직 남아 있어 거래 당사자들이 느끼는 자유화 수준은 주요 선진국 수준에 다소 못 미칠 수 있다.

관리, 자본자유화 추진 및 외환건전성 규제를 다룬다. 외환보유액 관리 및 외화유동성 관리는 환율정책과 직접 또는 간접적으로 관련이 있다. 자본자유화 추진 및 외환건전성 규제는 외환 제도에 관한 정책에 속하며, 외채 관리는 이들 두 정책 모두와 관련된다.[6]

2. 외환정책 기관과 외환업무 감독·검사 기관

외환정책은 기본적으로 외국환거래법령에 따라 수립·운용

외환정책의 수립과 운용에 관한 권한은 외국환거래법령에 의거해 기획재정부 장관에게 부여된다. 그런데 기획재정부 장관은 외환정책 중 외환건전성 규제에 관한 권한을 한국은행 총재와 금융위원회에 위탁한다.[7] 기획재정부 장관이 전반적인 외환정책에 대한 권한을 가지고 있지

6. 이 책에서는 외환정책 대상 기관에 대한 감독 및 검사 업무에 대해 간략히 기술하고 구체적으로 다루지 않는다.
7. 「행정권한의 위임 및 위탁에 관한 규정」 제2조에 따르면 '위임'이란 법률에 규정된 행정 기관의 장의 권한 중 일부를 그 보조 기관 또는 하급 행정 기관의 장이나 지방 자치 단체의 장에게 맡겨 그의 권한과 책임 아래 행사하도록 하는 것을 말한다. '위탁'이란 법률에 규정된 행정 기관의 장의 권한 중 일부를 다른 행정 기관의 장에게 맡겨 그의 권한과 책임 아래 행사하도록 하는 것을 말한다. '민간 위탁'이란 법률에 규정된 행정 기관의 사무 중 일부를 지방 자치 단체가 아닌 법인·단체 또는 그 기관이나 개인에게 맡겨 그의 명의로 그의 책임 아래 행사하도록 하는 것을 말한다. 따라서 기획재정부 장관으로부터 권한을 받아 행사하는 자가 관세청장이면 '위임,' 금융위원회이면 '위탁,' 한국은행 총재·금융감독원장·외국환업무취급기관의 장 등이면 '민간 위탁'에 해당된다. 그런데 「외국환거래법」은 '위탁'이라는 용어를 '민간 위탁'까지 포함한 개념으로 사용한다.

만 한국은행 총재와 금융위원회도 제한적인 범위에서 외환정책을 담당한다. 특히 한국은행은 정부의 환율정책에 대하여 협의하는 기능을 수행하며, 정부의 환율정책을 운용하기 위한 시장 개입을 비롯한 일상적인 외환시장 관리 업무를 맡는다. 이에 따라 외환정책에 관한 기본 사항은 「외국환거래법」에서 규정하고, 구체적인 세부 사항은 「외국환거래법시행령」, 「외국환거래규정」, 한국은행의 외환 관련 규정, 금융위원회의 관련 규정 등에서 기술한다.[8]

외국환거래법상 외환정책 대상 기관에 대한 감독 및 검사 업무는 기획재정부 장관이 수행하게 되어 있다. 그런데 기획재정부 장관은 외국환업무취급기관(정의는 31쪽 참조)에 대한 감독 및 검사 업무를 금융위원회 및 금융감독원장에게 각각 위탁하며, 한국은행 총재, 관세청장 등에도 일부 공동 검사 또는 검사 업무를 위탁하거나 위임한다.

각 기관별로 담당하는 외환정책 및 감독·검사 업무에 관한 구체적인 내용을 살펴보자.

---

8. 한국은행 총재가 기획재정부 장관으로부터 위탁받은 사항을 처리하기 위한 한국은행 규정으로는 「외국환거래업무취급세칙」 등이 있고, 금융위원회가 위탁받은 사항을 처리하기 위한 금융위원회 규정으로는 「은행업감독규정」, 「금융투자업규정」, 「보험업감독규정」 등이 있다. 한편 「OECD 자본이동 자유화 규약OECD Code of Liberalisation of Capital Movements」상의 자본이동 자유화 항목 중 우리나라가 아직까지 자유화를 유보한 7개 항목은 「외국환거래법」에 따른 규제가 아니라 「외국인투자촉진법」, 「자본시장과 금융투자업에 관한 법률」, 「보험업법」 등에 따른 규제이다. 7장 '자본자유화 추진'을 참조하라.

기획재정부

외환정책의 수립·운용과 외환정책 대상 기관의 감독·검사 업무에 관한 전반적인 권한은 「정부조직법」 제23조 및 「외국환거래법」에 따라 기획재정부 장관에게 부여된다. 기획재정부 장관은 「외국환거래법」 제4조에 의거해 이 법에 따른 제한을 최소한 범위에서 함으로써 외국환거래나 그 밖의 대외 거래가 원활하게 이루어지도록 노력해야 한다. 아울러 안정적인 외국환 수급의 기반 조성과 외환시장의 안정을 위하여 노력해야 하며 이를 위한 시책을 마련해야 한다. 이와 관련하여 기획재정부 장관은 「외국환거래법」에 따라 다음 업무를 수행한다.

- 원활하고 질서 있는 외국환거래를 위하여 필요할 경우 외국환거래에 관한 기준 환율, 외국환의 매도율·매입률 및 재정환율의 결정
- 외국환평형기금의 조성과 운용 및 관리
- 국내외 경제 사정의 급격한 변동 발생시 대외 거래·결제 일시 정지, 국제수지의 심각한 어려움 또는 급격한 자본 유출입 발생시 외환집중제·자본거래허가제·가변예치의무제 실시
- 거주자의 비거주자에 대한 채권 국내 회수 명령
- 외국환업무취급기관, 환전영업자 및 외국환중개회사('외국환업무취급기관 등'이라고 함)의 등록 또는 인가, 등록 또는 인가의 취소, 과징금 부과
- 외국환업무취급기관 등의 업무 감독 및 건전성 규제
- 지급 또는 수령과 관련하여 환전 절차, 송금 절차, 재산 반출 절차 등 필요한 사항 규정

- 지급 또는 수령의 방법 신고, 지급 수단 등의 수출입 신고, 자본거래의 신고
- 외국환업무취급기관 등이나 그 밖에 외국환거래법을 적용받는 거래 당사자 또는 관계인의 업무에 관한 검사
- 외국환거래법령 위반자에 대한 경고·거래 정지 등 행정 처분, 과태료 부과·징수

한편 기획재정부 장관은 「외국환거래법」 제23조에 의거해 동법에 따른 자신의 권한 중 일부를 동법 시행령 제37조에서 정하는 바에 따라 한국은행 총재, 금융위원회, 금융감독원장, 관세청장, 외국환업무취급기관의 장 등에게 위탁한다. 또한 기획재정부 장관은 「외국환거래법」 제20조 제6항에 의거해 동법에 따른 외국환업무취급기관 등의 업무에 관한 검사를 동법 시행령 제35조 제3항에 의거해 한국은행 총재, 금융감독원장 또는 관세청장 등에게 위탁하고 있다.

한국은행

한국은행은 「한국은행법」 제82조 및 「외국환거래규정」 제2–25조에 따라 다음 업무를 수행한다.

- 외국환의 매매 및 파생금융 거래
- 외화자금 및 외국환의 보유와 운용
- 정부 및 국내 금융기관으로부터의 외화예금의 수입
- 외국의 중앙은행 및 금융기관, 국제금융기구 등으로부터의 예금의 수입

- 외국의 금융기관으로부터의 외화자금의 차입

- 채무의 인수 및 보증

- 국제금융기구에 대한 출자 및 융자

- 외국환은행에 대한 외화자금의 융자

- 귀금속 매매

- 외국 중앙은행으로부터의 원화 예금의 수입

- 대외환 거래 계약 체결 등

또한 한국은행은 한국은행법 제83조에 따라 정부의 환율정책, 외국환은행(정의는 32쪽 참조)의 외화여·수신 업무 및 외국환 매입·매도 초과액의 한도 설정에 관한 정책에 대하여 협의하는 기능을 수행한다. 그리고 한국은행 총재는 「외국환거래법」 제23조 및 제20조 제6항과 동법 시행령 제37조 제3항 및 제35조에서 정하는 바에 따라 기획재정부 장관의 권한과 검사 업무를 위탁받아 수행한다. 아울러 한국은행은 「외국환거래법」 제25조 제2항 및 「외국환거래규정」 제10–14조 제1항에 따라 외국환 거래, 지급 또는 수령에 관한 자료를 중계·집중·교환하는 외환정보집중기관의 업무를 담당한다. 그 구체적 내용은 표 1–1과 같다.

표 1-1. 기획재정부 장관의 한국은행 총재 앞 위탁 업무

구분	위탁 업무
권한 위탁	• 외화 예금 지급 준비금의 최저 한도 설정,* 외국환은행에 대한 외국환포지션 한도의 산정 기준 설정 및 관리, 외화 자금의 조달 및 운용 방법 규제 등 외환건전성 규제 • 환전 업무의 등록과 등록 사항 변경 및 폐지의 신고 접수 • 환전영업자(개항장안의 환전영업자 제외) 및 외국환중개회사에 대한 감독 및 감독상 필요한 명령 • 환전영업자의 등록 취소, 환전영업자(개항장안의 환전영업자 제외) 및 외국환중개회사의 업무 제한, 업무 정지 또는 경고 • 외국환평형기금의 운용 및 관리에 관한 사무의 처리 • 기획재정부 장관이 지급 또는 수령에 대하여 허가를 받도록 한 경우 그 지급 또는 수령의 허가 • 기획재정부 장관이 지정한 거래에 대한 지급 또는 수령 방법의 신고 접수 • 자본거래의 신고 또는 신고 수리 • 위탁받은 사무를 처리하기 위한 경우와 외환 통계의 작성에 필요한 경우 외국환업무취급기관 등에의 보고의 요구 • 채권 회수 의무의 면제와 채권 회수 기한의 연장 허가 • 검사 대상자에 대한 행정 처분
검사 위탁	• 환전영업자(개항장안의 환전영업자 제외) 및 외국환중개회사와 그 거래 당사자 및 관계인, 한국은행 총재가 위탁받아 수행하는 업무와 관련되는 보고 대상자, 한국은행 총재의 건전성 규제를 받는 외국환업무취급기관 중 「한국은행법」 제11조의 규정에 따른 금융기관에 대한 검사**

* 한국은행은 지급준비금의 최저 한도 설정을 중앙은행 고유의 권한으로 인식하고 내부 정책 결정 기구인 금융통화위원회가 「외화예금지급준비규정」을 통해 정하고 있음.
** 다만 금융감독원장에게 검사를 요구하거나 금융감독원장이 수행하는 검사에 공동으로 참여하는 방법으로 하여야 함.

금융위원회 및 금융감독원

금융위원회는 「외국환거래법」 제23조 및 동법 시행령 제37조 제2항에서 정하는 바에 따라 기획재정부 장관의 권한을 위탁받아 수행한다.[9] 금융감독원장은 「외국환거래법」 제23조 및 제20조 제6항과 동법 시행령 제37조 제4항 및 제35조 제3항 제2호에서 정하는 바에 따라 기획부 장관의 권한과 검사 업무를 위탁받아 수행한다. 그 구체적 내용은 표 1-2와 같다.

표 1-2. 기획재정부 장관의 금융위원회 및 금융감독원장 앞 위탁 업무

수탁 기관	구분	위탁 업무
금융위원회	권한 위탁	• 외국환업무취급기관에 대한 감독 및 감독상 필요한 명령 • 외국환업무취급기관의 업무 제한·업무 정지 또는 경고 • 외국환거래법의 시행을 위하여 외국환업무취급기관 등에의 보고의 요구 • 외국환은행 이외의 외국환업무취급기관에 대한 외국환포지션 한도 관리, 외화자산 및 부채 비율 규제, 역외 계정 및 외국환업무취급기관의 외국환 계정의 계리 기준 설정과 외국환 업무에 따른 위험관리기준 설정 등 외환건전성 규제 • 금융감독원장의 검사 대상자에 대한 행정 처분
금융감독원장	권한 위탁	• 외국환업무취급기관의 국내 영업소의 신설·폐지 또는 변경에 관한 신고의 접수
	검사 위탁	• 외국환업무취급기관과 그 거래 당사자 및 관계인 등에 대한 검사

9. 금융위원회는 기획재정부 장관의 승인을 받아 위탁받은 권한의 일부를 금융감독원장에게 재위탁할 수 있다(「외국환거래법시행령」 제37조 제2항).

외국환업무취급기관

외국환업무취급기관의 장은 「외국환거래법」 제23조 및 동법 시행령 제 37조 제5항에서 정하는 바에 따라 기획재정부 장관의 권한을 위탁받아 수행한다. 그 구체적 내용은 다음과 같다.

- 법 제16조 제1호에 따른 상계 등의 방법으로 채권·채무를 소멸시키거나 상쇄시키는 방법으로 결제하는 경우 그 지급 또는 수령 방법의 신고(기획재정부 장관이 고시한 사항에 한정)
- 법 제18조에 따른 자본거래의 신고(기획재정부 장관이 고시하는 것에 한정)
- 법 제19조에 따른 경고나 관련 외국환 거래 또는 지급 또는 수령의 정지 또는 제한(신용카드업자가 카드회원에 대하여 행하는 경우에 한정)
- 법 제20조 제2항에 따른 외국환거래법을 적용받는 거래 당사자 또는 관계인 앞 보고의 요구(「외국환거래법시행령」 제37조 제5항에 따라 위탁받은 사무를 처리하기 위한 경우에 한정)

현행 「외국환거래법」은 대부분의 외환 거래가 외국환은행을 통해 이루어지도록 하는 한편 외환 거래에 대한 확인, 신고 접수 및 사후 관리 등 외환관리 행정 권한의 일부도 외국환은행의 장에게 위탁하여 외환 거래의 효율성을 확보하고 있다.

기타 기관

이밖에 외국환거래와 관련되는 기관으로는 관세청, 국세청, 금융정보분석원, 외환정보집중기관 및 외환정보분석기관 등이 있다.

기획재정부 장관은 「외국환거래법」 제23조 및 제20조 제6항과 동법 시행령 제37조 제1항 및 제35조 제3항 제3호에서 정하는 바에 따라 그 권한과 검사 업무를 관세청장에게 위임한다. 이에 따라 관세청장은 1만 달러 초과 지급 수단의 휴대수출입 신고의 접수, 지급 수단 수출입에 대한 신고의 접수, 개항장내 환전영업자 감독 업무, 수출입 거래·용역 거래·자본거래(다만 용역 거래·자본거래는 수출입 거래와 관련된 거래에 한함)의 당사자 및 관계인에 대한 검사 및 제재 업무 등을 담당한다. 이와 관련하여 외국환업무취급기관의 장은 건당 미화 1만 달러를 초과하는 외환을 매입 또는 매각하는 경우, 수출입 대금의 지급 또는 수령, 용역 대가의 지급 또는 수령 및 미화 1만 달러를 초과하는 해외 이주비의 지급 등의 경우에는 월별로 다음달 10일 이내에 이를 관세청장에게 통보하여야 한다.

기획재정부 장관은 외환 거래가 거의 자유화됨에 따른 불법 외화 도피 및 역외 소득 탈세를 방지하기 위하여 외환 거래 정보의 국세청 앞 통보 제도를 강화하였다. 외국환업무취급기관의 장은 건당 1만 달러를 초과하는 외환의 매입·매각 또는 지급하는 경우, 해외 유학생 및 해외 체재자의 해외 여행 경비로 연간 10만 달러를 초과하여 지급하는 경우 등에는 외환 거래 내용을 월별로 다음달 10일 이내에 국세청장에게 통보하여야 한다. 또한 2008년 6월에 거주자의 투자 목적 해외 부동산 취득에 대한 금액 한도가 폐지됨에 따라 이에 대한 사후 모니터링을 위하여 해외 부동산 취득을 신고 수리한 한국은행 총재 및 지정 거래 외국환은행의 장은 그 내역을 월별로 다음 달 20일까지 국세청장에게 통보하여야 한다.

금융정보분석원(FIU: Financial Intelligence Unit)은 「특정 금융거래정보의 보고 및 이용 등에 관한 법률」에 의거하여 2001년 11월에 설립되었다. 그 설립 목적은 2001년 9월 미국 항공기 테러 사건을 계기로 금융기관을 이용한 범죄 자금의 자금 세탁 행위와 외화의 불법 유출을 방지하는 데 두었다. 이 법률에 따라 금융기관은 원화표시 금융 거래의 경우 1,000만 원, 외화 표시 금융 거래의 경우 미화 5,000 달러 이상의 혐의 거래를 금융정보분석원에 보고하여야 한다. 한편 기획재정부 장관은 「외국환거래법」 및 「국제평화 및 안전유지 등의 의무이행을 위한 지급 및 수령 허가지침」에 따라 국제 테러 단체 등을 금융 제재 대상자로 지정하였다. 거주자가 이러한 금융 제재 대상자와 지급 및 영수를 하고자 하는 경우에는 한국은행 총재의 허가를 받아야 한다.

한편 기획재정부 장관은 「외국환거래법」 제25조 제2항 및 「외국환거래규정」 제10–14조 제1항에 따라 한국은행을 외국환 거래, 지급 또는 수령에 관한 자료를 중계·집중·교환하는 외환정보집중기관으로, 국제금융센터를 외국환 거래 또는 지급 또는 수령에 관한 자료를 분석하는 외환정보분석기관으로 지정하였다. 외국환업무취급기관 등은 외국환 거래나 지급 또는 수령의 업무를 수행한 때에는 그 내용을 외환전산망을 통해 외환정보집중기관에 통보해야 한다. 외환정보집중기관은 통보받은 자료 중 일정한 자료를 외환정보분석기관에 제공한다.

3. 외환정책 대상 기관

외환정책의 대상 기관은 「외국환거래법」 등에 의거하여 외국환업무취급기관, 외국환중개회사 및 환전영업자로 정하고 있다. 「외국환거래법」 제10조에서는 외국환업무취급기관, 환전영업자 및 외국환중개회사를 통칭하는 개념으로 '외국환업무취급기관 등'이라는 용어를 사용한다.

외국환업무취급기관

'외국환업무취급기관'이란 「외국환거래법」 제8조 제1항에 의거하여 외국환 업무를 업으로 하기 위하여 기획재정부 장관에게 등록한 금융기관을 말한다. 외국환업무취급기관이 될 수 있는 금융기관은 「외국환거래법」 제3조 제1항 17호에 의거하여 「금융위원회의 설치 등에 관한 법률」 제38조(제14호 및 제15호는 제외)에 따른 기관과 한국산업은행, 한국정책금융공사, 한국수출입은행, 중소기업은행 및 체신관서로 되어 있다.

「금융위원회의 설치 등에 관한 법률」 제38조(제14호 및 제15호는 제외)에 따른 기관은 다음과 같다.

- 「은행법」 또는 「장기신용은행법」에 의한 인가를 받아 설립된 금융기관
- 「자본시장과 금융투자업에 관한 법률」에 따른 금융투자업자, 증권금융회사, 종합금융회사 및 명의 개서대행회사
- 「보험업법」에 의한 보험사업자
- 「상호저축은행법」에 의한 상호저축은행과 그 중앙회

- 「신용협동조합법」에 의한 신용협동조합 및 그 중앙회
- 「여신전문금융업법」에 의한 여신전문금융회사 및 겸영여신업자
- 「농업협동조합법」에 의한 농업협동조합중앙회의 신용 사업부문
- 「수산업협동조합법」에 의한 수산업협동조합중앙회의 신용 사업부문

금융기관별 외국환 업무 취급 범위

외국환업무취급기관 중 외국환은행은 「외국환거래법」 제8조 제2항 및 동법 시행령 제14조에서 정하는 바에 따라 외국환거래법상의 외국환 업무를 모두 취급할 수 있다. 외국환은행이란 「외국환거래규정」 제1–2조 제16호에 의거해 「은행법」에 따른 금융기관, 농업협동조합중앙회의 신용사업부문, 수산업협동조합중앙회의 신용사업부문, 한국산업은행, 한국정책금융공사, 한국수출입은행 및 중소기업은행을 말한다. 기타 외국환업무취급기관은 당해 기관의 고유 업무와 직접 관련되는 범위 안에서 기획재정부 장관이 정하여 고시하는 업무를 취급할 수 있다. 금융기관별 외국환 업무 취급 범위는 표 1–3과 같다. 다만 외국환업무 중 환전 업무만을 영위하는 경우에는 금융기관이 아니라도 가능하다.

외국환 업무는 「외국환거래법」 제3조 제1항 16호 및 동법 시행령 제6조에 의거해 다음 업무 중 하나에 해당하는 것을 말한다.

- 외국환의 발행 또는 매매
- 우리나라와 외국 간의 지급·추심 및 수령
- 외국 통화로 표시되거나 지급되는 거주자와의 예금, 금전의 대차 또는 보증

표 1–3. 금융기관별 외국환 업무 취급 범위

구분	취급 범위
외국환은행	「외국환거래법」 제3조 제1항 16호 및 동법 시행령 제6조에 의거한 모든 외국환 업무
종합금융회사	외국환은행의 외국환 업무 중 다음 업무를 제외한 모든 업무 • 예금(다른 외국환업무취급기관과 외국에 있는 금융기관의 외국 통화로 표시되거나 지급받을 수 있는 예금은 제외) • 「자본시장과 금융투자업에 관한 법률」에 규정된 업무와 직접 관련되지 아니하는 수입신용장의 발행과 대한민국과 외국 간의 지급
체신관서	다음 각 항목의 업무 • 외국 통화 표시 우편환(우편 또는 전신에 의한 지급지시 포함)의 매입 • 외국 통화 및 여행자수표의 매매(비거주자 또는 외국인 거주자의 경우 내국 지급 수단을 대가로 매각한 범위 내에서의 외국 통화 및 여행자수표의 매도에 한함) • 「외국환거래규정」에 규정된 지급을 하고자 하는 자에 대한 외국 통화 표시 우편환의 발행·매각
기타 금융기관	다음 각 항목의 업무 중 해당 금융기관의 업무와 직접 관련되는 업무로서 기획재정부 장관이 정하여 고시하는 업무 • 외화채권의 매매 • 외화증권의 발행 및 매매 • 비거주자와의 내국 통화로 표시되거나 지급되는 증권·채권의 매매 • 거주자와의 외국 통화로 표시되거나 지급받을 수 있는 예금·금전의 대차 또는 보증 • 비거주자와의 예금·금전의 대차 또는 보증 • 대외 지급 수단의 발행 및 매매 • 파생상품 거래 • 거주자와의 외국 통화로 표시된 보험 거래 또는 비거주자와의 보험 거래 • 외국 통화로 표시된 시설 대여 • 투자 판단을 일임받아 투자자별로 구분하여 운용하는 업무 • 신탁 업무

그림 1-1. 외환정책 운영 체계도

정책 목표	정책 범위	정책 기관	감독·검사 기관

• 대외거래의 원활화
• 국제수지의 균형
• 대외 통화가치의
  안정
	• 환율정책
	• 외환제도에 관한
	  정책
		• 기획재정부
		• 한국은행
		• 금융위원회
			• 금융위원회
			• 금융감독원

유관 기관	정책 대상 기관	기본 법규	관련 법규

• 정보집중기관
  (한국은행)
• 정보분석기관
  (국제금융센터)
	• 외국환은행
	• 기타 외국환업무
	  취급기관*
	• 외국환중개회사
	• 환전영업자
		• 외국환거래법
		• 외국환거래법시행령
		• 외국환거래규정·통첩
		• 한국은행의 외환관련
		  규정
		• 금융위원회의 관련
		  규정·통첩
			• 한국은행법
			• 자본시장과 금융투자
			  업에 관한 법률
			• 외국인투자촉진법
			• 대외무역법 등

* 종합금융회사, 체신관서, 투자매매업자, 투자중개업자, 집합투자업자, 투자일임업자, 신탁업자, 보험사업
자, 신용협동조합, 여신전문금융업자, 신용카드업자

- 비거주자[10]와의 예금, 금전의 대차 또는 보증
- 비거주자와의 내국 통화로 표시되거나 지급되는 증권 또는 채권의 매매
- 거주자 간의 신탁·보험 및 파생상품 거래(외국환과 관련된 경우에 한정) 또는 거주자와 비거주자 간의 신탁·보험 및 파생상품 거래
- 외국 통화로 표시된 「여신전문금융업법」에 따른 시설 대여
- 그 밖에 위의 업무들에 딸린 업무

환전영업자

환전영업자란 「외국환거래법」 제8조 제3항에 의거 환전 업무만을 업으로 하기 위해 기획재정부 장관에게 등록한 자를 말한다. 환전 업무는 외국 통화를 매입 및 매도하는 업무 또는 외국에서 발행한 여행자수표를 매입하는 업무를 말한다. 환전영업자는 원칙적으로 외환 매입만 가능하고 외환 매도는 할 수 없다. 다만 비거주자가 최근 입국일 이후 당해 체류 기간 중 외국환업무취급기관 또는 환전영업자에게 매각한 금액 범위 내에서 그 비거주자에게 재환전하는 것과 비거주자 및 외국인 거주자가 당해 환전영업자의 카지노에서 획득한 금액 또는 미사용한 금액에 대하여 재환전하는 것은 가능하다. 2010년 말 현재 한국은행에게 등록한 환전영업자 수는 1,293개이다.

---

10. '거주자'란 대한민국에 주소 또는 거소를 둔 개인과 대한민국에 주된 사무소를 둔 법인을 말한다(「외국환거래법」 제3조 제1항 제14호). 그리고 '비거주자'란 거주자 외의 개인 및 법인을 말한다. 다만, 비거주자의 대한민국에 있는 지점, 출장소, 그 밖의 사무소는 법률상 대리권의 유무에 상관없이 거주자로 본다(「외국환거래법」 제3조 제1항 제15호).

2

환율

환율이란 돈(외환)을 사고파는 시장(외환시장)에서 두 나라 돈 간의 매매 때 적용되는 가격을 말한다. 대부분 경제학 교과서에서는 환율을 두 나라 돈 간의 교환 비율이라고 정의한다. 이 정의가 틀린 것은 아니지만 환율을 일종의 가격으로 파악하는 것이 앞으로 살펴볼 환율정책과 환율이 경제에 미치는 영향을 이해하기가 쉽다.

이 장에서는 먼저 환율을 표시하는 방법과 외환 거래별로 환율이 다른 이유를 알아본 후 환율의 변동을 결정하는 기본적인 이론에 대해 개략적으로 설명한다.

1. 환율의 개념

환율이란 두 나라 돈 간의 매매 가격

시장에서는 수많은 사람들과 상인들 간에 물건을 사고파는 거래가 이루어진다. 이때 사고파는 물건의 값을 가격이라고 한다. 이와 마찬가지로 환율이란 외국 돈을 사고파는 시장(외환시장)에서 두 나라 돈 간의 매매 때 적용되는 가격을 말한다. 대부분 경제학 교과서에서는 환율을 두 나라 돈 간의 교환 비율이라고 정의한다. 이 정의가 틀린 것은 아니지만 환율을 일종의 가격으로 파악하는 것이 앞으로 살펴볼 환율정책과 환율이 경제에 미치는 영향을 이해하는 데 쉽다. 여기에서 외국 돈이란 화폐(통화), 외화 수표, 외국환 어음, 전신환 등을 포괄하는 개념으로 외환이라고 불린다.

환율은 어느 나라의 돈을 기준으로 하느냐에 따라 두 가지 방법으로 표시할 수 있다. 하나는 외국 돈을 기준으로 표시하는 외국 통화 기준 표시법이다. 이 방법은 외국 돈 1단위를 사거나 팔 때 지급하거나 받는 자국 돈의 금액으로 표시하는 것이다. 예를 들면 미국 돈 1달러를 살 때 우리나라 돈 1,100원을 지급한다면 원화의 대미 달러 환율은 1,100원이다. 이것은 KRW/USD(₩/$) = 1,100 또는 USD 1 = KRW 1,100으로 표시된다.

다른 하나는 자국 돈을 기준으로 표시하는 자국 통화 기준 표시법이다. 이 방법은 자국 돈 1단위를 사거나 팔 때 지급하거나 받는 외국 돈의 금액으로 표시하는 것이다. 예를 들면 우리나라 돈 1원으로 미국 돈을 0.09센트를 산다면 원화의 대미 달러 환율은 0.0009달러이다. 이것은 USD/KRW($/₩) = 0.0009 또는 KRW 1 = USD 0.0009로 표시된다.

원화 환율은 외국 통화 기준으로 표시

우리나라 원화, 일본 엔화 등 많은 나라들의 돈은 외국 통화 기준 표시법을 사용하는 한편 유로화, 영국 파운드화, 캐나다 달러화, 호주 달러화 등은 자국 통화 기준 표시법을 사용한다. 이와 같이 환율은 나라마다 표시 방법이 다르기 때문에 다른 나라 통화의 환율 변동에 대해 설명하거나 분석할 때 세심한 주의를 기울여야 한다.

예를 들면 우리나라 원화 환율은 외국 통화를 기준으로 표시되기 때문에 원화 환율이 미국 달러화, 유로화, 일본 엔화 등에 대해 상승하였다는 것은 원화가치가 하락(절하)하였다는 의미이다. 이와는 반대로 원화 환율이 다른 통화에 대해 하락하였다는 것은 원화가치가 상승(절상)하였다는 뜻이다. 일반적인 공산품이나 농산품 가격이 상승하였거나 하락하였을 때와는 그 의미가 반대다.

한편 유로화 환율은 자국 통화를 기준으로 표시되기 때문에 유로화 환율이 미국 달러화, 영국 파운드화, 일본 엔화 등 다른 통화에 대해 상승하였다는 것은 유로화 가치가 상승(절상)하였다는 의미이다. 이와는 반대로 유로화 환율이 다른 통화에 대해 하락하였다는 것은 유로화 가치가 하락(절하)하였다는 뜻이다. 예를 들면 표 2-1과 같다.

표 2-1. 원화 및 유로화 환율의 변동

	2009. 12. 31	2010. 12. 31	2010년 말 환율의 2009년 말 대비 변동률
원/달러	1,164.50	1,134.80	원화의 대미 달러 환율은 1,164.50원에서 1,134.80원으로 2.6% 하락(원화의 대달러 가치는 2.6% 절상)
원/100엔	1,264.66	1,381.60	원화의 대엔(100엔당) 환율은 1,264.66원에서 1,381.60원으로 9.2% 상승(원화의 대엔 가치는 8.5% 절하)
달러/유로	1.4326	1.3387	유로화의 대미 달러 환율은 1.4326달러에서 1.3387달러로 6.6% 하락(유로화의 대미달러 가치는 6.6% 절하)
엔/유로	133.26	108.50	유로화의 대엔 환율은 133.26엔에서 108.50엔으로 18.6% 하락(유로화의 대엔 가치는 18.6% 절하)

- 원/달러 환율은 서울외환시장 종가 기준
- 원/100엔 환율은 외환은행 15:00 고시 기준
- 달러/유로 및 엔/유로 환율은 뉴욕외환시장 17:00 기준(Bloomberg 고시)

2. 환율의 종류

환율은 외환 거래의 상대방, 성격, 결제 시기 등에 따라 은행 간 환율과 은행의 대고객 환율, 매입환율과 매도환율, 현물환율과 선물환율 등으로 구분된다. 그리고 수출 경쟁력 변화를 분석하기 위한 개념으로서 실질환율, 실효환율, 실질실효환율 등이 있다.

은행 간 환율과 은행의 대고객 환율

외환 거래는 일반적으로 은행을 통해 이루어지는데, 거래 상대방에 따라 은행 간 거래와 은행의 대고객 거래로 구분된다. 은행 간 외환 거래는 은행 간에 돈을 사고파는 거래를 말한다. 이때 적용되는 환율을 은행 간 환율이라고 하며, 이 환율은 은행 간 외환시장에서 결정된다. 통상 TV, 신문, 통신 매체 등에서 보도하는 환율은 은행 간 환율을 의미한다. 정책당국, 학계, 연구 기관 등이 조사 연구나 분석을 할 때도 일반적으로 은행 간 환율을 사용한다. 은행 간 외환 거래는 우리나라의

그림 2–1. 외환시장의 구조

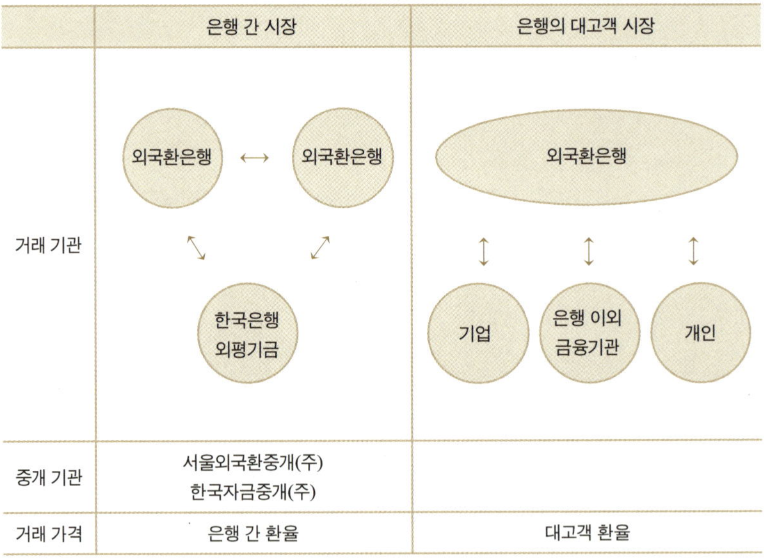

	은행 간 시장	은행의 대고객 시장
거래 기관	외국환은행 ↔ 외국환은행 ↖ ↗ 한국은행 외평기금	외국환은행 ↕ ↕ ↕ 기업　은행 이외 금융기관　개인
중개 기관	서울외국환중개(주) 한국자금중개(주)	
거래 가격	은행 간 환율	대고객 환율

경우 중개회사를 통한 거래가 일반적이지만 필요에 따라 각 은행 딜러 간 직접 거래가 이루어지기도 한다. 국내 은행 간 외환시장의 중개회사로는 서울외국환중개(주)와 한국자금중개(주)가 있다.

은행의 대고객 외환 거래는 은행들이 개인, 기업, 은행 이외의 금융기관 등과 돈을 사고파는 거래를 말하며 이때 적용되는 환율을 대고객 환율이라고 한다. 각 은행은 은행 간 외환시장에서 결정되는 은행 간 환율을 감안하여 대고객 환율을 자율적으로 결정한다. 따라서 대고객 환율 수준은 은행마다 다르다.

매입환율과 매도환율

매입환율이란 돈을 살 때 적용되는 환율을 말하며, 매도환율이란 돈을 팔 때 적용되는 환율을 말한다. 은행 간 외환시장에서 각 은행들은 외환을 매입할 의사가 있는 환율*bid rate* 또는 매도할 의사가 있는 환율*offered rate* 또는 *asked rate*을 제시하거나 이들 두 환율을 동시에 제시한다.

예를 들어 한 은행이 원/달러 환율을 1,100.00~1,100.50으로 제시하였다면 이는 1달러당 1,100.00원에 매입하고 1,100.50원에 매도할 의사가 있다는 것을 의미한다. 매도희망환율과 매입희망환율의 차이는 매매율차*bid-ask spread*라고 부르는데, 이는 거래 빈도, 거래량, 환율 전망 등에 따라 변하게 된다. 은행 간 환율은 은행 간 외환시장에서 은행들이 매입하고자 제시하는 환율과 매도하고자 제시하는 환율이 일치하는 수준에서 결정된다. 다시 말해서 은행 간 환율은 은행 간 외환시장에서 외환의 수요와 공급이 균형을 이루는 수준에서 결정되며

한 시점에 하나의 가격(환율)만이 정해진다.

한편 은행의 대고객 매입환율과 매도환율은 은행을 기준으로 정해진다. 은행이 고객으로부터 외환을 살 때는 대고객 매입환율이라고 하고, 반대로 고객에게 외환을 팔 때는 대고객 매도환율이라고 한다. 고객의 입장에서는 매입환율과 매도환율은 은행의 대고객 환율을 반대로 적용하면 된다.

우리나라에 있어 은행 간 외환시장은 원/달러 시장만 형성[11]되어 있으며, 그래서 원/달러 환율만이 은행 간 시장에서 결정된다. 각 은행은 은행 간 원/달러 환율을 감안하여 대고객 원/달러 매매기준율을 정한다. 원화와 다른 통화 간(원/엔, 원/유로, 원/위안 등) 대고객 매매기준율은 대고객 원/달러 매매기준율과 국제 금융시장에서 형성되는 다른 통화 간의 환율(엔/달러 환율, 달러/유로 환율, 위안/달러 환율 등)을 이용해 산출한다.[12]

각 은행은 통화별 매매기준율에다 일정률의 마진margin을 차감 또는 가산하여 대고객 매입환율과 매도환율을 각각 정한다. 은행의 대고객 환율에는 거래 형태에 따라 현찰 매입률과 매도율, 여행자수표(T/C) 매입률과 매도율, 전신환(송금) 매입률과 매도율 등이 있다. 국내 은행 간 원/달러 환율 및 국제 금융시장에서의 다른 통화 간 환율은 매

11. 1996년에 원/엔 시장이 개설되었으나 거래 부진으로 1997년 1월 이후 자연적으로 소멸되었다.
12. 이와 같이 산출되는 원/엔 환율, 원/유로 환율, 원/위안 환율 등은 재정환율arbitraged rate이라고 한다. 한편 자국 통화가 개재되지 않는 다른 통화 간의 환율은 교차환율cross rate이라고 하는데, 우리나라에서는 엔/달러 환율, 달러/유로 환율. 위안/달러 환율 등이 이에 해당된다.

표 2–2. 국내 A은행의 대고객 환율

(2010. 12. 31. 9:00 현재)

	원/달러	원/100엔	원/유로	원/위안
현찰매도율	1,149.77	1,410.76	1,532.65	179.88
T/C매도율	1,143.56	1,403.13	1,520.93	179.88
전신환매도율	1,140.80	1,399.81	1,517.62	173.03
매매기준율	1,130.00	1,386.50	1,502.90	171.32
전신환매입률	1,119.20	1,373.19	1,488.18	169.61
T/C매입률	1,116.44	1,369.87	1,484.87	165.33
현찰매입률	1,110.23	1,362.24	1,473.15	162.76

일 실시각으로 자유로이 변동하기 때문에 각 은행의 통화별 대고객 환율도 하루에 여러 차례 변경된다. 예를 들면 국내 은행의 대고객 환율은 표 2–2와 같다.

현물환율과 선물환율

외환 거래는 결제 시기에 따라 현물환 거래*spot transaction*와 선물환 거래*forward transaction*로 나뉜다. 현물환 거래는 외환 거래 당사자 간 매매 계약 체결 후 통상 2영업일 이내에 외환 결제가 이루어지는 거래를 말하며, 이때 적용되는 환율을 현물환율*spot exchange rate*이라고 한다. 우리나라의 경우 외국환중개회사를 통한 은행 간 현물환 거래는 2002년 8월 1일 이후 국제 관행에 맞추어 매매 계약 체결일로부터 2영업일째에 외화와 원화의 결제가 이루어지는 거래value spot로 일원화되었다.[13] 은행의 대고객 현물환 거래는 통상 매매 계약 체결 당일에 결제가 이루어진다.

선물환 거래는 매매 계약 체결일로부터 일정 기간(통상 2영업일) 경과 후 장래의 특정일에 결제가 이루어지는 거래를 말하며, 이때 적용되는 환율을 선물환율forward exchange rate이라고 한다. 선물환 거래의 만기는 3개월 이내의 단기물에서부터 6개월물, 1년물, 3년물 등 다양하다. 선물환율에서 현물환율을 차감한 것을 스왑 포인트swap point, 스왑 포인트를 현물환율로 나눈 값을 스왑 레이트swap rate라고 한다. 선물환율이 현물환율보다 높으면 스왑 포인트 및 스왑 레이트는 양(+)의 값을 가지는 반면 선물환율이 현물환율보다 낮으면 스왑 포인트 및 스왑 레이트는 음(−)의 값을 가진다.[14]

선물환 거래에는 일반 선물환 거래와 차액결제 선물환(NDF: non-deliverable forward) 거래가 있다. 통상 선물환율이라 할 때는 일반 선물환 거래에 적용되는 환율을 말하며, NDF 거래에 적용되는 환율은 NDF 환율이라고 한다. 이들 두 거래는 만기 시점의 결제 방식을 제외하고는 거래 구조가 같다. 일반 선물환 거래는 만기 시점에 실제로 외환의 인

13. 2002년 7월 말 이전에 우리나라의 현물환 거래는 매매 계약 체결일과 같은 날에 결제가 이루어지는 당일 결제value today와 그 다음날에 결제가 이루어지는 익영업일 결제value tomorrow, 그리고 2영업일째 결제가 이루어지는 익익영업일 결제value spot로 구분되었다.
14. 스왑 포인트 및 스왑 레이트가 양(+)의 값을 가질 때 비교 대상 통화(예를 들면 미국 달러화)가 원화에 대해 '선물환 프리미엄 상태에 있다,' 반대로 음(−)의 값을 가질 때 비교 대상 통화(예를 들면 미국 달러화)가 원화에 대해 '선물환 디스카운트 상태에 있다'고 한다.

수와 인도가 이루어진다. 이에 비해 차액결제 선물환 거래는 만기 시점에 실물의 인수도 없이 계약환율과 만기 시점의 현물환율인 지정환율 *fixing rate* 간의 차액만큼만 거래당사자 간에 지정 통화로 정산된다. 예를 들면 어떤 거래자가 NDF 매입 계약을 체결한 경우 만기일에 지정환율이 계약환율보다 높으면 두 환율 간 차이에 계약액을 곱한 금액을 상대방으로부터 수취하고, 반대로 만기일에 지정환율이 계약환율보다 낮으면 차액을 상대방에게 지급한다. NDF 매도 계약을 체결한 경우에는 앞에서 설명한 것과 반대의 결과가 나타난다.

NDF 거래는 다음과 같은 특징을 지닌다. NDF 거래는 차액만 결제하기 때문에 일반 선물환 거래에 비해 결제 위험이 작지만 적은 금액으로 거래가 가능하므로 레버리지*leverage* 효과가 높다. 또한 NDF 거래의 결제가 주로 미 달러화로 이루어지므로 원화, 위안화 등과 같이 국제화되지 않은 통화의 경우에도 비거주자가 해당 통화를 수취하거나 지급하지 않고 자유롭게 선물환 거래를 할 수 있다. 그리고 일반 선물환 거래는 주로 수출입 기업에 의해 미래의 환율 변동에서 오는 위험을 헤지하기 위한 수단으로 많이 활용된다. 이에 비해 NDF 거래는 통화가 국제화되지 않은 나라에 증권투자 등을 한 비거주자의 환위험관리나 차익거래 목적으로 많이 이용된다.

명목환율과 실질환율

명목환율*nominal exchange rate*이란 두 나라의 물가 요인을 제거하지 않은 환율을 말하는데, 통상 환율이라고 할 때는 명목환율을 의미한다. 앞에서 살펴본 은행 간 환율과 은행의 대고객 환율, 매입환율과 매도환율, 현물환율과 선물환율은 모두 명목환율 개념에 속한다.

이에 비해 실질환율*real exchange rate*이란 명목환율에서 두 나라의 물가 요인을 제거한 환율을 말하는데, 이는 명목환율을 두 나라 물가 수준의 비율로 나누어 구한다. 따라서 실질환율은 자국 통화의 외국 통화에 대한 상대적인 구매력을 반영한 환율이라고 할 수 있으며, 이는 구매력 평가 이론*purchasing power parity*[15]에 그 근거를 둔다. 우리나라 원화의 실질환율을 구하기 위한 식은 다음과 같다.

$$re_t = e_t / (p_t / p^*_t)$$

re$_t$: t시점에서의 우리나라 원화의 비교 대상국 대비 실질환율
e$_t$: t시점에서의 우리나라 원화의 비교 대상국 대비 명목환율
p$_t$: t시점에서의 우리나라 소비자물가지수
p$^*_t$: t시점에서의 비교 대상국 소비자물가지수

예를 들어 우리나라 원화의 미 달러화에 대한 실질환율을 설명하면, 먼저 우리나라 물가가 미국 물가보다 더 크게 오르는 경우를 가정해 보자. 이때 원화의 명목환율이 변동하지 않는다면 원화의 실질환율은 하락하며 이는 원화의 실질 가치가 상승(절상)한다는 의미이다. 이와 반대로 우리나라 물가가 미국 물가보다 덜 오르는 경우(미국 물가가 우리나라 물가보다 더 오르는 경우) 원화의 명목환율이 변동하지 않는다면 원화

---

15. 구매력 평가 이론이란 두 나라 통화 간 환율이 두 나라 간 물가 수준의 비율에 의해 결정된다는 것이다. 54쪽에서 자세히 설명한다.

의 실질환율은 상승하게 되며 이는 원화의 실질 가치가 하락(절하)한다는 뜻이다. 만약 우리나라 물가가 미국 물가에 비해 더 크게 오른 만큼 명목환율이 상승하면 실질환율은 일정하게 유지된다. 하지만 실제로는 물가 변동(구매력 평가 변화)이 항상 신속히 명목환율에 반영되기는 어렵다.

한 나라의 실질환율은 상대 국가에 대한 실질적인 수출 경쟁력을 나타내는 지표로 활용된다. 가령 우리나라 원화의 실질환율이 하락(원화의 실질 가치 절상)하면 상대국 시장에서 우리나라 상품의 가격이 상대적으로 비싸져서 가격 경쟁력이 떨어진다는 것을 의미한다. 반대로 원화의 실질환율이 상승(원화의 실질 가치 절하)하면 상대국 시장에서 우리나라 상품 가격이 상대적으로 싸져서 가격 경쟁력이 높아진다는 것을 뜻한다. 여기서 주목할 것은 실질환율은 명목환율이 변하지 않더라도 상대 물가의 움직임에 의해 변동한다는 점이다. 따라서 수출 경쟁력을 확보하기 위해서는 물가 안정을 통해 실질환율을 안정시키는 것이 중요하다. 한 나라의 수출 경쟁력은 장기적으로 명목환율보다는 실질환율에 의해 영향을 받기 때문이다.

명목실효환율지수와 실질실효환율지수

지금까지 살펴본 환율은 두 나라 돈 간의 가격을 의미하는 것으로, 두 나라 간의 가격 경쟁력을 나타낸다고 할 수 있다. 실제로는 한 나라가 여러 나라와 교역을 하기 때문에 전반적인 수출 경쟁력을 분석하기 위해서는 자국 돈과 주요 교역 상대국 돈들 간의 관계를 종합적으로 파악해야 한다. 이러한 관계를 나타내는 환율이 실효환율*effective exchange rate*이다. 이는 기준 연도를 100으로 하고 주요 교역 상대국과의 수출입 규모를 가중치로 사용해 구하는 지수로 표시한다. 물가 요인의 제거 여부에 따라 명목실효환율*nominal effective exchange rate*지수와 실질실효환율*real effective exchange rate*지수로 구분한다.

명목실효환율지수는 물가 변동 요인을 고려하지 않고 자국 통화와 주요 교역 상대국 통화 간 명목환율의 변동을 주요 교역 상대국과의 수출입 규모를 가중치로 사용해 평균하여 산출된다. 한편 실질실효환율지수는 자국과 주요 교역 상대국 간의 명목환율 변동뿐만 아니라 물가 변동 요인까지 고려한 것으로, 명목실효환율지수를 구매력평가지수로 나누어 산출한다.

명목실효환율지수와 실질실효환율지수를 구하는 식은 우리나라의 경우를 예로 들어 나타내면 다음과 같다.

$$\text{명목실효환율지수} = \frac{\sum_{i=1}^{n} w_i \left[ER_{it} / ER_{io} \right]}{\left[KOER_t / KOER_o \right]} \times 100$$

$$\text{구매력평가지수} = \frac{\sum_{i=1}^{n} w_i \left[CPI_{it} / CPI_{io} \right]}{\left[KOCPI_t / KOCPI_o \right]} \times 100$$

$$\text{실질실효환율지수} = \frac{\text{명목실효환율지수}}{\text{구매력평가지수}} \times 100$$

ER_i : i국 통화의 대미 달러 환율　　　$KOER$: 원화의 대미 달러 환율
CPI_i : i국의 소비자물가지수　　　$KOCPI$: 우리나라 소비자물가지수
w_i : i국의 가중치　　　하첨자 t 및 o는 비교 시점 및 기준 시점을 표시

위의 식에서 보는 바와 같이 명목실효환율지수 및 실질실효환율지수는 자국 통화를 기준으로 산출된다. 이 때문에 이들 지수의 상승 또는 하락은 외국 통화 기준으로 표시되는 우리나라 원화 명목환율의 상승 또는 하락과는 그 의미가 반대다. 이들 지수가 상승하면 원화가치가 상승(절상)하고, 반대로 이들 지수가 하락하면 원화가치가 하락(절하)한다는 것을 뜻한다. 한 나라의 명목실효환율지수와 실질실효환율지수를 이용한 환율 분석에 있어서는 이 같은 차이점에 유의해야 한다.

그리고 위의 식에 의해 산출된 비교 시점의 명목실효환율지수 및 실질실효환율지수가 100보다 높으면 우리나라 원화가 기준 시점에 비해 고평가된 것을, 100보다 낮으면 원화가 기준 시점에 비해 저평가된 것을 나타낸다. 특히 실질실효환율지수는 장기 균형환율 수준을 판단하는 지표로 활용되며, 단기적인 환율 움직임을 설명하는 데는 한계가 있다는 점을 알아야 한다.

3. 환율 결정 이론

환율은 어떻게 결정되나

환율은 외환시장에서 외환(외국 돈)의 수요와 공급에 의해 결정된다. 외환에 대한 수요는 한 나라의 기업, 개인 등 거주자가 외국으로부터 상품과 서비스를 구입(수입)하거나 금융자산 및 부동산 등 실물자산을 매입하고자 할 때 외환을 사야 하기 때문에 발생한다. 또한 외국의 금융기관이나 투자가들이 국내에 투자해 둔 금융자산이나 실물자산을 매각하여 자금을 본국으로 회수하고자 할 때도 외환의 수요가 발생한다. 한편 외환의 공급은 한 나라의 거주자가 자국의 상품 및 서비스를 판매(수출)하여 벌어들인 외화를 자국 돈을 대가로 매도할 때 발생한다. 또한 외국의 금융기관이나 투자가들이 국내의 금융자산이나 실물자산을 매입하기 위해 외화를 국내로 들여와서 이를 매각할 때도 외환의 공급이 발생한다. 따라서 외환에 대한 수요가 공급보다 많으면 자국 통화 환율은 상승(자국 통화가치는 절하)하는 반면 외환에 대한 공급이 수요보다 많으면 자국 통화 환율은 하락(자국 통화가치는 절상)한다.

우리나라의 미 달러 시장을 기준으로 설명하면 달러 시장의 수요 곡선과 공급 곡선은 일반 공산품의 경우와 마찬가지로 그림 2–2와 같다. 원/달러 환율은 달러 수요가 공급보다 많으면 상승(원화가치 절하)하는 반면 달러 공급이 수요보다 많으면 원/달러 환율은 하락(원화가치 절상)한다. 최종적으로는 원/달러 환율은 수요 곡선(D1)과 공급 곡선(S1)이 만나는 점(E1)에서 결정되어 e1이 된다. 만일 석유 파동 등으로 국제 유가가 급등하는 경우 수요 곡선 자체가 오른쪽으로 이동(D1 → D2)하고 공급 곡선은 움직이지 않고 그대로 있다고 하자. 이때 원/달러 환율은 새로운 수요 곡선(D2)과 기존 공급 곡선(S1)이 만나는 점(E2)에서 결정되어 e1에서 e2로 상승한다. 한편 새로운 수출 시장의 개척 등으로 공급 곡선이 오른쪽으로 이동하고 수요 곡선이 움직이지 않는다면, 원/달러 환율은 기존 수요 곡선(D1)과 새로운 공급 곡선(S2)이 만나는 점(E3)에서 결정되어 e1에서 e3로 하락한다. 만일 수요 곡선과 공급 곡선이 모두 오른쪽으로 움직이면, 원/달러 환율은 새로운 수요 곡선(D2)과 새로

그림 2–2. 원/달러 시장의 수요와 공급 곡선

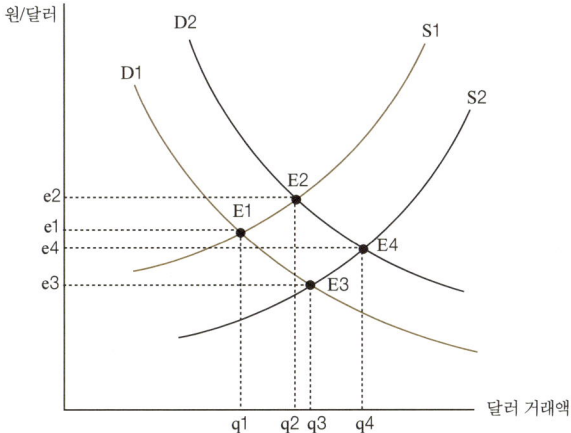

운 공급 곡선(S2)이 만나는 점(E4)에서 결정되어 e4가 된다. 이때의 환율(e4)은 수요 곡선이 공급 곡선보다 더 큰 폭으로 이동하면 최초 환율(e1)보다 높은 수준이 되고, 공급 곡선이 수요 곡선보다 더 큰 폭으로 이동하면 최초 환율(e1)보다 더 낮은 수준이 된다. 이와 같이 수요 곡선과 공급 곡선상에서의 변화가 일어날 뿐만 아니라 수요 곡선과 공급 곡선 자체가 이동하는 경우가 있기 때문에 환율의 단기적 변동을 예측하는 것은 쉽지 않다.

그림 2–3. 환율 결정 이론

구매력 평가 접근법	국제수지 접근법	자산시장 접근법	대외균형 접근법
• 절대적 구매력 평가 • 상대적 구매력 평가	• 경상수지 모형 • 국제수지 모형	• 통화적 접근법 • 포트폴리오 밸런스 접근법	• 기조적 균형환율 모형

환율 결정 이론

환율 결정 이론이란 환율을 결정하는 외환의 수요와 공급에 영향을 미치는 여러 가지 요인들에 관한 연구를 체계적으로 제시한 것이다. 무역의 발달, 자본의 이동 증대, 금융자산의 공급 확대 등에 따라 환율 결정에 관한 다양한 이론들이 개발되어 발전해 왔다. 이들 이론 가운데 가장 기본적이고 중요한 구매력 평가 접근법, 국제수지 접근법, 자산시장 접근법 및 대외균형 접근법을 중심으로 기본 개념과 주요 내용을 간략히 살펴본다.

구매력 평가 접근법

구매력 평가 접근법(PPP: purchasing power parity approach)은 환율 결정에 관한 가장 오래된 이론으로, 1916년 스웨덴의 경제학자 칼 구스타프 카셀Karl Gustav Cassel이 이를 처음 제시했다. 이 이론에 따르면 통화의 장기 균형환율 또는 균형 가치는 두 나라 통화의 구매력(상품을 구매할 수 있는 능력)을 일치시키는 수준에서 결정된다.[16] 각국의 구매력은 물가 수준에 반비례하므로 결국 두 나라 간 장기 균형환율은 두 나라 물가 수준의 비율, 즉 자국 물가 수준의 외국의 물가 수준에 대한 비율에 의해 결정된다. 우리나라와 미국을 예로 들어 이를 수식으로 표시하면 다음과 같다.

$$1/\text{Pk} \times \text{W/\$} = 1/\text{Pus} \longrightarrow \text{W/\$} = \text{Pk/Pus}$$

Pk = 우리나라 소비자물가지수, Pus = 미국 소비자물가지수

구매력 평가 이론에 있어 기본적으로 적용되는 개념은 '일물일가의 법칙law of one price'이다. 즉 품질이 같은 상품은 국제적으로 동일한 가격에 의해 거래해야 한다는 것이다. 예를 들이 원화의 대미 달러 환율은 우리나라와 미국에서의 동일한 상품의 가격 비율로 표시된다.

$$\text{P}^i\text{k} = \text{P}^i\text{us} \times \text{W/\$} \longrightarrow \text{W/\$} = \text{P}^i\text{k/P}^i\text{us}$$

P^ik = 우리나라 i 제품의 가격, P^ius = 미국 i 제품의 가격

구매력 평가 이론에 따른 환율의 가장 간단한 예가 영국 〈이코노미스트The Economist〉지의 빅맥지수Big Mac Index다. 전 세계에서 영업하

---

16. 구매력 평가 접근법 또는 구매력 평가 이론에 대해서는 어윤대·김윤수,《국제 금융》, 학연사, 2006, pp.173~179와 김인준·이영섭,《국제경제론》, 다산출판사, 2010, pp.104~111을 참조하라.

는 맥도날드의 국가별 햄버거 가격을 나타내는 빅맥지수를 이용하여 각국의 환율 수준을 평가한다. 2010년 10월 14일자 〈이코노미스트〉 지에 따르면 우리나라에서의 빅맥 햄버거 가격은 달러화로 환산하면 3.03달러인 데 비해 미국에서의 가격은 3.71달러였다. 이는 빅맥 햄버거 가격 기준으로 볼 때 원화가 미 달러화에 대해 18% 정도 저평가되었다는 것을 의미한다.

이러한 일물일가의 법칙이 각국의 물가 지수 산출에 포함되는 모든 상품 바스켓goods basket에 대하여 성립하고 이들 상품의 구성 및 가중치가 같다면 이 법칙은 모든 국가의 물가 지수 자체에도 적용될 수 있다. 따라서 두 나라 통화 간 환율은 앞에서 살펴본 바와 같이 두 나라 물가 지수의 비율로 표시된다.

이와 같이 환율이 두 나라 간의 절대적인 물가 수준의 비율에 의해 결정되는 것을 절대적 구매력 평가 이론이라고 한다. 이 이론에 따르면 한 나라의 물가가 다른 나라 물가에 비해 상승하면 자국 통화의 구매력이 떨어지므로 통화의 상대 가격을 나타내는 명목환율은 상승한다. 예를 들어 우리나라의 물가가 미국의 물가보다 더 빠르게 상승한다면 우리나라 원화의 대미 달러 환율은 상승(원화가치는 절하)한다. 이러한 구매력 평가 접근법은 장기 균형환율을 추정하는 데 있어 가장 널리 쓰이는 이론 중 하나이다. 앞에서 살펴본 주요 교역 상대국 간의 환율(통화가치) 변동과 물가 변동을 고려하는 실질실효환율(REER: real effective exchange rate)지수는 구매력 평가 이론에 기초를 둔 것이다. 국제 결제은행(BIS)은 현재 매월 58개국의 실질실효환율지수를 57개 교역 대상국을 기준으로 작성해 발표한다.

절대적 구매력 평가 이론이 성립하기 위해서는 (1) 상품들의 품질이 같아야 한다는 점, (2) 상품들이 교역재이어야 한다는 점, (3) 관세 등 무역 장벽 및 거래 비용이 없어야 된다는 점, (4) 각국의 물가지수 편제에 포함되는 상품들의 구성 및 가중치가 같아야 한다는 점 등이 사전적으로 충족되어야 한다. 그러나 실제로는 비교역재 상품이 많이 존재하고 교역재도 품질에 차이가 있다. 또 무역 장벽 등으로 수출입에 비용이 수반될 뿐 아니라 각국의 물가 지수 편제에 포함되는 상품들의 구성 및 가중치가 나라마다 다르다. 이 때문에 절대적 구매력 평가 이론이 성립되는 데 제약이 있다.

이러한 제약 요인들을 고려하여 절대적 구매력 평가 이론의 가정들을 완화한 것이 상대적 구매력 평가 이론이다. 상대적 구매력 평가 이론은 절대적 구매력 평가로부터 이탈되는 요인들이 장기간에 걸쳐 안정적이라면 환율의 변동은 두 나라 간 물가 수준의 변동에 의해 결정된다는 것이다. 즉 한 나라의 환율변동률은 자국의 물가변동률에서 외국의 물가변동률을 뺀 것과 같아진다는 것이다.

$$\triangle ₩/\$ = \triangle Pk - \triangle Pus$$

△₩/$: 원/달러 환율의 변동률, △Pk: 우리나라 소비자 물가의 변동률,
△Pus: 미국 소비자 물가의 변동률

한편 경험적 분석 결과는 앞에서 살펴본 바와 같은 제약 요인들로 인해 실제 환율이 구매력 평가 모형에 의한 장기 균형환율 수준으로부터 이탈하는 현상이 빈번해지고 상당 기간 지속되지만 장기적으로는

실제 환율이 균형환율 수준으로 수렴해 가는 경향이 있다는 것을 나타내었다. 따라서 구매력 평가 접근법은 단기적이나 중기적 환율 예측에 적합하지 않지만 장기적 균형환율 예측에는 매우 중요한 이론으로 인식된다. 이 접근법은 환율 결정에 관한 많은 모형에서 중요한 방법으로 활용된다.

국제수지 접근법

국제수지 접근법*balance of payments flow approach*은 환율이 외환의 수요와 공급에 의해 결정된다는 전통적인 플로우 접근법으로, 1930년대에 조안 로빈슨Joan Robinson(1937)에 의해 개발되어 발전해 왔다.[17] 이는 경상수지 모형과 국제수지 모형으로 구분된다.

경상수지 모형(BOT model: balance of trade flow model)은 경상수지가 환율 결정의 가장 중요한 요인이라는 것이다. 이 접근법에서 환율은 상품과 서비스의 수출입과 같은 경상거래에서 발생하는 외환의 수요와 공급에 의해 결정된다. 즉 경상수지가 흑자를 나타내면 외국 통화의 공급이 수요를 초과하여 환율이 하락(자국 통화가치는 절상)한다. 이와 반대로 경상수지가 적자를 나타내면 외국 통화에 대한 수요가 공급을 초과하여 환율은 상승(자국 통화가치는 절하)한다. 이 모형에서 균형환율은 경상수지가 균형을 이루는 수준에서 결정된다.

---

17. 국제수지 접근법에 대해서는 이강남,《국제금융론》, 법문사, 2008, pp.226~238과 Michael R. Rosenberg, *Currency Forecasting: A Guide to Fundamenral and Technical Models of Exchange Rate Determination, Irwin Professional Publishing*, 1996, pp.68~92, 95~96을 참조하라.

경상수지 모형은 국제적인 자본이동이 증대되면서 국제수지 모형으로 발전되었다. 이 모형은 경상수지뿐만 아니라 자본이동도 환율을 결정하는 중요한 요인으로 작용한다는 것이다. 즉 경상수지와 자본수지를 합한 전체 국제수지가 흑자를 나타내면 외국 통화의 공급이 수요를 초과하여 환율이 하락(자국 통화가치는 절상)한다. 이와 반대로 국제수지가 적자를 나타내면 외국 통화에 대한 수요가 공급을 초과하여 환율은 상승(자국 통화가치는 절하)한다. 이 모형에서는 균형환율은 국제수지가 균형을 이루는 수준, 다시 말해서 경상수지 흑자(또는 적자)가 자본수지 적자(또는 흑자)와 일치하는 수준에서 결정된다.

국제수지 모형에서는 환율 수준은 경상수지 자체의 변동 외에 경상수지와 자본수지에 영향을 미치는 국내외 금리 격차의 변화, 국내외 경제 활동 수준의 변화, 미래 환율에 대한 기대 변화 등에 의해 결정된다. 자국 금리가 상승할 경우 자국 통화 표시 자산(채권 등)에 대한 수요 증가로 외국 자본이 유입되어 환율은 하락한다. 반대로 자국 금리가 하락할 경우 자국 통화 표시 자산에 대한 수요 감소로 외국 자본이 유출되어 환율은 상승한다. 자국의 경기가 호조를 보일 경우 외국 상품에 대한 수입 수요가 증가하고, 이는 외국 통화에 대한 수요를 증가시켜 환율을 상승하게 한다. 반대로 자국의 경기가 침체를 보일 경우 외국 상품에 대한 수요가 감소하고 이는 외국 통화에 대한 수요를 감소시켜 환율을 하락하게 한다. 미래의 환율이 상승할 것으로 기대할 경우 외국 통화에 대한 수요가 증가하여 환율은 상승한다. 반대로 미래의 환율이 하락할 것으로 기대할 경우 외국 통화에 대한 수요가 감소하여 환율은 하락한다.

한편 로버트 먼델Robert Mundell(1963)과 마커스 플레밍Marcus Fleming(1962)은 자본이동성이 환율 결정의 중요 요인임을 보여 주는 먼델-플레밍 모형Mundell–Fleming model을 개발하였다. 이 모형은 균형환율이 경상거래에서 발생하는 외환의 순유입(또는 순유출)과 자본거래에서 발생하는 외환의 순유출(또는 순유입)이 일치하는 수준에서 결정된다는 점에서 본질적으로 국제수지 접근법에 속한다고 할 수 있다.

자산시장 접근법

자산시장 접근법asset market approach은 환율이 경상거래와 자본거래에서 발생하는 외환의 수요와 공급에 의해 결정된다는 국제수지 접근법과는 달리 국내외 금융자산financial assets의 상대적 수요와 공급에 의해 결정된다는 것이다. 이 접근법은 1970년대 이후에 크게 유행하였는데, 투자자들이 보유하는 자산의 범위 등에 대한 가정에 따라 통화적 접근법과 포트폴리오 밸런스 접근법으로 구분된다.[18]

통화적 접근법monetary approach은 한 나라의 거주자가 통화 자산만을 보유한다는 가정하에 환율이 자국 통화와 외국 통화에 대한 상대적인 수요와 공급에 의해 결정된다는 것이다. 이 접근법에서는 한 나라의 통화 공급은 금리 채널이 아니라 물가 변동을 통해 환율에 파급된다. 즉 한 나라의 중앙은행이 통화 공급량을 늘리면 물가가 상승하거나 상승할 것으로 예상됨에 따라 자국 통화에 대한 상대적 수요가 감

---

18. 자산시장 접근법에 대해서는 김인준 · 이영섭, 앞의 책, pp.211~218과 이강남, 앞의 책, pp.238~255를 참조하라.

소하여 환율이 상승(자국 통화가치가 절하)한다는 것이다. 이와 반대로 한 나라의 통화당국이 통화 공급량을 줄이면 자국 통화에 대한 상대적 수요가 증가하여 환율이 하락(자국 통화가치가 절상)한다는 것이다. 통화적 접근법은 물가의 조정이 얼마나 신축적으로 이루어지는가 하는 가정에 따라 제프리 프랭켈Jeffrey A. Frankel(1976) 등에 의해 정립된 신축적 가격하의 통화 모형과 루디거 돈부시Rudiger Dornbusch(1976) 등에 의해 발전된 경직적 가격하의 통화 모형으로 구분된다. 2010년 하반기에 미 연방준비제도이사회(Fed: Federal Reserve. 이하 '연준')의 양적 완화정책이 달러화의 약세를 가져온 것은 이러한 통화적 접근법으로 설명할 수 있다.

한편 포트폴리오 밸런스 접근법portfolio balance approach은 한 나라의 거주자가 통화자산뿐만 아니라 국내 채권 및 해외 채권까지 보유한다는 가정하에 환율이 국내외 통화 및 채권에 대한 상대적인 수요와 공급에 의해 결정된다는 것이다. 이 접근법에서는 환율은 일반적으로 자국과 다른 나라 간의 통화 공급 차이, 채권 공급 차이, 기대 물가상승률 차이, 실질 금리 차이, 경제 성장 차이 등에 의해 결정된다. 예를 들면 자국 통화 증가율이 외국 통화 증가율보다 높거나 국내 채권 공급 증가량이 다른 나라의 채권 공급 증가량보다 더 많으면 환율은 상승한다. 또한 국내 기대 물가상승률이 다른 나라의 기대 물가상승률을 상회하면 환율은 상승한다. 이에 반해 국내 실질 금리가 다른 나라의 실질 금리보다 더 높으면 환율은 하락한다. 그리고 자국 경제성장률이 다른 나라 경제성장률보다 더 높으면 국내 채권에 대한 수요가 해외 채권에 대한 수요보다 더 커져 환율은 하락한다. 이는 국제수지 접근법과는 그 영향이 반대다.

대외균형 접근법

구매력 평가 이론이 한계를 보임에 따라 많은 경제학자들은 장기 균형환율을 결정하는 새로운 접근법을 찾기 위한 노력을 오랫동안 기울여 왔다. 그 가운데 대표적인 것이 마이클 로젠버그Michael R. Rosenberg(1996)에 의해 소개된 대외균형 접근법external balance approach이다.[19] 이 접근법에 따르면 장기 균형 실질환율long-run equiliblium real exchange rate은 대내균형internal balance과 대외균형external balance이 동시에 달성될 때의 환율로 정의된다. 대내균형은 물가 상승이 가속되지 않는 상태에서 잠재 성장 수준의 생산 활동이나 완전 고용 수준이 달성되는 것으로 정의한다. 대외균형은 경상수지의 목표 수준이 달성되는 것으로 정의한다. 여기서 경상수지의 목표 수준이란 반드시 경상수지가 균형(0)을 이루어야 된다는 것을 의미하지는 않는다. 그것은 적자 상태가 지속된다 하더라도 그 규모가 대내균형을 달성하는 데 있어 제약이 되지 않으면서 장기적으로 달성 가능하거나 지속 가능한 경상수지 수준을 말한다. 만일 실제 경상수지가 지속 가능한 경로를 따라 움직이지 않는다면 경상수지 목표의 장기적 달성을 위해 실질환율의 조정이 필요하게 된다.

이와 같이 대외균형 접근법에 따른 장기 균형 실질환율은 이론적으로는 명확하게 정의되지만 정책적 목적 또는 투자 전략 목적을 위해 실제로 이 환율 수준을 정확하게 추정하는 것은 쉽지 않았다. 장기 균형 실질환율 수준을 추정하기 위해 많은 실증 분석들이 이루어졌다.

---

19. 대외균형 접근법에 대해서는 Rosenberg, 앞의 책, pp.31~55를 참조하라.

그 가운데 선구적인 연구가 존 윌리엄슨John Williamson(1985)에 의한 기조적 균형환율(FEER: fundamental equilibrium exchange rate) 모형이다. 그는 기조적 균형환율을 "한 나라가 국제수지의 개선을 목적으로 무역에 대한 규제를 가하지 않으면서 대내균형의 달성을 위해 최대한 노력한 다는 전제하에, 일정 기간에 걸쳐 기조적 자본 흐름*underlying capital flow* 과 동일한 규모의 경상수지 흑자 또는 적자를 발생시킬 것으로 예상되는 환율"로 정의하였다. 이 모형에 의한 장기 균형환율은 환율방정식을 포함한 다수의 연립방정식으로 구성된 거시 구조 모형을 이용하여 추정된다. 문제는 대내균형 및 대외균형에 관한 정의가 상당히 넓다는 점이다. 예를 들면 경상수지의 목표 수준 설정과 이와 관련된 기조적인 자본의 유입 또는 유출 규모 추정, 물가 안정 수준 및 잠재 성장 수준의 추정에는 주관적 판단이 필요하다. 이러한 점을 고려하여 윌리엄슨은 기조적 균형환율 추정치에 대하여 상하 10%의 오차 범위를 허용하였다. 이러한 단점에도 불구하고 이 모형에 의한 추정치는 과거 실제 환율의 장기 균형환율으로부터의 괴리 정도를 분석하는 데 있어 유용한 것으로 밝혀졌다.[20]

환율 결정 이론의 종합

앞에서 살펴본 바와 같이 구매력 평가 접근법과 대외균형 접근법은 장기 균형환율 결정 요인 분석에 적합한 이론이다. 이들 접근법에 기초를 둔 실질실효환율 모형과 기조적 균형환율 모형은 단기적이나 중기적

---

20. Rosenberg, 앞의 책, pp.55~58을 참조하라.

표 2-4. 환율의 장단기 결정 요인

단기 환율 결정 요인	장기 균형환율 결정 요인
• 경상수지 변동	• 물가 안정 목표 수준
• 자본수지 변동	• 잠재 성장률 수준
• 국내외 금리차	• 지속 가능한 경상수지 수준
• 국내외 경제 성장률 격차	• 국내외 물가 수준 변화
• 국내외 물가 상승률 격차	
• 환율에 대한 기대 변화	
• 국제 금융시장 변동	
• 기타 경제 및 금융 뉴스	
• 지정학적 리스크	

환율의 움직임을 설명하는 데는 한계가 있지만 장기 균형환율의 추정에 있어서는 매우 중요한 방법인 것으로 인식된다. 한 나라에 있어 물가 안정 수준, 잠재 성장 수준의 생산 활동과 완전 고용 수준, 지속 가능한 경상수지 수준, 다른 나라에 대한 상대적 물가 수준 등은 장기 균형환율을 결정하는 중요한 요인이다. 경험적 분석 결과에서도 이들 거시 경제의 기초적 요인과 환율 간 관계는 장기적으로 긴밀한 것으로 나타난다.

한편 국제수지 접근법, 통화적 접근법, 포트폴리오 밸런스 접근법 등은 장기 균형환율 결정보다는 단기 환율 변동의 결정요인 분석에 적합한 이론이다. 이들 접근법은 개별적으로는 주요 환율 결정 요인들을 이론적으로 밝혀내는 데 크게 기여하였지만 경험적 분석 결과를 보면 환율의 단기적 움직임을 설명하는 데 있어 대체로 만족스럽지 못하였다는 것이 일반적 평가다. 이는 각 접근법에서 중시하는 경상수지 변동, 자본 수지 변동, 국내외 통화량의 변동, 국내외 금리 차이, 경제 성장 차이, 인플레이션 차이, 미래의 환율에 대한 기대 변화 등 여러 가지 경제 및 금융 변수들이 다양한 경로를 통해 서로 밀고 당기면서 복합적으로 환율에 영향을 미치기 때문이다. 다시 말해서 각 요인들의 환율에 미치는 영향력은 금융 및 경제 상황에 따라 다르게 나타난다는 것이다. 따라서 단기적 환율 변동의 분석이나 예측에 있어서는 환율 결정에 미치는 여러 가지 장단기 요인들을 종합적으로 고려하여 판단해야 한다.

각국의 정책 담당자는 물론 기업의 재무 담당자나 자산 투자가 등이 환율 변동을 정확하게 예측하기는 어렵다. 하지만 이들은 각자의 목적에 따라 환율 동향 분석과 예측 작업을 하기 위해서는 앞에서 살펴본 바와 같은 환율의 변동을 결정하는 기본적인 이론들을 잘 이해해야 한다.

3

환율정책

우리나라에 있어 환율정책에 대한 최종적 권한과 책임은 「외국환거래법」에 의거하여 기획재정부 장관에게 주어져 있다. 실제 환율정책의 운용은 기획재정부와 한국은행 간의 긴밀한 협의를 바탕으로 이루어진다. 그리고 환율정책을 운용하기 위한 외환시장 개입을 비롯한 일상적인 외환시장 관리는 한국은행이 수행한다.

이 장에서는 우선 환율정책이 어떻게 운용되는가를 알아본 후 환율 변동이 경제에 미치는 영향을 설명한다. 다음으로 언론, 연구 기관, 학계 등에서 환율에 관해 다루고 있는 주요 이슈인 환율의 적정 수준, 환율의 변동성, 금리와 환율 간의 관계, 환율전쟁 등에 대해 구체적으로 살펴본다.

1. 환율정책 현황

환율정책에 관한 법적 권한

우리나라에 있어 환율정책 또는 외환시장 안정에 대한 최종적인 권한과 책임은 「외국환거래법」에 의거하여 기획재정부 장관에게 있다. 동법 제4조 제2항은 "기획재정부 장관은 안정적인 외국환 수급의 기반 조성과 외환시장의 안정에 노력하여야 하며, 이를 위한 시책을 강구하여야 한다"고 규정한다. 그리고 동법 제5조 제1항은 "기획재정부 장관은 원활하고 질서 있는 외국환거래를 위하여 필요한 경우에는 외국환거래에 관한 기준 환율, 외국환의 매도율과 매입률 및 재정환율을 정할 수 있다"고 기술한다. 기획재정부 장관은 이들 규정에 따라 환율정책을 수행한다.

한국은행은 법적으로는 환율정책 또는 외환시장 안정에 관한 권한과 책임을 가진다고 할 수 있는 명시적인 근거가 없다. 「한국은행법」 제83조는 "한국은행은 정부의 환율정책, 외국환은행의 외화 여·수신 업무 및 외국환 매입·매도 초과액의 한도 설정에 관한 정책에 대하여 협의하는 기능을 수행한다"고 규정한다. 이 조항은 정부가 한국은행에게 협의 요구권을 부여하거나 정부에 대한 협의 의무를 부과하지 않고 단순히 협의하는 기능만을 수행하도록 규정한 것이기 때문에 법적 강제력이 없는 훈시 규정으로 해석된다. 한국은행이 외환시장에서 외국환을 매매하는 것은 「한국은행법」 제82조 및 「외국환거래규정」 제2–14조에 의거하여 외국환 업무를 수행하는 것이라고 할 수 있다.

표 3-1. 환율정책 관련 법규

외국환거래법

제4조 (대외거래의 원활화 촉진 등)

② 기획재정부장관은 안정적인 외국환 수급의 기반 조성과 외환시장의 안정을 위하여 노력하여야 하며, 이를 위한 시책을 마련하여야 한다.

제5조 (환율)

① 기획재정부장관은 원활하고 질서 있는 외국환 거래를 위하여 필요하면 외국환 거래에 관한 기준환율, 외국환의 매도율·매입률 및 재정환율(이하 "기준환율등"이라 한다)을 정할 수 있다.

제13조 (외국환평형기금)

① 외국환 거래를 원활하게 하기 위하여 예산회계법 제7조의 규정에 의한 기금으로서 외국환평형기금을 설치한다.

⑥ 외국환평형기금은 기획재정부장관이 운용·관리한다.

제14조 (위임·위탁 등)

① 기획재정부장관은 이 법에 의한 권한의 일부를 대통령령이 정하는 바에 의하여 한국은행총재 등에게 위임 또는 위탁할 수 있다.

외국환거래규정

제2-25조 (한국은행의 외국환업무 등)

한국은행은 다음 각 호의 1에 해당하는 업무를 영위할 수 있다.

1. 외국환의 매매 및 파생금융 거래

2. 외화자금 및 외국환의 보유와 운용

3.~13. (생략)

한국은행법

제82조 (외국환업무 등)

한국은행은 기획재정부장관의 인가를 받아 다음 각 호의 1에 해당하는 업무를 수행할 수 있다.

1. 외국환업무 및 외국환의 보유

2. 외국의 금융기관, 국제금융기구, 외국정부와 그 대행기관 또는 국제연합기구로부터의 예금의 수입

3. 귀금속의 매매

제83조 (환율정책 등에 대한 협의)

한국은행은 정부의 환율정책, 외국환은행의 외화여·수신업무 및 외국환 매입·매도 초과액의 한도설정에 관한 정책에 대하여 협의하는 기능을 수행한다.

한편 기획재정부 장관이 한국은행에게 외국환평형기금*exchange equalization fund* 자금으로 외환시장에 개입하도록 요청을 할 경우 한국은행은 이에 따라야 할 의무가 있다. 외국환평형기금에 대한 운용·관리 권한을 가진 기획재정부 장관이 외국환거래법령[21]에 의거 한국은행 총재에게 그 기금의 운용 및 관리에 관한 사무 처리를 위탁하였기 때문이다.

환율정책의 실제 운용

환율정책은 크게 환율 제도의 선택과 외환시장 개입의 결정으로 구분된다. 우리나라의 환율 제도는 1945년 해방 이후 경제의 발전과 국제환경의 변화에 맞추어 여러 차례 바뀌어 왔다. 1997년 12월 외환위기 당시에 일일 환율 변동 제한폭이 완전히 폐지되어 자유변동환율제도로 이행되었다.[22]

외환시장 개입의 결정은 법적으로는 환율정책에 대한 최종적인 권한과 책임을 가지고 있는 기획재정부 장관에게 있다. 그러나 실제 외환시장 개입 여부에 대한 결정은 기획재정부와 한국은행 간의 긴밀한

21.「외국환거래법」제13조(외국환평형기금) 및 제23조(위임·위탁 등), 「외국환거래법시행령」제35조(권한의 위임·위탁).
22. 1990년 3월 시장평균환율제도 도입 이후 일일 환율 변동 제한폭은 다음과 같이 변경되었다.

(%)

1990. 3	1991. 9	1992. 7	1993. 10	1994. 11	1995. 12	1997. 11	1997. 12
±0.4	±0.6	±0.8	±1.0	±1.5	±2.25	±10.0	폐지

협의를 바탕으로 이루어진다. 그리고 환율정책을 운용하기 위한 외환시장 개입*intervention*을 비롯한 일상적인 외환시장 관리는 전 세계 모든 나라의 경우와 마찬가지로 중앙은행인 한국은행이 수행한다. 이는 한국은행이 중앙은행으로서 각 은행과의 원화 자금에 대한 결제 기능을 수행하고 외환시장 개입을 위한 시스템과 충분한 인력을 갖추고 있기 때문이다. 뿐만 아니라 한국은행이 각 은행과의 수시 의견 교환을 통해 외환시장에 영향을 미치는 여러 가지 요인들에 대한 정보를 수집하기 위한 채널을 구축하고 있기 때문이다.

외환시장 개입 재원

정부는 외국환 거래를 원활하게 하기 위해 외국환평형기금을 설치하고 기획재정부 장관이 그 기금에 대한 운용과 관리를 맡는다. 기획재정부 장관은 외환시장의 안정을 위해 필요하다고 판단되는 경우 외국환평형기금의 원화 및 외화자금을 사용하여 외환시장에 개입하며, 이와 관련하여 한국은행 총재에게 외국환평형기금의 운용과 관리에 관한 사무의 처리를 위탁한다.

외국환평형기금의 재원은 주로 외환시장안정용 국고채(환시채라고도 함) 발행으로 조성된다. 원화표시 외국환평형기금 채권은 1987년 3월부터 이 기금의 부담으로 발행하다가 2003년 11월부터는 국고채(외환시장안정용 국고채)에 통합되어 발행하고 있다. 외환시장안정용 국고채 발행 대금은 공공자금관리기금을 경유하여 외국환평형기금으로 들어오도록 채권 발행 방법이 변경되었다. 외국환평형기금으로 사용되는 국고

표 3–2. 외환시장안정용 국고채 발행 현황

(억 원)

구분	2005	2006	2007	2008	2009	2010
국고채(환시채) 발행	219,000	202,000	191,000	157,819	266,000	334,157
발행 잔액	610,000	720,000	830,000	887,819	965,819	…

채 발행 규모에 대해서는 매년 국회의 동의를 받아야 하기 때문에 정부가 외환시장 개입 재원을 조달하는 데 예산상 제약이 따른다. 외환시장안정용 국고채 발행 잔액은 2009년 12월 말 96조 5,819억 원에 달하였다.[23]

이에 따라 정부는 환율정책 운용과 관련하여 필요한 경우 한국은행의 협조를 요청한다. 한국은행은 외환시장 동향, 통화 사정 등을 감안해 필요하다고 판단되는 경우 정부와의 협의를 거쳐 시장 개입 재원의 일부를 분담해 온 것으로 알려져 있다. 한국은행이 외환시장에서 달러화를 매입하면 이에 해당하는 원화 자금이 시중에 공급된다. 이와 동시에 한국은행은 통화안정증권을 발행하여 시장 개입으로 늘어나는 과잉 통화를 흡수하는데, 이를 불태화 개입*sterilized intervention*이라고 한다. 2010년 12월 말 통화안정증권 발행 잔액은 163조 5,300억 원에 달하는데, 그 대부분은 외환시장 개입과 통화안정증권 발행이자 지급에 따른 통화 증발을 흡수하는 데 사용된 것으로 추정된다.

23. 국회 기획재정위원회, 〈2011년도 기획재정위원회 소관 기금운용계획안 검토보고〉(II), 2010. 11을 참조하라.

외환위기 이후 환율 동향

원/달러 환율은 1997년 12월 자유변동환율제도로 이행된 이후 국내 경기, 경상수지 등 기초 경제 여건 변화, 외국인 주식투자 자금의 유출입 변동, 글로벌 달러화 시세 등 국제 금융시장의 변동, 시장 참가자들의 기대 변화 등에 따라 등락하여 왔다. 특히 1997년 12월 외환위기 및 2008년 9월 외화유동성 위기 시기를 전후하여 급격한 변동을 보였다. 1997년 이후 원/달러 환율의 움직임을 서울외환시장 종가를 기준으로 개략적으로 살펴보자.

1996년 말에 844.90원에 머물렀던 원/달러 환율은 1997년 12월 외환위기 과정에서 사상 최고 수준인 1,962원(12월 23일)까지 급등했다. 이후 경상수지의 큰 폭 흑자, 외국인 주식투자 자금의 유입 확대, 금융기관의 외화유동성 사정 호전 등으로 외환의 초과 공급 기조가 계속되면서 원/달러 환율은 급속한 하락세를 지속하여 2000년 9월 4일에는 1,104.40원까지 떨어졌다.

2000년 11월 하순 이후 국내 경기 둔화, 현대그룹 유동성 위기와 구조 조정 지연 가능성, 일본 금융위기설로 인한 엔화 약세 등의 불안 요인이 겹치면서 원/달러 환율은 오름세로 돌아서 2001년 4월 4일에 1,365.20원까지 상승했다. 이후 약 1년 동안 원/달러 환율은 1,300원을 전후한 수준에서 안정적인 움직임을 보였다.

2002년 4월 중순부터 2007년 10월 말까지 5년 6개월 동안 원/달러 환율은 여러 차례 기복이 있었지만 하락 기조를 지속하였다. 특히 2002년 4월 중순 이후 국내 경기의 회복세, 미국 경상수지 적자 확대 및 회계 부정에 따른 달러화의 급격한 약세 등의 영향으로 원/달러 환율은 급락하여 그 해 7월 22일에는 1,165.60원으로 떨어졌다. 2004년 10월부터 글로벌 달러화의 약세, 외환 공급 우위 기조 지속, 일방적인 환율 하락 기대 심리 등의 영향으로 내림세를 보여 2005년 4월 29일에는 997.10원으로 하락하였다. 2005년 12월 이후에는 글로벌 달러화 약세, 국내 조선업체 등 수출 기업과 해외 증권투자자(자산운용사 등)의 선물환 매도 급증 등의 영향으로 하락하여 2007년 10월 말 원/달러 환율은 외환위기 이후 최저 수준인 900.70원까지 떨어졌다.

2008년 3월 이후 원/달러 환율은 글로벌 주가 하락 등으로 오름

그림 3-1. 원/달러 환율 동향

• 자료: 한국은행

세를 보이는 가운데 9월 중순 리먼 브러더스Lehman Brothers 사태 발생 이후 글로벌 금융위기, 국내 외화자금의 유출 급증과 이에 따른 외화유동성 사정 악화 등의 영향으로 급등하여 2009년 3월 2일에는 1,570.30원으로 상승하였다.

이후 글로벌 금융위기 진정, 수출 호조에 따른 경상수지의 큰 폭 흑자, 외국인 증권투자 자금 유입 등으로 원/달러 환율은 2010년 4월 26일에 1,104.1원까지 하락하였다. 5월 하순경에는 남유럽 국가 재정 위기 확산 우려, 천안함 침몰 원인 조사 결과 발표 등에 따른 한반도의 지정학적 리스크 부각 등으로 원/달러 환율은 1,253.3원(5월 26일)까지 일시 급등하기도 하였다. 그러나 7월 이후 원/달러 환율은 다시 내림세로 돌아섰다. 높은 경제성장률 및 경상수지 흑자 등 건실한 기초경제 여건, 외국인 증권투자 자금 유입 증가, 미 연준의 추가적인 양

표 3-3. 현물환 거래량(일 평균 기준)

(억 달러, %)

	2000	2005	2007	2008	2009	2010
현물환*	54.9 (64.9)	96.8 (46.6)	185.2 (45.6)	196.9 (40.5)	139.1 (36.5)	165.8 (39.6)
중개 거래**	23.8	45.2	82.5	78.1	58.3	76.6
전체 외환 거래***	84.6	207.8	406.5	486.7	380.8	418.9

* ( )는 현물환 거래 금액이 전체 외환 거래 금액에서 차지하는 비중
** 은행 간 시장에서의 외국환중개사 경유 거래 기준
*** 현물환, 선물환, 외환스왑, 통화스왑 및 통화옵션 거래(대고객 및 은행 간 거래 포함)
• 자료: 한국은행

적 완화정책 기대에 따른 글로벌 달러화 약세의 영향으로 12월 말에는 1,134.80원으로 떨어졌다. 2011년에 들어서도 원/달러 환율은 하락하여 3월 말에는 1,096.70원을 기록하였다.

한편 국내 외국환은행의 현물환 거래량(일평균 기준)은 2000~2003년까지 매년 50억 달러 수준에서 머물렀으나 2004년부터 빠른 속도로 늘어나기 시작하였다. 특히 2006년 이후에는 거주자의 해외 증권투자 급증, 외국인의 국내 채권투자 확대 등의 영향으로 현물환 거래 규모는 크게 증가하여 2008년에 196.9억 달러를 기록하였다. 그러나 2008년 9월 중순 리먼 사태에 따른 글로벌 금융위기 영향으로 2009년에는 거래량이 139.1억 달러로 급감하였다. 이후 글로벌 금융위기가 진정되고 국내 외환시장이 안정을 되찾으면서 2010년에 거래량이 165.8억 달러로 늘어났으나 아직 2008년 수준을 회복하지 못하였다. 2010년 중 현물환 거래 규모는 전체 외환 거래 규모(현물환, 선물환, 외환스왑, 통화스왑 및 통화옵션)의 40.5%에 해당된다.

2. 환율 변동의 영향

환율 변동은 수출입, 경상수지, 물가, 생산, 고용 등 국민 경제 전체에는 물론 기업과 일반 국민들에게도 많은 영향을 미친다. 실제 환율 변동이 경제에 미치는 영향은 매우 복잡한 경로를 통해 나타난다. 환율 변동이 경상수지, 물가, 경제 성장 등에 영향을 미치고 이들 변수의 변동은 개별적으로 또는 복합적으로 다시 환율에 영향을 미치는 상호

작용하기 때문이다. 이에 따라 환율 변동이 경제에 미치는 영향은 다수의 연립방정식으로 구성된 거시 계량 모형을 이용해 분석한다. 2010년 1월 22일자 언론 보도에 따르면 한국은행은 원/달러 환율(평균)이 10% 하락하면 연간 기준으로 무역수지(통관기준) 및 경상수지는 각각 50억 달러 및 70억 달러 악화되는 것으로 추정하였다. 그리고 GDP 성장률은 0.4%포인트 정도 둔화되며 소비자 물가상승률은 0.5%포인트 정도 낮아지는 것으로 추정하였다.

여기에서는 우리나라 환율 변동이 거시 경제에 미치는 기본적인 메커니즘을 살펴본다. 원/달러 환율이 상승하면 국내 기업은 수출상품의 달러화 표시 가격을 내릴 수 있어 우리나라 제품의 가격이 경쟁 대상국에 비해 저렴해지므로 수출 물량과 금액은 증가한다. 반면 원화로 판매되는 수입 상품 가격은 비싸져서 수입품에 대한 수요가 줄어들어 수입 물량과 금액은 감소하게 된다. 이에 따라 무역수지와 경상수지는 개선된다. 환율 상승으로 수입 상품 가격이 오르면 수입품을 사용하는 제품에 대한 소비, 투자 등 국내 수요가 둔화되지만 수출 물량이 증가하므로 수출 의존도가 높은 우리나라의 경우에는 경제 성장이 확대되고 고용이 늘어난다. 하지만 환율이 오르면 원화로 판매되는 수입 원자재 가격이 상승함에 따라 국내 물가는 올라가고 외화차입이 많은 기업과 금융기관들의 원리금 상환 부담이 커지는 부작용도 발생한다.

이와는 반대로 원/달러 환율이 하락하면 국내 기업은 채산성을 맞추기 위해 수출 상품의 달러화 표시 가격을 올리게 되어 우리나라 제품의 가격이 경쟁 대상국 제품에 비해 비싸지므로 수출 물량과 금액은 감소한다. 반면 원화로 판매되는 수입 상품 가격은 하락하게 되므로 수입품에 대한 소비가 늘어나 수입 물량과 금액이 증가하게 된다. 이에 따라 무역수지 및 경상수지는 악화된다. 수출 물량이 줄어듦에 따라 경제 성장이 둔화되고 실업자가 늘어나는 등 고용 사정이 어렵게 되지만 수입품을 사용하는 소비, 투자 등 내수가 확대되어 경제 성장과 고용 증대에 기여하는 측면도 있다. 그리고 환율이 내려가면 수입 상품의 가격이 하락할 뿐만 아니라 외국으로부터 원료를 수입하여 생산하는 제품의 제조 원가를 낮출 수 있게 되므로 국내 물가가 떨어지는 긍정적인 측면이 있다. 또한 환율이 하락하면 기업과 금융기관들의 외화차입금에 대한 원리금 상환 부담이 줄어드는 효과도 있다.

앞에서는 환율 변동이 경제에 미치는 기본적인 메커니즘을 살펴

그림 3-2. 환율 하락 효과의 기본 메커니즘

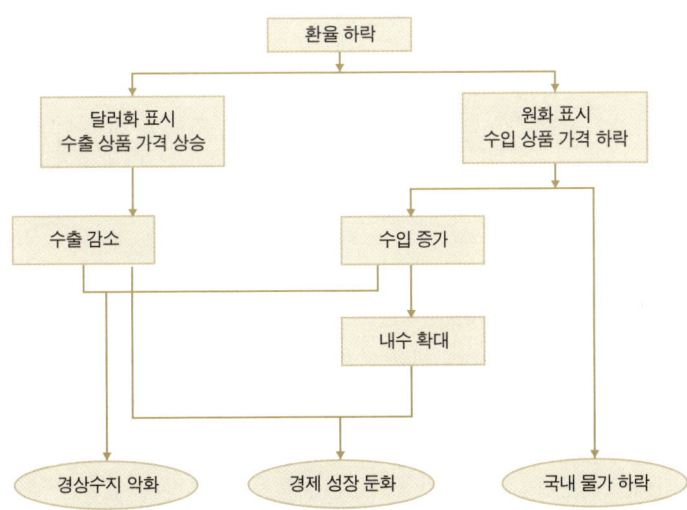

보았는데, 이는 환율을 제외한 다른 요인들이 변동하지 않는다는 것을 전제로 한 것이다. 앞에서 언급한 거시 경제 모형에 의한 환율 변동 효과도 마찬가지 전제하에 추정된 것이다. 실제로는 환율 외에도 여러 가지 요인들이 함께 경제에 영향을 미친다. 세계 경제 호조로 수출 여건이 양호한 경우, 기술 개발로 상품의 품질이 향상되는 경우, 구조 조정으로 제품의 원가가 낮아지는 경우 등에는 환율이 하락하더라도 수출은 잘 되고 경제 성장도 확대될 수 있다. 예를 들면 원/달러 환율(연평균 기준)이 2010년에 전년보다 9.4% 하락(원화가치 10.4% 절상)하였지만 2009년에 13.9% 감소하였던 수출은 2010년에 28.6% 증가하였으며, GDP 성장률은 2009년의 0.3%에서 2010년에는 6.2%로 크게 높아졌다. 이와는 반대로 세계 경제가 침체를 보이는 경우 등에는 환율이 상승하더라도 수출이 저조하고 경제 성장은 부진할 수 있다.

표 3-4. 환율과 주요 경제 지표 추이

	2005	2006	2007	2008	2009	2010
원/달러 환율 변동률(%)*	11.7	7.2	2.8	−15.8	−13.6	10.4
경상수지(억 달러)	186.1	140.8	217.7	32.0	327.9	282.1
무역 수지(억 달러)**	231.8	160.8	146.4	−132.7	404.5	411.7
수출 증가율(%)	12.0	14.4	14.1	13.6	−13.9	28.3
수입 증가율(%)	16.4	18.4	15.3	22.0	−25.8	31.6
GDP 성장률(%)	4.0	5.2	5.1	2.3	0.3	6.2
CPI 상승률(%)	2.8	2.2	2.5	4.7	2.8	2.9

* 연평균 환율(서울외환시장종가) 기준
** 통관 기준
• 자료: 관세청; 통계청; 한국은행

특히 환율이 오른다고 해서 반드시 경제 성장에 좋은 것이 아니라는 점을 유의해야 한다. 1997년 말 외환위기 때나 2008년 9월 글로벌 금융위기 때와 같이 환율이 과도하게 상승하면 물가 급등, 국내 수요의 급격한 위축과 이에 따른 경제 침체, 실업 급증 등과 같은 심각한 부정적 영향이 나타날 수 있다. 한편 환율이 하락하더라도 여전히 적정 수준보다 높다면 수출과 경제 성장이 좋을 수 있는 반면 환율이 상승하더라도 적정 수준보다 낮다면 수출과 경제 성장은 부진할 수 있다.

따라서 환율정책 운용에 있어서는 환율 변동이 국내 경제의 각 부문에 미치는 긍정적 및 부정적 효과뿐만 아니라 세계 경제 및 금융 상황 등과 같은 해외 여건을 종합적으로 고려하여야 한다. 환율은 기본적으로는 경제의 기초 여건을 반영한 외환의 수급 사정에 따라 움직이도록 하되 환율의 급격한 변동은 가급적 완화되도록 노력하는 것이 바람직하다.

3. 핵심 논점

환율에 관한 주요 이슈는 환율의 적정 수준, 환율의 변동성, 금리와 환율 간 관계, 환율전쟁 등에 관한 것이다. 이들은 모두 풀기가 쉽지 않은 주제인데, 하나씩 구체적으로 살펴보자.

환율의 적정 수준

환율에 관해 가장 많이 논의되는 이슈 가운데 하나는 현재의 환율이 적정 수준보다 높다거나 낮다는 주장과 관련된 것이다. 이는 우리나라가 수출 주도로 발전해왔고 지금도 우리 경제의 수출 의존도(2010년 중 54.0%)가 상당히 높아서 환율이 수출입과 이를 통한 경상수지, 경제 성장, 물가, 기업 채산성 등 경제 전반에 큰 영향을 미치는 데서 비롯된 것으로 보인다.

현재 환율 수준의 적정 여부를 평가하기 위해서는 우선 판단의 기준이 되는 적정환율 수준을 추정해야 한다. 환율에 대해 논의할 때 적정환율 또는 균형환율을 언급하거나 두 가지를 혼용 또는 혼동해서 사용하는 경우가 많다. 우선 적정환율과 균형환율에 대한 개념을 명확히 해야 한다. 정책당국, 수출 기업, 수입 기업, 일반 국민 등 각 경제 주체마다 생각하는 적정환율의 수준이 다르다. 예를 들면 수출업자는 가급적 환율이 높으면 수출 증가, 채산성 개선 등으로 유리하지만 반대로 수입업자는 수입 대금 증가, 채산성 악화 등으로 불리하다. 따라서 적정환율이란 주관적 개념이라고 할 수 있으며, 현재의 환율 수준에 대해 평가할 때는 특정 경제 주체에 치우치지 않고 경제 전체의 관점에서 이루어져야 한다. 이러한 점에서 현재 환율 수준의 적정 여부를 판단하기 위한 기준은 적정환율보다는 균형환율이 더 적합하다고 할 수 있다. 균형환율이란 대내균형과 대외균형이 동시에 달성될 때 결정되는 환율 수준을 말한다. 일반적으로 대내균형이란 물가 안정을 유지하는 상태에서 성장 잠재력 수준의 경제 성장을 달성하는 것을 말한다. 대외균형이란 경상수지가 대체로 균형을 이루는 것을 말한다. 하지만 2장에서 살펴본 환율 결정 이론 가운데 대외균형 접근법의 경우와 같이 대외균형은 경상수지가 적자 또는 흑자 상태를 지속한다고 하더라도 그 규모가 장기적으로 달성 가능하거나 지속 가능한 수준을 말하기도 한다. 이러한 거시 경제 변수들의 균형 수준이 장기간에 걸쳐 달성된다는 점에서 균형환율은 장기적 개념이라고 볼 수 있다.

　균형환율은 추정하는 사람의 모형 설정 방법과 표본 기간에 따라 많이 다르게 나타나므로 이를 자칫 잘못 이용하면 오류를 범할 수 있다. 이에 따라 국제적으로 신뢰도가 높은 국제금융기구나 민간 연구기관이 발표하는 균형환율을 기준으로 판단하는 것이 더 설득력이 있다. 많은 경제학자, 경제분석가 등에 의해 인용되는 균형환율로는 국제결제은행(BIS: Bank for International Settlements)의 실질실효환율지수[24]와 피터슨 국제경제연구소Peterson Institute for International Economics의 기조적 균형환율(FEER: Fundamental Equilibrium Exchange Rate) 모형[25]을 통해 추정된 것을 들 수 있다.

---

24. BIS는 현재 매월 58개국의 실질실효환율지수를 57개 교역 대상국을 기준으로 작성해 발표한다. 유로 지역 회원국들을 모두 1개국으로 처리하기 때문에 실제로는 나라마다 지수 산출의 대상 국가 수가 다르다. 우리나라의 경우 42개국을 대상으로 산출되었다.

25. 피터슨 국제경제연구소는 미국의 대표적인 민간 연구소로 1981년에 설립되었다. 이 연구소의 연구원 윌리엄 클라인William R. Cline과 존 윌리엄슨John Williamson은 30여 개 주요 통화를 대상으로 미국 달러화에 대한 균형환율을 추정한 후 실제 환율이 이 환율과 어느 정도 괴리되어 있는지를 발표해오고 있다. 최근 보고서는 2010년 10월을 기준으로 작성하여 11월에 발표된 것이다. 이 보고서에서 제시된 균형환율은 기조적 균형환율로, 각국이 대내 및 대외균형을 동시에 달성하는 지속 가능한 환율 수준을 의미한다. 여기서 대외균형은 경상수지 흑자 또는 적자가 GDP의 3% 범위 내에 있는 경우를 말한다.

BIS 발표 자료에 따르면 2011년 2월 현재 우리나라의 실질실효환율지수(2005년 = 100)는 82.9인데, 이는 현재의 환율 수준이 장기 균형환율과 비교해 볼 때 17.1% 정도 저평가된 것을 의미한다. 피터슨 국제경제연구소는 기조적 균형환율 모형을 적용하여 수시로 주요국의 현재 환율이 균형 수준에 어느 정도 부합하는지를 평가한다. 이 연구소는 2010년 11월 발표한 자료에서 미 달러화 기준 우리나라의 균형환율은 1,066원으로 추정하였다. 이에 따라 실제 원화의 대미 달러 환율 (2010년 10월 기준 1,122원)은 4.2% 정도 저평가된 데 불과하다고 분석하였다. 이 연구소는 중국 위안화 19.7%, 홍콩 22%, 대만 16.7%, 싱가포르 32.9%, 말레이시아 22.1%로 저평가되어 있다고 분석하였다.

BIS의 실질실효환율지수나 피터슨 국제경제연구소의 기조적 균형환율을 이용하여 현재의 환율 수준에 대해 평가할 때는 이들 균형환율이 장기적 관점에서 본 균형환율이라는 점을 인식해야 한다. 다시

그림 3–3. 우리나라의 실질실효환율 추이

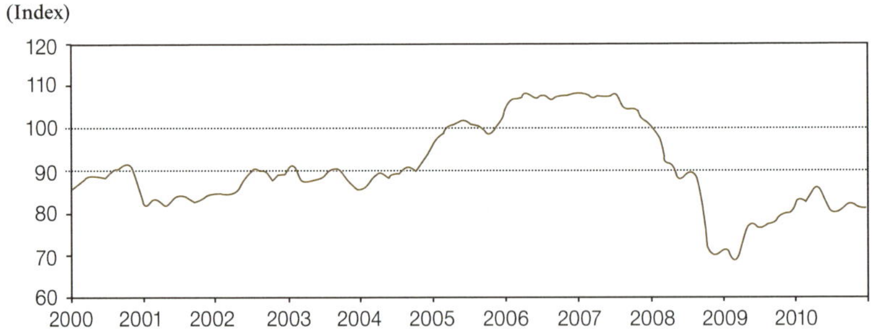

• 자료: 국제결제은행(BIS)

말해서 단기적으로는 실제 환율이 장기 균형환율과 괴리를 보일 수 있으며, 이 경우 반드시 단기간 내에 현재의 환율 수준을 장기 균형환율 수준으로 조정해야 한다는 것을 의미하지는 않는다. 다만, 현재의 환율 수준이 장기 균형환율 수준으로부터 상당 기간 과도하게 이탈하면 실물 경제 및 금융시장의 불균형이 심화될 수 있다는 점에 유의해야 한다.

한편 국내 주요 민간 연구 기관이나 업계, 국제투자은행 등에서 보는 환율 전망이나 적정환율은 경우에 따라 각 기관이나 업계의 주관적 입장이 반영되어 있을 수 있다. 따라서 이들의 환율 전망을 이용하여 현재의 환율 수준의 적정성에 대해 평가할 때는 이러한 점에 유의해야 한다. 하지만 정책 담당자나 경제분석가들은 이들의 환율 전망이나 적정환율을 참고해야 할 것이다. 국내 주요 민간 연구 기관들의 2011년 연평균 원/달러 환율 전망치는 1,060~1,095원으로, 2010년 연평균(1,156원, 서울외환시장 종가 기준)에 비해 5.3~8.3% 낮다.

앞에서 살펴본 바와 같이 현재 환율 수준의 적정 여부를 판단하

표 3–5. 국내 주요 경제연구소의 2011년 원/달러 환율 전망

	한국경제연구원	삼성경제연구원	LG경제연구원	한국금융연구원
2010년 12월	–	1,080원	1,090원	1,061원
2011년 1월	1,095원	–	–	–
2011년 4월	–	1,060원	1,070원	

• 자료: 각 연구소 발표 자료

는 것은 매우 어려운 작업이다. 필자가 현재 환율 수준의 적정 여부에 대해 직접 언급하는 것은 얼마 전까지 정부와 함께 환율정책을 직접 담당한 실무 총책임자였다는 점에서 적절하지 않다고 본다.

그러나 독자들이 현재의 환율 수준의 적정성에 대해 평가할 때는 다음과 같은 점을 고려해야 한다. 첫째는 어느 시점을 기준으로 평가하기보다는 균형환율 추정에 사용되는 변수들의 통계가 분기 단위인 점과 거시 경제 변수들의 목표치나 전망치가 연간 단위로 설정되는 점을 고려할 때 분기, 반기 또는 연간 단위로 평가하는 것이 바람직하다. 둘째는 현재의 환율 수준(분기, 반기 또는 연간 단위)을 단순히 장기 균형환율 수준과 직접 비교하여 평가하기보다는 현재의 경제 및 금융 상황을 고려해서 평가해야 한다는 것이다. 현재의 환율 수준이 장기 균형환율로부터 괴리되어 있다고 해서 이에 단기적으로 민감하게 반응하기보다는 환율 변동의 추세를 분석하는 것이 중요하다. 다시 말해서 현재의 환율 수준이 장기 균형환율로부터 어느 정도 이탈해 있는가를 살펴봐야 하지만 그보다는 현재의 환율이 추세적으로 장기 균형환율로부터 이탈하는지, 그렇지 않으면 장기 균형환율 수준으로 수렴하는지를 살펴보는 것이 더 중요하다. 셋째는 현재의 환율이 적정 수준에서 괴리되면 긍정적인 효과와 부정적 효과가 함께 나타난다는 점이다. 일반적으로는 현재의 환율 수준이 당초의 예상 수준보다 높으면 수출은 목표치나 전망치보다 증가하겠지만 물가는 목표치나 전망치보다 높아질 것이며, 현재의 환율 수준이 당초의 예상보다 낮으면 그 반대의 현상이 나타날 것이다.

환율의 변동성

2008년 9월 리먼 사태 발생 이후 일부 언론, 연구 기관, 학계 등에서 우리나라 환율의 변동성이 세계에서 가장 높다거나 매우 높다고 하여 환율의 변동성을 완화하기 위한 대응 방안을 강구해야 한다는 주장을 많이 제기해 왔다.

우리나라 환율의 변동성과 다른 나라와의 비교

이와 관련하여, 먼저 우리나라 환율의 변동성이 과연 과거보다 얼마나 높아졌으며, 다른 나라에 비해서는 얼마나 높은가를 살펴보자. 변동성 *volatility*을 측정하는 방법으로는 전일 대비 변동률, 표준편차 등 여러 가지가 있다. 여기에서는 원화 환율과 다른 나라 환율의 변동성을 비교하는 데 목적이 있으므로 산출하기에 가장 간단하면서 다른 나라와 비교하기가 쉽고 이해하기도 쉬운 전일 대비 변동률을 변동성 지표로 사용하였다. 우리나라 원화 환율의 변동성은 2007년 0.22%에서 리먼 사태가 발생한 2008년 9월부터 2009년 3월까지 기간에는 1.67%로 7.6배로 크게 확대되었다가 그 이후 차츰 낮아져 2010년에는 0.60%로 축소되었다. 하지만 2007년보다는 여전히 상당히 높은 수준이다.

다른 나라 통화의 변동성을 살펴보면 관리변동환율제를 채택하는 국가를 제외하고는 전 세계적으로 환율의 변동성이 리먼 사태 이전보다 확대되었다. 특히 우리나라와 경제 규모가 비슷하거나 다소 큰 호주 및 브라질 통화의 변동성은 원화에 비해 리먼 사태 이전뿐만 아니라 그 이후에도 더 큰 것으로 나타났다. 경제 위기를 겪고 있는 폴란드

표 3-6. 주요국 통화의 환율 변동성[1] 추이(일일 변동률의 기간 중 평균)

(%)

	2007	2008	2008. 9. 1 ~2009. 3. 31	2009	2010	2010. 1. 1 ~6. 30	2010. 7. 1 ~12. 31
한국 원화[2]	0.22	0.99	1.67	0.71	0.60	0.71	0.49
일본 엔화[3]	0.44	0.68	0.92	0.68	0.48	0.53	0.44
유로화[4]	0.30	0.64	0.90	0.61	0.58	0.56	0.58
영국 파운드화[5]	0.33	0.61	0.96	0.66	0.50	0.54	0.46
호주 달러화[4]	0.56	1.10	1.70	0.93	0.67	0.71	0.62
중국 위안화[6]	0.09	0.11	0.09	0.02	0.06	0.02	0.10
홍콩 달러화[6]	0.03	0.02	0.02	0.01	0.03	0.03	0.02
대만 달러화[6]	0.10	0.26	0.31	0.23	0.21	0.20	0.22
싱가포르 달러화[6]	0.19	0.33	0.47	0.30	0.28	0.28	0.28
태국 바트화[6]	0.18	0.24	0.27	0.16	0.16	0.14	0.18
말레이시아 링기트화[6]	0.20	0.30	0.36	0.35	0.38	0.46	0.31
인도 루피화[6]	0.22	0.42	0.56	0.38	0.35	0.39	0.31
멕시코 페소화[5]	0.30	0.64	1.22	0.76	0.53	0.62	0.45
브라질 헤알화[5]	0.64	1.16	1.80	0.91	0.63	0.78	0.49
폴란드 즐로티화[5]	0.47	0.94	1.61	1.15	0.93	1.02	0.85
헝가리 포린트화[5]	0.51	0.98	1.48	1.09	0.94	1.02	0.87

1. 전일 대비 변동률[100 × (금일 종가 − 전일 종가)의 절대값/전일 종가] 기준

2. 서울외환시장 종가 기준

3. Reuters 고시 동경시장 15:00 기준

4. Reuters 고시 뉴욕시장 16:30 기준

5. Bloomberg 고시 뉴욕시장 17:00 기준

6. Bloomberg 고시 동경시장 20:00 기준

• 자료: 한국은행; Reuters; Bloomberg

및 헝가리 통화의 변동성도 대체로 원화의 변동성보다 더 컸다. 또한 2010년 하반기에는 주요 국제통화인 유로화의 대미 달러 환율(또는 미 달러화의 대유로 환율)의 변동성도 원화보다 더 컸다.

이러한 점에 비추어볼 때 원화 환율의 변동성이 리먼 사태 이전에 비해 상당히 높아진 것은 사실이지만, 이는 전 세계적 현상인 점을 감안하여 평가해야 한다. 더욱이 원화의 변동성이 세계에서 가장 크다는 주장은 옳지 않다.

우리나라 환율의 변동성이 다른 신흥국보다 높은 이유

다음으로 많은 연구 기관이나 학자들은 우리나라 환율의 변동성이 높기 때문에 이를 완화하여야 한다고 주장하지만 실효성 있는 대응 방안을 제시하지 못하는 경우가 많았다. 우리나라 환율의 변동성이 다른 신흥시장국에 비해 높은 것은 근본적으로 자유변동환율제도와 자본시장의 완전 개방 여건하에서 외자의 빈번한 유출입 등으로 외환시장의 불균형과 쏠림 현상이 심하기 때문이다. 이를 구체적으로 살펴보자.

첫째, 우리나라의 환율 제도가 다른 신흥시장국과 다르다는 점이다. 우리나라는 1997년 말부터 자유변동환율제도를 채택하고 있다. 그 때부터 일일 환율 변동 제한폭이 폐지되었고 자본시장도 현재 거의 완전 개방되어 있기 때문에 매일 환율을 좁은 범위 내에서 유지하는 것은 사실상 불가능하다. 이에 비해 중국은 2008년 7월 말부터 2010년 6월 18일까지 위안화 환율을 미 달러화에 대해 6.8388위안(중국인민은행 고시)에서 고정시켰다. 이후 6월 19일부터 환율의 유연성을 제고하기로 결정하였지만 위안화의 절상 속도는 완만한 수준에 그치고 있다.

홍콩은 통화위원회currency board 제도[26]를 선택하고 있고 싱가포르는 환율 목표제를 운용하고 있으며, 말레이시아, 태국 등은 관리변동환율 managed floating 제도를 선택하고 있다. 이에 따라 다른 신흥시장국들은 우리나라에 비해 시장 개입의 빈도가 더 많을 것으로 추정된다.

둘째, 우리나라의 자본시장 개방도가 다른 신흥시장국에 비해 상당히 높다는 점이다. 자본자유화 수준에 관한 국제 비교에는 미국 밀켄연구소Milken Institute의 자본접근성지수Capital Access Index,[27] 미국 〈월스트리트 저널Wall Street Journal〉과 헤리티지재단The Heritage Foundation의 투자자유화지수Investment Freedom Index 등이 많이 이용된다. 예를 들면 밀켄연구소가 작성한 2009년 자본접근성지수에 따르면, 우리나라 지수는 7.39로 122개 조사 대상국 가운데 12번째다. 이는 국제금융시장이 형성된 홍콩(7.99, 2위) 및 싱가포르(7.92, 4위)보다는 낮지만 말레이시아(7.06), 대만(6.54), 태국(6.51), 멕시코(5.50) 등 대다수 신흥시장국은 물론 프랑스(6.99), 독일(6.84), 일본(6.72) 등 일부 선진국보다도 더 높은 것이다.[28]

---

26. 통화위원회 제도는 고정 환율 제도의 특수한 형태이다. 이 제도는 자국의 화폐 발행액을 기축통화anchor currency 표시 준비 자산 규모에 엄격히 연동시키고 자국 화폐 보유자의 요구가 있을 경우 기축통화와의 교환을 아무런 제한 없이 고정된 가격으로 허용하는 것이다.
27. 미국 밀켄연구소는 주로 자본시장, 세계 경제 구조의 동적 변화에 관한 연구를 한다. 이 연구소가 개발한 자본접근성지수는 특정 국가의 기업(외국 기업 포함)이 기업 신설, 투자 등에 있어 국내 및 국외로부터 자본을 얼마나 용이하게 확보할 수 있는가를 측정하는 것으로, 한 나라의 자본시장 개방도(10 = 완전 개방, 0 = 완전 규제)를 나타낸다. 이 지수는 거시 경제 여건, 금융 관련 제도 여건, 간접 금융시장 여건, 주식시장 발달 정도, 채권시장 발달 정도, 기타 자본시장 여건, 외국인 자본 참여 등 7개 부문에 대한 평가로 구성된다.
28. 2011년 1월에 발표된 헤리티지재단 등의 투자자유화지수(조사 대상국 183개국: 완전 자유화 =

표 3-7. 국가별 외국인 주식 보유 비중

(억 달러)

	시가 총액(A)	외국인 보유 잔액(B)*	B/A(%)	시점
한국	10,919 (8,346)	3,392 (2,535)	31.2 (30.4)	2010년 말 (2009년 말)
중국	35,732	1,748	4.9	2009년 말
싱가포르	4,812	1,106	23.0	2009년 말
말레이시아	2,892	417	14.4	2009년 말
홍콩	21,999	3,020	13.7	2010년 6월 말
태국	1,770	448	25.3	2009년 말
멕시코	3,520	993	28.2	2009년 말
브라질	14,671	4,178	28.9	2010년 9월 말
호주	13,186	3,417	25.9	2010년 9월 말

* 한국은 금융감독원이 발표한 원화 금액을 외환 중개회사 고시 매매기준율을 적용하여 달러화로 환산. 다른 나라는 국제투자대조표(IIP)를 이용하여 산출(다만 동 금액에는 해당국 기업의 해외 발행 주식에 대한 외국인 주식투자도 포함).

• 자료: 금융감독원; World Federation of Exchanges; IMF; 브라질 중앙은행; 호주 통계청

이와 같이 우리나라의 자본시장은 다른 신흥시장국에 비해 폭넓게 개방되어 있어 외국 자본의 유출입이 빈번하게 이루어지기 쉽다. 특히 우리나라의 외국인 주식투자 비중은 2010년 말 31.2%(2009년 말 30.4%)로 아시아 신흥시장국에 비해 훨씬 높고 브라질, 멕시코 및 호주

100, 완전 규제 = 0)도 밀켄연구소의 자본접근성지수와 거의 마찬가지 결과를 보였다. 다만, 독일의 투자자유화지수는 85.0으로 우리나라(70.0)보다 높았다.

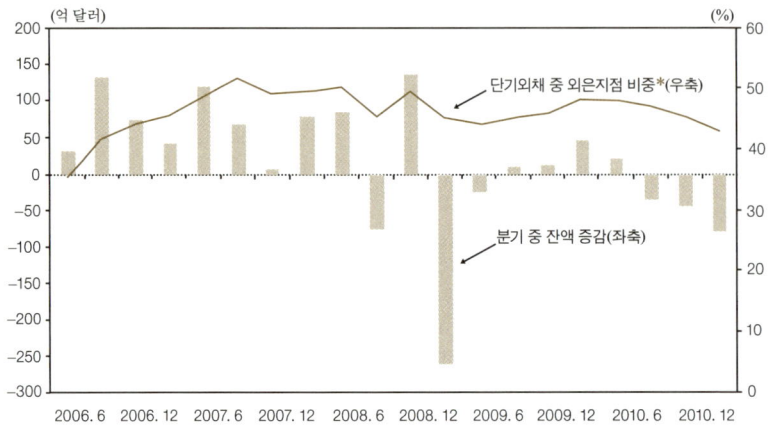

그림 3-4. 외은지점의 단기외채 증감액 추이

* 분기 말 잔액 기준, 외은지점 단기외채/단기외채 총액
• 자료: 한국은행 경제통계시스템(ECOS)

보다도 다소 높은 수준이다.

　셋째, 우리나라 단기외채의 외은지점 의존도가 매우 높은 데다 그림 3-4에서 보는 바와 같이 외은지점의 자본 유출입 규모 변동이 빈번하다는 점이다. 외은지점의 단기외채는 2010년 말 현재 583억 달러로, 이는 외은지점 총외채의 86.8%, 우리나라 전체 단기외채의 43.2%에 해당된다. 외은지점은 단기외채 등으로 조달한 외화자금을 주로 국내 은행과의 외환스왑 및 통화스왑 거래에 이용한다. 외은지점은 그 과정에서 조달된 원화자금을 회수하기가 쉽고 고정이자를 안정적으로 받을 수 있는 원화표시 국고채 또는 통화안정증권에 주로 운용함으로써 무위험 재정거래 차익을 얻게 된다. 외은지점의 자본 유출입 변동

성이 큰 것은 이러한 외은지점의 영업 전략이 기본적으로 해외 본점의 자금 사정이나 글로벌 신용 시장의 변화에 민감하게 영향을 받기 때문이다. 또한 스왑시장에서의 만성적인 외화자금 초과 수요로 상당폭의 재정거래 유인이 지속되는 상황에서 외은지점이 국내 은행과는 달리 외화유동성 비율 등 일부 외환건전성 규제를 적용받지 않아 자유롭게 자금을 조달하고 운용할 수 있는 점에도 일부 기인한 것으로 보인다.

넷째, 우리나라는 다른 나라와 달리 지정학적 위험이 존재한다는 것이다. 예를 들면 2010년에 있었던 천안함 침몰 원인 조사 결과 발표(5월 20일), 연평도 포격 사태(11월 23일) 등이 발생할 때마다 환율의 변동성이 일시적으로 크게 확대되었다.

환율의 변동성을 완화하기 위해 어떻게 해야 하나

환율의 변동성을 완화하는 것은 미국을 비롯한 선진국의 장기간 저금리 및 양적 완화 정책 시행 이후 모든 신흥국들(특히 변동 환율제 국가)이 공통적으로 직면한 과제다. 이에 대한 해답의 실마리는 '삼원체제 불가능 원칙'(impossible trinity 또는 trilemma)에서 찾아야 한다. 이 원칙은 통화정책의 자율성monetary independence, 자본자유화financial integration, 환율안정exchange rate stability 등 세 가지 목표를 동시에 달성할 수 없다는 것이다.[29] 이 원칙에 따르면 통화정책의 자율성이 보장된 체제하에서는

29. J. Aizenman, M. D. Chinn, & H. Ito, "Assessing the emerging global financial architecture: measuring the trilemma's configurations over time," NBER working paper 14533, December 2008; 안병찬, "자본자유화하에서의 환율제도 및 통화정책과 통화위기 전염에 대한 정책대응에 관한 고찰," 〈외환국제금융 리뷰〉 제4호, 한국은행, 2004. 12를 참조하라.

환율 안정을 위해서는 자본자유화를 후퇴 또는 자본이동을 통제하거나 일일 환율 변동폭을 제한해야 한다. 하지만 우리나라는 OECD 회원국이기 때문에 자본자유화를 후퇴하기가 어렵고, 다른 한편으로는 자본자유화가 거의 완전히 이루어졌기 때문에 일일 환율 변동폭을 다시 제한하기도 어렵다.

이러한 점에 비추어볼 때 우리나라 원화 환율의 변동성이 관리변동환율제를 채택하고 있는 다른 신흥시장국 통화에 비해 높은 것은 어느 정도 불가피한 측면이 있다. 하지만 환율의 변동성이 지나치게 클 경우 시장 참가자들의 심리를 불안하게 하고 기업들이 수출입 등 영업 목표, 투자 계획 등을 세우는 것을 어렵게 만들 것이다. 뿐만 아니라 경제 성장과 물가 안정을 유지하는 데도 부정적 영향을 미치게 된다. 따라서 어느 정도의 환율 변동성은 환위험 헤지 등을 통한 시장 참가자들의 자체 노력으로 흡수하도록 유도하면서 환율의 과도한 변동성을 완화하는 데 정책의 초점이 두어져야 한다. 즉 자유변동환율제와 자본자유화의 근간을 유지하면서 외환 수급의 불균형과 쏠림 현상을 완화하기 위한 방안을 강구해야 한다.

이러한 관점에서 외국 자본 유출입의 변동성을 완화하는 것이 가장 중요하다. 이를 위해서는 외국 자본의 유출을 통제하기보다는 과도한 유입을 적절하게 억제하는 방안을 강구해야 한다. 외국 자본의 과도한 유입은 향후 차익 실현과 함께 유출되기 마련이기 때문이다. 무엇보다도 거시 경제 정책의 안정적 운용을 통해 가격 변수들이 정책 목표 수준과 지나치게 괴리되지 않도록 함으로써 환차익 등과 같은 과도한 차익거래 기회가 발생하지 않도록 해야 한다. 이는 경제의 거품 발생과 붕괴가 일어나는 것을 방지하는 데도 기여할 것이다. 최근 은행에 대한 선물환포지션 한도 제도 도입 및 외국인의 채권투자 소득에 대한 과세 면제 환원 조치 시행과 2011년 하반기 중 거시건전성부담금*Macro-prudential Stability Levy* 부과 예정 등으로 외국 자본의 유입을 억제하기 위한 제도적 보완 장치가 상당히 갖추어졌다. 앞으로도 외환시장의 수급 불균형을 유발하는 구조적 요인을 개선하기 위한 제도적 측면의 노력이 지속되어야 한다. 예를 들면 현재 국내 은행에만 적용하고 있는 외화유동성 비율 및 만기불일치 비율(갭 비율)과 중장기 외화대출 재원조달비율 등을 외은지점에 적용하는 문제는 단기간 내에 실시하기는 어렵겠지만 중장기적 관점에서 심도 있게 검토해야 할 필요가 있다고 본다.

한편 일부에서는 환율의 변동성을 완화하기 위해 정책당국이 수시로 시장 개입을 해야 한다고 주장한다. 다시 말해서 환율이 큰 폭으로 상승할 때는 매도 개입을 실시하고 환율이 큰 폭 하락할 때는 매입 개입을 실시하여 환율의 변동성을 완화해야 한다는 것이다. 이러한 주장은 우리나라가 공식적으로 자유변동환율제도를 채택하여 일일 환율 변동 제한폭을 폐지하였다는 사실을 잊어버리고 있거나 자유변동환율제도의 본질을 잘못 이해하고 있는 데서 비롯된 것으로 생각된다. 우리나라를 포함한 주요국의 환율정책 운용은 매년 두 차례 발표되는 미국 재무부의 환율정책 보고서 및 IMF와의 경제 정책 협의를 통해 관찰 대상이 되고 있다. 정책당국이 일시적인 환율의 급격한 변동을 완화하기 위한 미세조정*smothing operation* 차원을 벗어나 환율의 변동폭을 완화하기 위해 외환시장에 수시로 개입할 경우 우리나라가 미국 등 국제 사회로부터 자국 이익만을 챙기려한다는 비난을 받을 우려가 있다는 점에 유의해야 한다. 더욱이 정책당국의 반복적인 외환시장 매입 및 매도 개입은 시장 참가자들을 혼란에 빠뜨리거나 가격 기능을 왜곡시켜 자칫하면 변동성을 더 키울 수도 있다는 점을 간과해서는 안 된다. 이러한 점에 비추어볼 때 환율 변동성을 완화하기 위한 정책당국의 수시 개입이 필요하다는 주장은 설득력이 떨어진다고 할 수 있다.

다른 한편에서는 환율의 변동성이 낮아야 좋은 것으로 주장하는 경우가 있다. 이는 다음과 같은 점에서 반드시 옳다고 보기 어렵다. 자본자유화가 거의 이루어진 상황에서 일일 환율변동을 좁은 범위 내에서 유지함으로써 환율의 변동성을 인위적으로 낮게 하면 국내 금융·경제 상황 변화나 국제금융시장의 충격을 자체 노력으로 흡수하기가 어려워진다. 즉 국내외 금융·경제 상황 악화 등으로 외국 자본이 유출될 때는 그 속도를 가속시키는 반면 국내 주식시장 호조 등을 예상하여 외국 자본이 유입될 때는 환차익 등을 겨냥하여 그 속도를 더 빠르게 할 가능성이 크다. 또한 환율의 변동성을 인위적으로 낮게 하는 것은 환헤지 등을 위한 다양한 금융 상품의 개발과 이를 통한 금융·외환시장의 발달을 제약할 것이다. 뿐만 아니라 그것은 국내 금융기관과 기업이 정책당국에 의존하려는 도덕적 해이*moral hazard*에 빠져들어 외환시장의 변동성 증대에 대응하기 위한 능력 배양을 소홀히 하도록 만들 것이기 때문이다.

금리와 환율 간의 관계

일부에서는 현 상황에서 우리나라 정책 금리가 인상되면 국내외 시장 금리 격차가 더욱 확대되고 이는 외자 유입을 촉진하여 원화 환율의 하락(원화가치의 절상) 압력을 증대시킬 것이라고 주장한다. 이러한 주장의 타당성을 살펴보자.

위 주장은 옳을 때도 있고 틀릴 때도 있다. 다시 말해서 항상 옳다거나 대체로 옳다고 할 수 없다. 이는 금리와 환율 간에 서로 관계가 없다는 말이 아니다. 정책 금리 인상이 환율 하락(원화가치 절상)을 가져올 때가 있고, 반대로 환율 상승(원화가치 절하)를 가져올 때도 있다는 말이다. 실제로 2000년부터 최근까지 정책 금리 변경과 환율의 움직임을 살펴보면 상호 간에 일관성 있는 관계를 찾아보기 어렵다. 2000년 2월부터 2011년 1월까지 14차례 정책 금리(콜 금리 또는 기준 금리)가 인상되었을 때 당일에 환율이 하락(원화 절상)한 경우가 9회였으나 그 중 5회는 다음날 상승(원화 절하)으로 돌아섰으며, 당일에 환율이 상승(원화 절하)한 경우도 5회나 있었다. 그리고 2001년 2월부터 2009년 2월까지 14차례 정책 금리가 인하되었을 때는 당일에 환율이 상승(원화 절하)한 경우가 8회였으나 그 중 5회는 다음날 하락(원화 절상)으로 전환되었으며, 당일에 환율이 하락(원화 절상)한 경우도 6회나 있었다. 왜 앞에서 언급한 주장과 다른 결과가 나타났을까?

다음과 같은 두 가지 점에서 그 원인을 찾아볼 수 있다. 첫째는 위 주장은 금리 변동이 외국인의 국내 채권투자에만 영향을 미친다는 가정에서 출발하였기 때문인 것으로 생각된다. 이론적으로는 개방 경제

표 3–8. 정책 금리 인상 및 인하 조치와 환율 변동

(%)

시기	기준 금리 변동폭	당일*	1일 후*	월말**
2000. 2. 10	+25bp (4.75 → 5.00%)	−0.20	−0.49	0.70
2000. 10. 5	+25bp (5.00 → 5.25%)	−0.13	−0.21	1.71
2002. 5. 7	+25bp (4.00 → 4.25%)	−0.13	0.46	−4.29
2005. 10. 11	+25bp (3.25 → 3.50%)	0.38	0.11	0.22
2005. 12. 8	+25bp (3.50 → 3.75%)	−0.10	−0.05	−2.30
2006. 2. 9	+25bp (3.75 → 4.00%)	0.20	−0.50	0.01
2006. 6. 8	+25bp (4.00 → 4.25%)	0.55	0.10	0.07
2006. 8. 10	+25bp (4.25 → 4.50%)	−0.17	0.41	0.21
2007. 7. 12	+25bp (4.50 → 4.75%)	−0.10	−0.15	0.01
2007. 8. 9	+25bp (4.75 → 5.00%)	−0.14	0.98	1.53
2008. 8. 7	+25bp (5.00 → 5.25%)	0.06	1.12	7.20
2010. 7. 9	+25bp (2.00 → 2.25%)	0.50	0.87	−2.20
2010. 11. 16	+25bp (2.25 → 2.50%)	−0.21	1.36	2.46
2011. 1. 13	+25bp (2.50 → 2.75%)	−0.46	0.05	0.19
2001. 2. 8	−25bp (5.25 → 5.00%)	0.09	−0.31	−1.07
2001. 7. 5	−25bp (5.00 → 4.75%)	0.10	−0.20	0.36
2001. 8. 9	−25bp (4.75 → 4.50%)	0.26	−0.38	−0.54
2001. 9. 19	−50bp (4.50 → 4.00%)	−0.03	0.08	0.98
2003. 5. 13	−25bp (4.25 → 4.00%)	0.37	0.05	0.90
2003. 7. 10	−25bp (4.00 → 3.75%)	−0.06	−0.02	0.05
2004. 8. 12	−25bp (3.75 → 3.50%)	−0.19	0.41	−0.58
2004. 11. 11	−25bp (3.50 → 3.25%)	0.14	−0.68	−5.61
2008. 10. 9	−25bp (5.25 → 5.00%)	−1.11	−5.11	−7.46
2008. 10. 27	−75bp (5.00 → 4.25%)	1.44	1.75	−9.21
2008. 11. 7	−25bp (4.25 → 4.00%)	−0.17	−0.19	10.37
2008. 12. 11	−100bp (4.00 → 3.00%)	−2.53	1.03	−9.64
2009. 1. 9	−50bp (3.00 → 2.50%)	0.75	1.19	3.49
2009. 2. 12	−50bp (2.50 → 2.00%)	0.79	−0.02	10.08

* 해당일 원/달러 환율(종가 기준)의 전일 대비 상승(+)·하락(−)률

** 월말 원/달러 환율(종가 기준)의 금리 조정 전일 대비 상승(+)·하락(−)률

• 자료: 한국은행 경제통계시스템(ECOS)

에서 국내 정책 금리 인상 또는 시장 금리 상승은 환율 하락(통화 절상)을 가져온다는 주장이 대다수이다. 2장에서 살펴본 바와 같이 국제수지 접근법, 통화적 접근법, 포트폴리오 접근법 등 환율 결정 이론은 자본이동을 환율 결정의 주요 요인 중 하나로 인식하고 국내 금리가 상승할 경우 외국 자본 유입이 증가함으로써 환율은 하락(통화 절상)하게 된다는 것이다. 이러한 접근법들은 채권시장만을 외국 자본이동의 대상으로 가정하고 있어 국내 금리가 상승할 경우 국내외 금리차가 확대되어 채권투자 자금 유입이 증가한다는 것이다. 그러나 외국 자본의 이동 대상을 채권시장뿐만 아니라 주식시장까지 확대하면 정책 금리 또는 시장 금리 상승이 환율에 미치는 영향은 달라질 수 있다.

따라서 금리 변동이 자본이동을 통해 환율에 미치는 영향은 외국인의 채권투자뿐만 아니라 외국인의 주식투자 및 국내 금융기관의 해외 차입 등 세 가지 경로로 구분하여 분석해야 한다. 채권투자 경로는 일반에 많이 알려져 있는 바와 같이 정책 금리가 인상되면 국내 채권투자의 기대 수익률 상승 등으로 채권투자 자금이 유입되어 환율이 하락한다는 것이다. 해외 차입 경로도 정책 금리가 인상되면 채권투자 경로와 마찬가지로 국내 운용 수익률 상승으로 해외 차입이 늘어나 환율이 하락한다는 것이다. 반면 주식투자 경로는 정책 금리가 인상되면 경기 둔화 예상 등으로 주식투자의 기대 수익률이 하락하여 주식투자 자금의 유출이 발생함으로써 환율이 상승한다는 것이다.

세 가지 경로를 종합해서 보면 국내 정책 금리 인상(또는 시장 금리 상승)이 자본이동을 통해 환율에 미치는 영향은 그림 3–5에서 보는 바와 같이 주식투자 경로(상승 압력)와 채권투자 및 해외 차입 경로(하락 압력)의

그림 3–5. 정책 금리 인상시 자본이동을 통한 환율 파급 경로

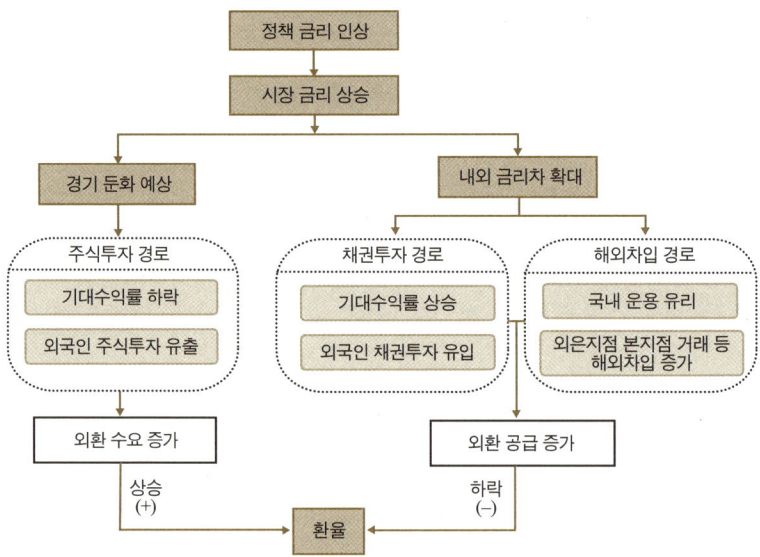

상대적 크기에 따라 좌우될 것이다. 정책 금리가 인상될 때 주식투자 경로가 채권투자 경로와 해외 차입 경로가 합해진 영향보다 클 경우에는 환율은 상승(통화가치 절하)하게 되고, 그 반대의 경우에는 환율이 하락(통화가치 절상)하게 될 것이다.[30] 어느 경로가 더 클 것인가는 그 당시의 경제 및 금융 상황에 따라 달라질 것이다. 따라서 실제로는 정책 금리가 조정될 당시의 경제 및 금융 상황이 어떠한 상태에 있는가 하는 판

---

30. 박찬호·김아름, "내외금리차와 환율간 관계분석," 〈조사통계월보〉, 한국은행, 2008. 2를 참조하라. 이들의 논고는 제목 선정에서부터 최종 원고까지 필자의 지도를 받아 완성되었다.

단이 중요하다. 만일 정책 금리가 인상된 후에도 통화정책이 여전히 완화적(accommodative 또는 expansionary)이고 물가 안정과 잠재 성장력 이상의 경제 성장이 예상된다면 외국인의 주식투자 자금은 계속 유입되거나 유출되지 않을 수 있다. 이에 따라 자국 통화는 절상될 가능성이 높다. 하지만 이 경우에도 외국인 주식투자 비중이 과거의 경험에 비추어 이미 과도하게 높은 수준에 있다면 자국 통화의 절상 압력은 크지 않을 수 있다. 반대로 정책 금리가 인상된 후 통화정책이 긴축적으로 되면 경제 성장이 둔화될 것으로 예상되어 외국인 주식투자 자금은 유출될 것이다. 신흥시장국의 경우 일반적으로 외국인의 주식투자가 채권투자보다도 더 많아서 통화가치는 절하될 가능성이 크다. 이와 같이 정책 금리가 인상된다고 하더라도 그 때의 경제 및 금융 상황이 종합적으로 작용할 것이기 때문에 금리 인상이 반드시 통화의 절상을 가져온다고 결론을 내리기가 어렵다.

외국의 경험적 분석 결과를 살펴보더라도 금리 변동과 환율 간의 관계가 명확하지 않은 것으로 나타난다. 특히 신흥시장국의 경우에는 일반적으로 국내 주식시장 개방도가 채권시장 개방도에 비해 높기 때문에 위 이론을 그대로 적용하기 어렵다. 최근에는 글로벌 주식시장의 통합화 진전으로 국내외 금리차 변동에 따른 채권투자 자금 유출입이 환율에 미치는 영향뿐만 아니라 주식 수익률 격차에 따른 주식투자 자금 유출입이 환율에 미치는 영향도 커지고 있다.[31] 이에 따라 금리

---

31. H. Hau & H. Rey, "Exchange Rates, Equity Prices and Capital Flows," *Review of Financial Studies* 19, 2006을 참조하라.

인상시 주식투자 자금 유출 규모가 채권투자 자금 유입 규모를 상회하면서 환율이 상승하는 경우도 빈번하게 나타난다.

금리 변동과 환율 간 관계가 명확하게 나타나지 않는 두 번째 이유로는 2장에서 살펴본 바와 같이 환율은 자본이동뿐만 아니라 두 나라 간의 경상수지, 경제성장률, 물가상승률 등의 격차 변동 등 국내외 경제 및 금융 여건이 환율에 대한 기대 심리 변화 등 다양한 요인에 의해 영향을 받기 때문이다. 이에 따라 정책 금리가 인상될 경우 외국 자본의 국내 유입으로 환율이 하락 압력을 받게 된다 하더라도 정책 금리 인상 시기를 전후하여 자본이동과는 반대 방향으로 작용하는 다른 요인들이 발표되었거나 발표될 것으로 예상되고 그 요인이 환율에 미치는 영향이 더 크다면 통화가치는 절하될 수 있다.

결론적으로 금리 변동과 환율 간의 관계는 명확하지 않다고 할 수 있다.

환율전쟁

2010년에 국제금융시장에서 가장 큰 논쟁 중 하나는 환율전쟁이었다. 특히 G20 서울 정상회의를 전후해서는 더욱 그랬다. 여기에서는 최근 환율전쟁의 배경과 전개 과정을 살펴본 후 과거 환율전쟁과의 차이점은 무엇이며 앞으로의 전망에 대해 알아본다.

환율전쟁이란 무엇인가

환율전쟁(*exchange rate war* 또는 *currency war*)이란 각국이 자기 나라의 수출 경쟁력을 강화할 목적으로 외환시장에 인위적으로 개입하여 자국 통화의 가치를 경쟁적으로 낮추는(평가 절하하는) 것을 말한다. 이를 통화전쟁이라고도 한다. 한 나라가 자국의 통화가치를 낮추어 수출 경쟁력을 강화하면 인근 국가들은 상대적으로 수출 경쟁력이 약화되어 경제가 어렵게 된다. 이러한 점에서 한 나라의 환율 인상(통화 절하) 정책은 일종의 근린궁핍화정책*beggar-thy-neighbor policy*이라고 불린다. 이에 대응하여 인근 국가들도 자국의 수출 경쟁력을 강화하기 위해 통화가치를 낮추려고 경쟁할 것이며, 이는 결국 전 세계적인 환율전쟁으로 발전하게 될 것이다. 이러한 환율전쟁으로 인해 세계 무역이 위축될 것이며 결국에는 전 세계 모든 국가가 피해를 입게 된다. 더욱이 1930년대 대공황 시기와 같이 환율전쟁이 자국의 산업을 보호하기 위한 관세 장벽 등을 통한 전 세계적인 무역 전쟁으로 발전하게 되면 세계 경제는 극심한 경기 침체에 빠지게 될 것이다. 이러한 점에서 일부 국가 간의 환율 분쟁이 글로벌 환율전쟁으로 확산되는 것은 적극 방지해야 한다.

최근 환율전쟁은 어떻게 전개되었나

2000년대에 들어 국제금융시장에서의 환율 조정은 미국과 중국 간의 문제로 인식되어 왔다. 미국 정부는 경상수지 적자가 계속 큰 폭으로 확대됨에 따라 이를 축소하기 위하여 2000년대 중반 이후 중국, 일본 등 대규모의 대미 무역 흑자국에 대해 직접적인 압력을 강화하였다. 특히 미국 정부와 의회는 중국 위안화의 저평가를 경상수지 적자의 주요

표 3–9. 미국의 주요국*별 무역 수지

(억 달러)

	2001	2003	2005	2007	2008	2009	2010
중국	−830.5	−1,239.6	−2,016.3	−2,562.7	−2,663.3	−2,268.3	−2,730.7
멕시코	−299.2	−406.2	−501.5	−742.6	−643.8	−475.4	−663.3
일본	−689.6	−659.7	−826.8	−828.0	−726.7	−447.7	−598.0
독일	−290.4	−392.0	−506.6	−447.1	−428.2	−279.5	−344.8
캐나다	−532.5	−546.9	−764.5	−646.7	−746.4	−201.8	−282.8
무역 수지 전체	−4,109.3	−5,356.5	−7,665.6	−7,909.9	−8,000.1	−5,009.4	−6,345.9
경상수지** (명목 GDP 대비 경상수지 비중, %)	−3,971.5 (−3.9)	−5,206.8 (−4.7)	−7,475.9 (−5.9)	−7,180.9 (−5.1)	−6,688.6 (−4.7)	−3,784.3 (−2.7)	−4,665.1 (−3.2)

* 2010년 중 미국의 5대 무역 적자국 기준
** 2010년 미국 경상수지 적자 및 명목 GDP 대비 경상수지 비중은 IMF 전망치를 이용
• 자료: 미 상무성; IMF WEO

인으로 주목하고 중국 정부에 대해 환율 제도 변경을 강력하게 요구하였다. 그러면서 이 요구가 받아들여지지 않을 경우 중국으로부터의 수입 상품에 대해 보복 관세를 부과하겠다고 압박하였다.[32] 미국이 이처럼 중국에 대해 압박을 가한 것은 당시 미국 무역수지 적자의 약 1/4이 중국으로부터 발생하는데도 불구하고 중국이 환율을 고정시켰기 때

32. 2003년 미국 뉴욕 출신 민주당 상원의원 찰리 슈머Charles E. Schumer 등은 중국이 위안화를 평가 절상하지 않을 경우 27.5%에 이르는 포괄적인 관세를 부과하겠다고 압박하였다. 미국 의회는 109대 회기(2005~2007) 중 27개 반중국적 무역법안을 제출하였다. 이러한 미 의회의 행동은 최근까지 여러 차례 반복되었다.

문이다. 중국은 미국과의 마찰을 피하기 위해 결국 위안화 절상을 허용하고 환율 변동폭을 확대하였다. 중국은 2005년 7월 21일 위안화를 일시에 2.1% 절상한 후 2008년 7월 말까지 3년간 19.3%를 추가 절상하였다. 이에 따라 위안화 환율은 2005년 7월 20일 미 달러당 8.28위안에서 2008년 7월 말에는 6.8388위안(중국인민은행 고시)으로 하락하였다. 한편 일본은 2004년 4월 이후 시장 개입을 중단하고 엔화 환율이 완전히 시장의 수급 사정에 따라 결정되도록 하였다.

그러나 중국은 2008년 7월에 글로벌 금융 불안에 대응하여 다시 고정환율제도로 복귀하여 위안화 환율을 미 달러화에 대해 6.8388위안(중국인민은행 고시)에서 고정시켰다. 이러한 가운데 주요 선진국들은 글로벌 금융위기를 계기로 국제 불균형은 금융위기의 발생 원인과 관련이 있으며 세계 경제의 지속적인 안정 성장을 위해 시정해야 할 과제라고 인식하였다. 이를 바탕으로 G20은 2009년 9월 미국 피츠버그 정상회의에서 세계 경제의 균형 회복rebalancing the world economy을 주요 아젠다로 채택하였다. 이후 강력하고 지속 가능한 균형 성장strong, sustainable and balanced growth을 위한 협력 체계 구축을 위한 노력을 지속해오고 있다. 이를 계기로 미국은 2010년에 들어 오바마 대통령, 의회 등이 글로벌 불균형 시정을 위해 위안화 절상을 강력하게 요구하였다.[33] 스트라우스 칸Strauss-Kahn IMF 총재와 로버트 죌릭Robert B.

---

33. 하원은 2010년 3월 15일 재무장관에게 의회에 제출할 '환율정책 보고서'에 중국을 환율 조작국으로 지정하도록 요구하였고 상원은 3월 16일 환율 조작국에 대해 보복 관세를 부과할 수 있는 법안을 제출하였다.

그림 3-6. 중국 위안화 환율 추이

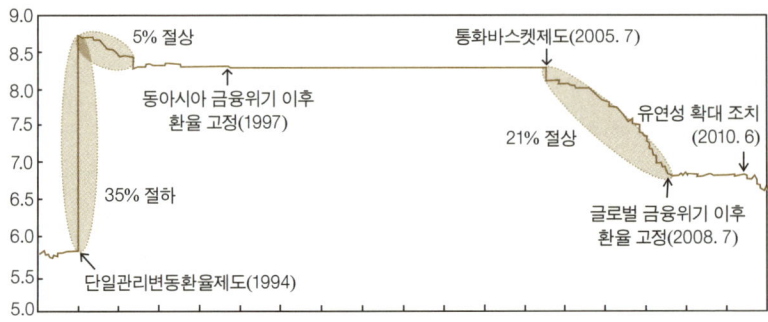

• 자료: Bloomberg

Zoellick 세계은행 총재도 이에 동조하였다.

이에 대해 중국은 외부의 요구에 의한 위안화 절상을 수용할 수 없다는 입장을 고수하다가 2010년 6월 19일 중국인민은행이 위안화 환율의 유연성을 제고하기로 결정했다고 발표하였다. 하지만 위안화의 절상이 소폭에 그침에 따라 미국 정부와 의회는 다시 보복 관세 부과 방침 발표 등을 통해 중국에 대한 압박 수위를 높였다. 다른 한편으로는 미 연준은 7월 하순 이후 여러 차례 추가적인 양적 완화정책 *quantaive easing policy*을 실시할 준비가 되어 있다고 밝힘으로써 달러화의 약세를 유도하였다.[34]

34. 벤 버냉키Ben S. Benanke 연준 의장은 2010년 7월 21일 상원 은행위원회 증언에서 "미국 경제가 잠재 생산 능력을 완전히 활용하는 상태로 복귀하기 위해 필요할 경우 추가적인 조치를

표 3-10. 주요 통화의 대미 달러화 환율 변동률

(%)

	일본 엔화	유로화	호주 달러화	중국 위안화	대만 달러화	싱가포르 달러화	말레이시아 링기트화	태국 바트화	브라질 헤알화	한국 원화
2006년 말	−0.8	11.4	7.6	3.3	0.7	8.5	7.1	14.9	9.4	8.8
2007년 말	6.1	10.5	11.0	7.0	0.5	6.7	6.7	20.8	20.0	−0.7
2008년 말	23.9	−4.2	−19.5	7.1	−1.2	−0.5	−4.2	−14.7	−23.1	−25.7
2009년 말	−2.2	2.5	27.3	−0.1	2.6	3.0	0.8	4.1	32.7	8.2
2010년 말	13.4	−6.6	14.0	3.4	9.7	9.3	11.8	11.1	5.1	2.6

• 변동률은 전년말 대비 절상(+)율, 절하(−)율
• 원화는 서울외환시장 종가 기준. 일본 엔화는 Rueters 고시 동경시장 15:00 기준
• 유로화, 호주 달러화, 브라질 헤알화는 Bloomberg 고시 뉴욕시장 17:00시 기준
• 여타 아시아 국가 통화는 Bloomberg 고시 동경시장 20:00시 기준

그 결과 일본 엔화와 다수의 신흥시장국 통화는 급속한 강세를 보였다. 이러한 상황에서 2010년 9월 15일 일본 정부는 엔화 강세를 저지하기 위해 2004년 3월 이후 6년 반 만에 다시 외환시장에 개입하였다고 발표하였다.[35] 일본의 시장 개입 재개를 계기로 많은 아시아 및

취할 준비가 되어 있다"고 밝힘으로써 2차 양적 완화정책 가능성을 처음 언급하였다. 이후 8월 10일 FOMC 회의, 8월 27일 잭슨홀에서 개최된 캔사스시티 연방준비은행 주최 컨퍼런스, 9월 21일 FOMC 회의 등에서 유사한 내용을 다시 언급하였다. 11월 3일 FOMC 회의는 2011년 6월까지 6,000억 달러 규모의 장기 국채 추가 매입 계획을 결정하였다.
35. 노다 요시히코 일본 재무상은 2010년 9월 15일 디플레이션이 진행되는 어려운 상황하에서 최근 엔화 움직임이 경제 및 금융의 안정에 악영향을 초래할 것을 간과할 수 없음에 따라 10시 30분에 일본은행에 개입을 지시하여 10시 35분에 일본 정부 단독으로 외환시장에 개입하였다고 밝혔다. 일본 재무성은 엔화 약세를 유도하기 위해 2010년 9월 중(개입일 기준: 8월 30일부터 9월 28일까지) 외환시장에 개입한 규모가 2조 1,249억 엔이었다고 발표하였다. 일본 재무성

중남미 신흥시장국들이 외환시장에 개입하거나 개입할 움직임을 보이면서 미국과 중국 간의 환율 갈등은 글로벌 환율전쟁으로 확산되는 모습을 나타내었다. 이 같은 양상은 미국 달러화가 큰 폭의 약세를 보이면서 다른 나라의 통화들이 상당폭의 강세를 보인 반면 중국 위안화는 소폭 절상에 그침에 따라 일본과 다수의 신흥시장국들의 불만이 커졌기 때문이다.

이러한 환율전쟁은 2010년 11월 G20 서울 정상회의에서 각국 정상들이 기조적인 경제 펀더멘털이 반영될 수 있도록 보다 시장 결정적 *market-determined* 환율 제도로 이행하고 환율 유연성을 높이며, 경쟁적인 평가절하를 자제하기로 합의한 후 완화되는 모습을 보였다. 또한 아일랜드의 구제금융 신청 등 유럽의 금융 불안이 재연되어 달러화가 강세를 보인 점도 환율전쟁의 완화에 기여한 것으로 분석된다. 미국 달러화가 강세를 보이는 상황에서 중국 위안화도 완만하나마 동반 강세를 보였다. 이에 따라 미국을 제외한 다른 나라 통화들은 중국 위안화에 대해 상대적으로 절하되어 수출 경쟁력을 유지하는 데 불리하지 않았기 때문이다.

은 매월 말경에 당해 월의 외환시장 개입 규모를 발표하고 있으며 일자별 구체적 내용(금액, 매매 통화 종류)은 분기별로 발표한다. 과거에 1일 최대 개입 금액은 2004년 1월 9일 1조 6,664억 엔이었다.

최근의 환율전쟁은 과거와는 어떠한 차이가 있나

첫째, 과거에는 미국과 소수의 선진국 간 환율 조정이었다. 그 대표적인 예가 1985년 9월 22일 체결된 플라자합의Plaza Accord이다.[36] 당시에는 미국의 무역수지 적자가 일본과 독일에 집중되었기 때문에 이들 세 나라 간의 환율 조정이 목표가 되었다. 1985년 미국의 무역수지 적자 중 일본과 독일이 차지하는 비중은 각각 37.2% 및 9.1%를 나타내었다. 2010년 하반기에는 미국과 중국을 중심으로 한 다수의 신흥시장국이 관련된 글로벌 환율전쟁이었다. 미국이 만성적인 경상수지 적자를 보이는 반면 경상수지 흑자국은 독일과 일본 등 선진국 이외에 다수의 신흥시장국으로 늘어났다. 미국의 최대 무역수지 적자국이 중국이기 때문에 선진국 간의 환율 조정으로 국제 불균형을 해소하기 어렵게 되었다. 2010년 미국의 무역수지 적자 중 중국이 43.0%, 일본이 9.4%, 독일이 5.4%를 각각 차지했다. 이에 따라 미국과 중국이 환율전쟁의 중심에 위치한 가운데 상당 규모의 경상수지 흑자를 보이는 다수 신흥시장국과 독일과 일본 등 선진국도 최근의 환율전쟁과 관련되어 있다.

둘째, 환율전쟁의 전개 양상이 다르다. 플라자합의 때는 5개국의 공동 협조 개입을 통해 주요국 간 환율 조정이 이루어졌다. 미국 등 5개국은 약 6주간 공동 개입을 실시하였고 그 기간(1985. 9. 23~11. 7) 동안 엔/달러 환율과 마르크/달러 환율은 각각 14.4% 및 7.7% 하락하여 실

---

36. "1985년 플라자 합의의 이행과정과 시사점," 〈해외경제포커스〉, 제2010-44호, 2010. 11. 4 를 참조하라.

행 계획상 목표치(10~12%)에 근접하였다.

최근에는 미국과 중국 간 환율 조정에 관한 합의가 이루어지지 않음에 따라 미국은 양적 완화정책을 통해 달러화의 약세를 유도하는 전략을 채택하였다. 일본도 시장 개입과 양적 완화정책의 병행 추진을 통해 엔화의 절상 압력을 억제하였다. 이에 대해 중국, 브라질 등 일부 신흥시장국은 미국의 추가 양적 완화 조치가 자산 가격 버블과 물가 상승 압력을 증대시키는 등 심각한 부작용을 가져올 수 있다고 이의를 제기하는 한편 시장 개입과 자본 유입 규제 정책을 통해 대응하였다.

셋째, 플라자합의 때에는 소수 선진국 간의 문제였기 때문에 상호 간 이해 관계를 조정하기가 상대적으로 쉬웠다. 그 당시 미국은 과도한 무역수지 적자를 축소하기 위해 미국에 대해 대규모 무역 흑자를 보인 일본, 독일 등의 상품에 대한 관세 부과 등 보호 무역 조치를 강구함과 아울러 달러화 가치를 하락시키는 전략을 추진하고자 하였다. 이러한 미국의 움직임에 대해 일본, 독일 등 무역 흑자국은 수입 물량 조정, 관세 인상 등과 같은 직접적인 조치로 자국 산업이 피해를 입는 것보다는 환율 조정으로 대응하면 자국의 정책 여력이 더 커질 수 있다고 판단하였다. 프랑스와 영국도 보호무역주의를 배격하는 데 동조하였다. 이에 따라 5개국 재무장관은 1985년 9월 미국 뉴욕 플라자호텔에서 만나 미국의 무역 적자를 축소하기 위해 달러화 가치가 하락할 수 있도록 노력하고 대외 불균형 축소를 위해 재정 및 통화정책을 공조해 나가기로 합의하였다.

최근에는 환율 논의가 G20 차원으로 확대되어 이해 관계를 조정하기가 쉽지 않다. 국제 불균형 해소를 위해서는 세계 경제와 국제금융시장에서의 비중과 위상이 크게 높아진 신흥국의 협조가 필요하나 이들의 협조를 구하기가 용이하지 않다. 무엇보다도 환율전쟁의 중심에 서있는 미국과 중국 간의 합의가 어렵다. 이러한 상황에서 미국은 다른 신흥국 통화의 절상을 강하게 압박하기도 쉽지 않다. 또한 미국과 IMF는 국제 불균형 완화를 위해 독일, 일본 등 선진 흑자국에 대해 내수 확대를 요구하고 있지만 이것도 풀리지 않고 있다.

앞으로 환율전쟁은 어떻게 진행될까

앞에서 살펴본 바와 같이 최근의 환율전쟁은 과거보다 많은 국가가 관련되어 있고 전개 양상도 복잡하다. 이에 따라 과거 플라자합의 때와 같은 관련국 간 합의를 통한 직접적인 환율 조정은 다음과 같은 점에서 상당 기간 기대하기가 어려울 것으로 보인다.

무엇보다도 환율전쟁의 해소에 핵심적 역할을 해야 하는 미국과 중국 간 입장 차이가 너무 크다. 미국은 무역수지 적자 중 거의 절반(2010년 43.0%)이 중국이 차지하고 있다는 점과 중국의 경상수지 흑자가 장기간 큰 폭의 흑자를 지속하고 있다는 점 등을 근거로 중국에 대해 빠르고 큰 폭의 위안화 절상을 계속 요구할 것으로 예상된다. 또한 미국은 이제 중국이 세계 제2위의 경제 대국[37]으로 부상한 만큼 그 위상에 걸맞은 세계 경제에서의 역할을 해야 된다는 입장이다. 반면 중국

---

37. 중국 국가통계국은 2011년 1월 20일 중국의 2010년 GDP(국내총생산)가 전년보다 10.3% 늘어난 39조 7,983억 위안(약 6조 달러)을 기록했다고 발표했다. 이에 따라 중국이 세계 2위 경제 대국으로 부상하였고 일본은 3위로 밀려났다.

은 위안화를 점진적으로 절상하겠다는 입장을 분명히 밝히고 있다. 중국은 미국 무역 적자의 근본 원인이 위안화 환율이 아니라 미국의 투자와 저축 간의 구조적 불균형에서 비롯되었다고 인식한다. 또한 2010년 6월 19일 위안화 환율 유연성 제고 방침을 발표하면서 무역수지 흑자폭이 줄어드는 등 국제수지가 점차 균형 수준에 근접해 감에 따라 위안화를 큰 폭으로 절상할 근거가 없다고 밝혔다. 이러한 점에 비추어 볼 때 중국은 미국이 만족할 만한 속도와 수준으로 위안화를 단기간 내에 절상하기가 어려울 것으로 보인다. 이와 같이 중국과 의견 조정이 되지 않은 상황에서 경상수지 흑자를 보이는 다른 신흥시장국만을 대상으로 한 미국의 통화 절상 요구는 타당성이나 설득력을 얻기가 쉽지 않을 것이다.[38] 또한 미국이 양적 완화정책을 통해 달러화 약세 전략을 지속할 경우 신흥국들은 그러한 미국의 전략이 자산 가격 버블과 인플레이션을 유발한다고 이의를 제기하면서 시장 개입과 자본 유입 규제로 대응할 것으로 예상된다.

뿐만 아니라 G20 차원에서의 효과가 있는 환율 조정 방안을 기대하기도 쉽지 않을 것이다. 2010년 11월 G20 서울 정상회의에서는 과도한 대외 불균형을 줄이고 경상수지를 지속 가능한 수준으로 유지하는 데 도움이 되는 모든 정책 수단을 강구하기로 합의하였다. 이와 관련하여 G20 정상들은 G20 국가 중 프레임워크Framework 워킹 그룹에

---

38. 미국 재무장관 티모시 가이트너Timothy Geithner는 2010년 4월 3일 환율정책 보고서 연기 발표문에서 "중국의 경직적인 환율정책이 다른 신흥시장국들이 자국 통화를 절상시키는 것을 어렵게 하고 있다. 환율이 보다 시장의 수급 사정에 의해 결정되도록 하는 중국 정부의 조치가 글로벌 균형의 회복에 기여할 것이다"라고 밝혔다.

게 IMF와 다른 국제 기구들의 지원을 받아 대외 불균형 평가를 위한 예시적 가이드라인indicative guidelines의 개발을 요청하기로 하였다. 그리고 2011년 상반기 중 G20 재무장관·총재회의에서 그 경과를 논의하며, 그 가이드라인에 기반을 둔 첫 번째 평가를 프랑스 의장국 기간 동안 적절한 방법으로 하기로 합의하였다. 이에 따라 앞으로 대외 불균형 평가와 관련한 일련의 작업들은 G20 회의를 통해 예정대로 진행될 것으로 생각된다. 2011년 2월 18~19일 프랑스 파리에서 개최된 G20 재무장관 중앙은행 총재회의에서는 평가 기준이 되는 예시적 가이드라인을 적용할 지표에 각국의 이해 관계를 반영하여 대외 불균형 구성 요소뿐만 아니라 정부 부채 및 민간 부채 등도 포함하기로 합의하였다.[39] 따라서 예시적 가이드라인을 기준으로 한 지표들에 대한 평가는 경상수지 흑자국뿐만 아니라 경상수지 적자국 및 재정 적자국 등에 대해서도 함께 실시될 것으로 예상된다. 이러한 점에서 그 평가가 경상수지 흑자국에 대해서만 일방적인 환율 절상을 요구하는 방향으로 이루어지기는 어려울 것이다.

한편 미국과 중국 간의 환율 갈등은 무역 마찰을 유발할 가능성이 있지만 전면적인 무역 전쟁으로까지 발전하지는 않을 것으로 예상된다. 우선, 양국 간 전략적 경제 대화 채널이 구축되어 있어 앞으로도 1년에 두 차례씩 장관급 회의를 개최하게 된다. 두 나라 간의 전면

---

39. 예시적 가이드라인을 적용하게 될 지표로 ① 정부 부채 및 재정 적자, 민간 저축률 및 민간 부채, ② 환율, 재정, 통화 및 기타 정책을 고려한 무역수지, 순투자 소득수지 및 이전 수지로 구성되는 대외 불균형을 사용하기로 합의하였다.

적인 무역 전쟁은 양국 간의 무역은 물론 세계 전체의 무역 감소로 이어져 세계적인 경기 침체를 가져올 것이다. 따라서 양국은 협상과 양보를 통해 이견을 조율해 나감으로써 두 나라 경제에 큰 타격을 줄 전면적인 무역 전쟁을 피해 나갈 것으로 예상된다. 예를 들면 중국이 2010년 9월 26일 미국산 닭고기에 대해 최고 50.3~105.4%의 반덤핑 관세를 부과하기로 결정하자, 미국은 그 다음날 중국산 동파이프에 대해 최고 11.25~60.85%의 반덤핑 관세를 부과키로 확정하는 등 한 차례 공방이 있었지만 그 이상으로 악화되지는 않았다. 또한 2010년 9월 29일 미국 하원은 통화가치를 인위적으로 절하하는 국가로부터의 수입품에 대해 상계 관세를 부과할 수 있도록 하는 내용의 「공정 무역을 위한 환율 개혁 법안」을 통과시켰다. 이때 중국인민은행은 곧바로 지난 6월 19일 발표했던 것과 같은 내용의 "환율 결정 메커니즘을 지속적으로 개선하고 위안화 환율의 유연성을 제고하겠다"는 성명서를 발표하여 미국의 불만을 누그러트리기 위한 제스처를 취했다. 그리고 2011년 초 후진타오 중국 국가 주석의 미국 국빈 방문에 앞서 미국은 언론을 통해 중국 측에 위안화 절상 압박을 높였다. 하지만 1월 19일 양국 정상 회담 개최 후 발표된 공동 성명서에서는 "중국은 위안화 환율 제도의 개편 촉진 및 위안화 환율의 유연성 제고를 계속해 나갈 것이다"는 합의문을 담는 선에서 그쳤다.

또한 G20 차원에서의 보호주의를 배격하기 위한 국제 공조 노력이 지속되고 있다는 점이다. 1930년대 세계 대공황 당시 각국은 수입 상품에 대한 관세를 경쟁적으로 높여 수출을 늘리고 자국 경기를 부양하려고 했다. 이러한 자국 이기주의적 대응은 결국 경제 위기의 세계적 확산을 초래했다. G20 국가들은 당시의 교훈을 되새겨 2008년 9월 글로벌 금융위기 이후 보호 무역을 지양하고 경제 회복을 위한 공동 보조를 취하기로 합의하였다. 앞으로도 이러한 노력을 지속하기로 약속해 오고 있다.

앞으로 미국과 중국을 중심으로 한 환율 갈등은 플라자합의 때와 같이 단기간 내에 해결될 전망은 낮아 보인다. 앞으로 환율전쟁은 상황에 따라 확산되기도 하고 축소되기도 하는 불안한 상황이 계속될 것으로 예상된다. 특히 달러화가 약세를 지속하면 다른 신흥시장국들이 중국보다 더 큰 폭의 절상을 받아들이기 어렵기 때문에 글로벌 환율전쟁은 재연될 가능성이 높다. 만일 글로벌 환율전쟁이 확산될 경우 그때는 미 달러화 중심의 현행 기축통화[40] 체제에 대한 개편 논쟁으로 발전될 가능성이 크다. 2008년 글로벌 금융위기 이후 프랑스, 중국, 러시아, 브라질 등의 국가뿐만 아니라 IMF, 세계은행 등 국제금융기구들도 미국 달러화를 대체하기 위한 새로운 기축통화가 필요하고 이를 위한 논의를 시작해야 한다고 주장해 왔다.[41]

---

40. 국제통화*international currency*는 국가 간 교역 및 자본거래에 있어 지급 결제나 투자 대상 등으로 널리 사용되는 통화를 의미한다. 기축통화*key currency*는 이들 국제통화 가운데 세계 각국의 통화당국에 의해 외환보유액 준비 통화, 외환시장 개입 통화, 환율 기준 통화 등으로 광범위하게 사용되는 등 핵심적 역할을 하는 통화를 말한다.
41. 저우샤오찬 중국인민은행 총재는 2009년 3월 23일 IMF가 발행하는 특별인출권(SDR: Special Drawing Rights)을 초국적 기축통화로 역할을 확대하는 방안을 제안하였다. 니콜라 사르코지 프랑스 대통령은 글로벌 금융위기 이후 "미국이 달러화 기축통화 특혜를 너무 장기간 누리고 있다"고 하면서 "환율의 급격한 변동이 세계경제 성장에 실제 위험이 되고 있어 주요국들이 달러화 기축통화 체제를 대체할 대안을 논의해야 한다"고 주장해 왔다. 또한 가두 만테가 브라질 재무장관은 "세계 경제가 달러화에만 의존하지 않도록 글로벌 금융시스템을 개혁해야

그러나 일부에서 주장하고 있는 바와 같은 IMF 특별인출권(SDR: Special Drawing Rights)[42]으로의 대체 가능성은 낮아 보인다. SDR은 1970년에 창출된 후 40년 이상 지났지만 아직 회원국 간의 공적 거래에서만 사용되고 있다. 앞으로 SDR이 민간부문의 무역 및 자본거래에서 폭넓게 사용되기 위해서는 SDR 관련 국제금융시장의 구축과 SDR을 공급하는 세계 중앙은행의 창설과 같은 매우 어려운 과제를 해결해야 한다. 유로화의 위상도 유로 지역 국가들의 재정 위기가 진정되는 데 상당 기간이 걸릴 것이기 때문에 당분간 더 이상 높아지기 어려울 것으로 예상된다. 중국 위안화도 최근 일부 지역에서 무역 거래를 중심으로 국제화가 추진되고 있으나 아직까지 그 비중은 미미하다.[43] 일본 엔화의 경험에 비추어볼 때 중국 위안화가 자본거래를 포함한 광범위한 국제통화로 부상하기에는 오랜 기간이 소요될 것이다. 한편 미 달러

한다"고 주장하면서 "기축통화 역할을 미국 달러화에서 IMF의 특별인출권(SDR)으로 대체해야 한다"고 강조하였다.

42. IMF는 1970년 1월에 각 회원국에 SDR을 처음 배분하였으며, 5년마다 SDR 구성 통화 비중을 변경한다. 2011~2015년 중 비중은 미 달러화 41.9%, 유로화 37.4%, 엔화 9.4%, 파운드화 11.3%이다. 2010년 11월 IMF는 성명을 통해 위안화가 자유롭게 통용되지 못하는 점을 들어 SDR 바스켓 구성 통화의 기준 요건을 충족시키지 못한다며 위안화의 SDR 편입 가능성을 배제한 바 있다.

43. 중국 정부는 2009년 7월 상하이 등 5개 도시와 홍콩·마카오·ASEAN 간 위안화 무역 결제를 시범적으로 허용한 데 이어 2010년 6월에는 시범 지역을 베이징 등 20개 지역으로 늘리고 무역 결제 대상 지역도 전 세계로 확대하였다. 이에 따라 대외 무역에서 위안화 결제 금액은 2009년 9월 중 20억 위안(약 3억 달러)에서 2010년 4분기 중 3,093억 위안(약 465억 달러)으로 급격하게 증가하였다. 하지만 전체 수출입액 중 위안화 결제 비중은 5.8% 정도에 불과하다. 또한 BIS 조사에 따르면 2010년 4월 현재 전 세계 외환 거래액 중 위안화의 비중은 0.2%로 미미하다.

화를 대체할 새로운 기축통화를 창출하고자 하더라도 미국을 비롯한 관련국 간 논의에 오랜 기간이 걸릴 뿐만 아니라 합의 도출도 매우 어려울 것으로 예상된다. 참고로 영국 스털링화 중심의 국제통화 체제는 1821년 금본위제의 공식 도입과 함께 구축된 후 1·2차 세계 대전의 영향 등으로 미 달러화에 그 지위를 넘겨주기까지 100년 이상 유지되었다. 그리고 미 달러화 중심의 현행 국제통화 체제는 1944년 브레튼 우즈 체제Bretton Woods System의 출범과 함께 구축된 이후 현재까지 60년 이상 유지되어 오고 있다.

이에 따라 달러화 중심의 현행 국제통화 질서는 미국의 초강대국 지위, 미국 금융시장의 풍부한 유동성, 경쟁 통화의 부상에 장기간 소요되는 점 등에 비추어볼 때 앞으로도 상당 기간 지속될 것으로 예상된다. 다만, 장기적으로는 미 달러화의 위상이 점차 약화되면서 현행 달러화 중심의 국제통화 질서는 매우 완만한 속도로 복수 기축통화 체제로 이행할 가능성이 있다.

4

외화유동성 관리

한국은행은 1997년 12월 외환위기 이전에 외화예탁 및 수출환어음 담보대출과 같은 금융기관에 대한 외화대출 제도를 상시적으로 운용하였다. 그러나 그 이후에는 외화예탁 제도를 폐지하였고 수출환어음 담보대출 제도를 외화유동성 위기 시기에 한해 한시적으로 활용하였다.

한편 한국은행은 2007년 9월에 스왑시장 참여거래 제도를 도입하여 현재까지 시장 상황을 보아가며 실시해오고 있는 것으로 알려진다. 그리고 2008년 9월 리먼 사태 이후에 경쟁입찰 방식 스왑거래 제도와 미 연준과의 통화스왑 자금을 활용한 외화대출 제도를 도입하여 각각 2009년 8월 및 12월까지 실시한 바 있다.

이 장에서는 한국은행의 외화유동성 공급 제도에 대해 알아본 후 국내 금융기관에 대한 외화유동성 공급 확대, 시장 친화적 방식으로의 외화유동성 공급 방식 변경 등과 관련한 이슈를 다룬다.

1. 한국은행의 외화유동성 공급 제도

선진국들은 일반적으로 중앙은행이 금융기관에 외화대출 등을 통해 외화유동성을 공급하는 제도를 운영하지 않는다. 선진국들은 자국 통화가 국제통화이므로 국제금융시장에서 자국통화를 언제든지 다른 나라 통화로 교환할 수 있고 외환시장의 유동성도 풍부하여 자국 통화 공급을 통해 외화유동성 지원 효과를 충분히 거둘 수 있기 때문이다. 다만, 금융위기 때와 같은 예외적인 경우 외화대출 등을 통해 외화유동성을 공급하기도 한다. 예를 들어 2008년 9월 글로벌 금융위기 시기를 전후하여 유로 지역, 영국, 일본 등의 중앙은행들은 미 연준과의 통화스왑 협정을 체결하고 이를 통해 조달한 상당한 규모의 달러화 자금을 경쟁입찰 방식에 의한 외화대출로 금융기관에 공급하였다. 한편 호주, 뉴질랜드 등은 금융시장의 유동성 조절을 위해 필요한 경우 통상적인 공개시장조작과는 별도로 상업은행과의 외환스왑을 통해 외화와 자국 통화를 교환하고 있다.

우리나라는 1997년 외환위기 이전에 한국은행이 외화예탁 및 수출환어음 담보대출과 같은 금융기관에 대한 외화대출 제도를 상시적으로 운용하였다. 그러나 외환위기 이후에는 충분한 외환보유액 축적의 중요성에 대한 공감대가 형성되었다. 이에 따라 외화예탁 제도를 폐지하였고 수출환어음 담보대출 제도를 긴급한 상황이 발생한 경우에 한해 한시적으로 활용하였다. 한편 한국은행은 2007년 9월에 스왑시장 참여거래 제도를 도입하여 현재까지 시장 상황을 보아가며 실시해 오고 있는 것으로 알려진다. 그리고 한국은행은 리먼 사태 이후에 경쟁입찰 방식 스왑거래 제도 및 연준과의 통화스왑 자금을 활용한 외화대출 제도를 도입하여 각각 2009년 8월 및 12월까지 실시한 바 있다.

2. 스왑거래 방식

일반적인 외환스왑과 통화스왑 거래는 금융기관 간 또는 금융기관과 기업 간 거래 당사자 사이에 서로 다른 통화를 일정 금액만큼 교환하고 일정 기간 후 다시 그 금액만큼 원래의 통화로 교환하는 거래를 말한다. 이들 거래는 계약 기간 동안 필요한 통화를 교환하고 환리스크를 헤지한다는 측면에서 실질적으로 동일한 거래이다.

한편 한국은행과 금융기관과의 스왑거래는 스왑시장의 불균형을 완화하고 이를 통해 재정거래 유인을 축소함으로써 재정거래 차익을 겨냥한 외국 자본의 과도한 국내 유입(외채 증가)을 억제하고자 하는 데 주목적이 있다. 먼저 일반적인 외환스왑 및 통화스왑 거래를 살펴본 후 한국은행의 스왑시장 참여거래 및 경쟁입찰 방식 스왑거래 제도를 알아보자.

일반적인 외환스왑 및 통화스왑 거래

외환스왑 거래의 메커니즘

외환스왑*foreign exchange swap*이란 금융기관 간 또는 금융기관과 기업 간 거래 당사자가 초기에 계약환율에 따라 일정 금액의 두 나라 통화를 일정 기간 동안 교환하고, 만기에 계약환율에 따라 원금을 다시 교환하기로 하는 거래를 말한다. 즉 외환스왑 거래는 동일한 거래 상대방 간에 두 가지 외환 거래가 결합된 거래이다. 이는 결합되는 거래의 형태에 따라 현물환 거래와 선물환 거래가 결합된 현물환과 선물환(spot–forward swap) 거래, 단기 선물환 거래와 장기 선물환 거래가 결합된 선물환과 선물환(forward–forward swap) 거래, 두 가지 현물환 거래[44]가 결합된 현물환과 현물환(spot-spot swap 또는 backward swap) 거래 등으로 구분된다.

　　외환스왑 거래에 있어 매입 및 매도는 원일물far date 거래를 기준으로 구분된다. 외환스왑 매입은 근일물 외화를 매도하고 원일물 외화를 매입하는 sell & buy swap 거래를 말하며, 외환스왑 매도는 근일물 외화를 매입하고 원일물 외화를 매도하는 buy & sell swap 거래를 의미한다. 이와 같이 외환스왑 거래는 거래의 형태에 있어서는 외환 매매의 형식을 취한다. 그러나 실제로는 일정 기간 보유 중인 여유 통화를 담보로 필요한 통화를 환매 조건부로 차입하는 것으로 단기 금융시장money market의 자금 대차 거래와 유사하다.

　　외환스왑은 만기 1년 이내의 단기 거래가 대부분이며 교환 통화 간 금리차가 만기 시점에 원금을 재교환하는 환율에 반영되므로 계약 기간 동안 거래 상대방 간 이자 교환은 없다. 스왑 계약 만기의 환율(통상 선물환율)에서 스왑 계약 체결일의 환율(현물환율)을 차감한 것을 스왑 포인트swap point, 이를 스왑 계약 체결일의 환율로 나눈 것을 스왑 레이

---

44. 외국환중개회사를 거치지 않는 은행 간 현물환 거래의 결제 방식으로는 당일 결제value today, 익영업일 결제value tomorrow 및 익익영업일 결제value spot가 있다.

트swap rate라고 한다. 외환스왑의 거래 동기는 1년 이내 기간 동안 다른 통화의 조달, 환리스크 헤지나 포지션 조정 또는 재정거래 차익 획득 등에 있다. 구체적으로 외환스왑 거래는 현재 여유가 있는 통화를 빌려주는 대가로 필요한 통화를 조달함으로써 통화 간 자금 과부족을 조절할 목적으로 이루어진다. 예를 들면 원화자금은 풍부하나 외화자금이 상대적으로 부족한 국내 은행과 외화 자금에 여유가 있으나 원화자금이 필요한 외은지점 간에 일시적으로 필요한 통화를 조달하는 수단으로 외환스왑 거래가 이용된다. 또한 외환스왑 거래는 기업 등과의 선물환 거래에 따른 외국환은행의 외환포지션 조정을 위한 자금 조달을 위해서도 이용된다. 그리고 외환스왑 거래는 현재의 내외 금리차와 스왑 레이트의 차이를 이용하여 재정거래arbitrage[45]를 통해 환리스크 없이 초과 수익을 얻기 위한 차익arbitrage profit 획득 목적에도 활용된다. 예를 들면 국내 은행이 수출 기업 등으로부터 선물환을 매입하면 외환포지션을 조정하기 위해 현물환을 매도해야 되는데, 이에 필요한 현물환을 외은지점과의 외환스왑을 통해 조달하는 경우를 말한다. 이러한 외환스왑 거래를 통해 국내 은행은 포지션을 조정하여 환위험을 헤지할 수 있고 외은지점은 원화를 국내 채권에 투자하여 재정거래 차익을 획득할 수 있다.

외환스왑 거래 과정을 그림 4–1과 같은 예를 들어 살펴보자. A은

---

45. 재정거래arbitrage란 시장의 가격들이 항상 동시에 균형 수준에 이르지 않는다는 점을 이용하여 균형 수준에 도달하는 기간 동안 가격 차이에 따른 차익을 얻기 위한 거래를 말한다. 이때 통상 파생상품 계약이 이용된다. 따라서 차익거래가 이해하기 쉬운 용어이지만 과거부터 재정거래라는 용어가 많이 사용되어 왔다. 이 책에서는 두 용어가 함께 사용된다.

그림 4-1. 외환스왑 거래(예시)

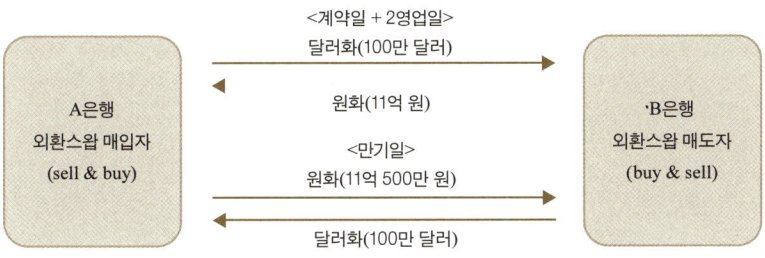

행이 B은행과 현물환율 1,100원, 3개월 선물환율 1,105원에 100만 달러의 sell & buy 외환스왑(현물환 매도 및 선물환 매입) 계약을 체결하였다고 가정한다. A은행은 계약 체결 후 제2영업일에 B은행에 100만 달러를 지급하고 B은행으로부터 11억 원(1,100원 × 1,000,000달러)을 받게 된다. 이후 만기 시점에 A은행은 B은행으로부터 100만 달러를 돌려 받고 원화 11억 500만 원(1,105 × 1,000,000달러)을 지급함으로써 거래가 종결된다. 이 경우 A은행은 단기적으로 원화 유동성, B은행은 외화유동성을 각각 확보할 수 있다.

한편 외환스왑을 이용한 재정거래를 그림 4-2와 같은 예를 들어 살펴보자. 외국인(또는 외은지점)은 해외에서 미 달러화 자금을 도입한 후, 스왑시장에서 국내 은행과의 sell & buy 외환스왑 거래(현물환 매도 및 선물환 매입)를 통해 원화로 전환한 자금으로 국내 채권을 매입한다. 외국인은 보유 채권의 만기에 원금과 이자(연 2.66%)를 수취함과 동시에 당초 계약한 선물환율로 원화 자금을 미 달러화 자금과 교환하여 차입금을 상환하고 차입 이자(LIBOR, 연 0.30%)를 지급한다. 이 경우 외국인

그림 4-2. 외환스왑(3개월물)을 이용한 차익거래(예시)

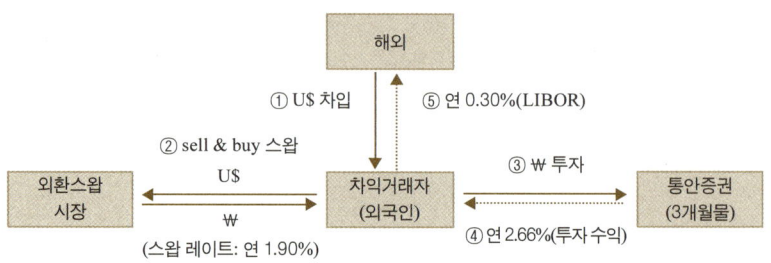

⇒ 거래 차익 = 통안증권 이자(연 2.66%) − LIBOR(연 0.30%) − 스왑 레이트(연 1.90%)
　　　　　　= 연 0.46%(2010년 말 기준)

은 '원화 채권 이자(연 2.66%) ― 미 달러화 차입 이자(LIBOR, 연 0.30%) ―
스왑 레이트(연 1.90%)'만큼 차익(0.46%)을 획득한다.

통화스왑 거래의 메커니즘

통화스왑이란 외환스왑과 마찬가지로 거래 당사자 간 서로 다른 통
화를 교환하고 일정 기간 후 원금을 재교환하기로 약정하는 거래를
말한다. 통화스왑 거래는 계약 시점과 만기 시점에 적용하는 환율은
동일하고 계약 기간 동안 이자를 서로 교환한다. 통화스왑의 종류로
는 이종 통화 간 고정금리와 고정금리를 교환하는 currency swap,
이종 통화 간 고정금리와 변동금리를 교환하는 cross-currency
coupon swap, 이종 통화 간 변동금리와 변동금리를 교환하는 cross-
currency basis swap 등이 있다. 이들 가운데 cross-currency
coupon swap이 일반적이다. 이하에서는 이를 중심으로 설명한다.

통화스왑거래에 있어 계약 시점에 외화를 지급함과 동시에 원화를 받고 만기 시점에 반대 거래를 하는 것을 통화스왑 pay 거래라고 한다. 이와는 반대로 계약 시점에 외화를 받음과 동시에 원화를 지급하고 만기 시점에 반대 거래를 하는 것을 통화스왑 receive 거래라고 한다. 따라서 통화스왑 pay는 sell & buy 외환스왑 거래와, 통화스왑 receive는 buy & sell 외환스왑 거래와 유사한 개념이다.

통화스왑과 외환스왑은 환매 조건부 성격의 매매 거래라는 점에서 동일하나 스왑 기간, 약정 환율, 이자 지급 방법 등에서 차이가 있다. 즉 외환스왑은 주로 1년 이하의 단기로 이루어지는 반면 통화스왑은 1년 이상의 중장기로 이루어진다. 통화를 교환할 때 적용되는 환율은 외환스왑의 경우 교환 통화 간의 금리차를 계약 기간을 감안하여 만기 시점의 환율에 반영하기 때문에 초기와 만기의 약정 환율이 다르지만 통화스왑의 경우에는 초기와 만기의 약정 환율이 동일하다. 이자 지급 방법은 외환스왑의 경우 계약 기간 동안 해당 통화에 대해 이자를 교환하지 않지만 통화스왑의 경우에는 6개월(또는 3개월)마다 이자를 교환한다. 원화와 달러화 간 통화스왑 가격*swap rate*은 지급 또는 수취할 원화 고정금리로 표시되는데, 이를 통화스왑 금리(CRS 금리)라고 한다. 통화스왑 pay 거래자는 통화스왑 receive 거래자에게 원화 고정금리(CRS 금리)를 지급하고 달러화 변동금리(예: 6개월물 LIBOR)를 받는다. 외환스왑 및 통화스왑은 당사자 간 직접 거래 또는 외국환중개회사를 통한 중개 거래 방식으로 이루어진다.[46]

---

46. 외환스왑 및 통화스왑 중개에는 서울외국환중개(주), 한국자금중개(주)와 6개 외국계 중개

그림 4–3. 통화스왑 거래(예시)

〈계약일 + 2영업일〉
달러화(100만 달러)
원화(11억 원)

〈계약 기간〉
외화 금리
원화 금리

〈만기일〉
원화(11억 원)
달러화(100만 달러)

A은행　　　B은행

• 실선은 원금 흐름, 점선은 이자 흐름.

　　통화스왑 거래의 동기는 외환스왑과 비교할 때 거래 기간이 1년 이상의 장기인 점에 차이가 있을 뿐 자금 조달, 환리스크 관리, 금리 차익 획득 등은 동일하다. 특히 조선·중공업체로부터 1년 이상 만기의 선물환을 매입한 국내 은행의 경우 포지션 조정과 환위험 헤지를 위해 외은지점이나 국내 기업과의 통화스왑 거래를 이용한다. 또한 해외로부터 장기 외화차입이 어렵거나 조달 금리가 상승할 경우 국내 은행은 장기 외화차입의 대체 수단으로 통화스왑 거래를 이용한다.

　　통화스왑의 거래 과정을 그림 4–3과 같은 예를 들어 살펴보자. A 은행이 B은행과 현물환율 1,100원에 미달러화 100만 달러를 지급하고 원화를 수취한 후 1년 후 만기 시점에 원금을 다시 교환하는 통화스왑 계약을 체결하였다고 가정한다. 계약 체결 후 제2영업일에 A은

회사 모두가 참여하고 있다.

행은 B은행에 100만 달러를 지급하는 대가로 원화 11억 원(1,100원 × 1,000,000달러)을 수취한다. 이후 계약 기간 동안 일정 기간(통상 6개월)마다 원화 금리를 지급하고 미달러화 금리를 받게 되며, 만기 시점에 A은행은 B은행으로부터 100만 달러를 돌려받고 원화 11억 원(1,100 × 1,000,000달러)을 지급함으로써 거래가 종결된다.

그리고 해외에서 중장기 채권을 발행하여 달러화 자금을 조달하는 국내 기업의 경우 통화스왑 거래를 통해 달러화 자금을 원화 자금과 교환하여 이를 사용한 후 만기에 다시 원화 자금과 교환하는 달러화 자금으로 외화채권을 상환함으로써 환위험을 헤지할 수 있다(그림 4-4 참조).

한편 금리 차익 목적의 통화스왑 거래는 통화스왑 금리(CRS금리)와 원화 채권 수익률 간에 차이가 날 때 이루어진다. 즉 특정 통화의 자금을 조달하여 통화스왑 거래를 통해 다른 통화로 전환한 후 채권에 투자함으로써 차익을 획득하는 경우를 말한다.

그림 4-4. 외화 채권 발행 기업의 통화스왑 거래

그림 4-5. 통화스왑(1년물)을 이용한 차익거래(예시)

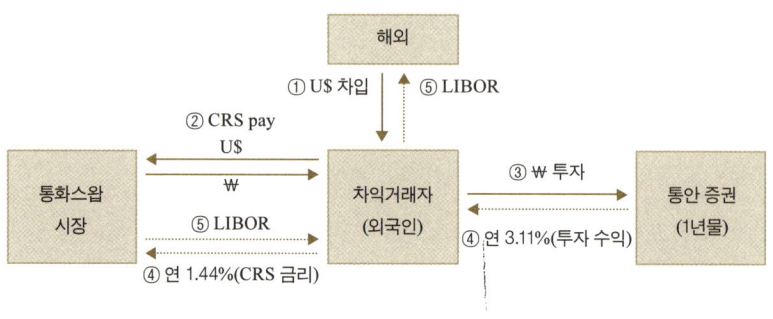

⇒ 거래 차익 = 통안증권 이자(연 3.11%) − CRS 금리(연 1.44%)
        = 연 1.67%(2010년 말 기준)

통화스왑을 통한 차익거래를 그림 4-5와 같은 예를 들어 살펴하자. 외국인 또는 외은지점은 해외에서 미 달러화 자금을 차입하고 3~6개월마다 이자(LIBOR)를 지급한다. 스왑시장에서 국내 은행과의 **CRS pay** 거래(미 달러화 이자 수취 및 CRS 금리 지급, 6개월마다 이자 교환)를 통해 약정된 환율로 미 달러화 자금을 원화 자금과 교환한다. 이와 같이 교환한 원화 자금으로 국내 채권을 매입하고 통상 6개월(국고채의 경우)마다 이자를 수취한다. 보유 채권의 만기에는 채권투자 원금과 이자(연 3.11%)를 수취하고 CRS 금리(연 1.44%)를 지급함과 동시에 미 달러화 이자(LIBOR)를 수취하는 한편, 당초에 교환되었던 금액과 동일한 규모의 미 달러화 자금과 원화 자금을 교환한다. 수취한 미 달러화 자금으로 차입금을 상환하고 차입금 이자(LIBOR)를 지급한다. 이 경우 외국인은 '원화 채권 이자(연 3.11%) − 통화스왑 금리(연 1.44%) + 통화스왑 거래에 따른 수취 이자(LIBOR) − 미 달러화 차입금 이자(LIBOR)'만큼 차익

(연 1.67%), 즉 '원화 채권 이자(연 3.11%) ― 통화스왑 금리(연 1.44%)'만큼 차익(연 1.67%)을 획득한다.

한국은행의 스왑시장 참여거래 및 경쟁입찰 방식 스왑거래 제도

스왑시장 참여거래 제도 도입

한국은행의 스왑시장 참여거래 제도는 2007년 9월 11일 오후 5시 45분 국제국장이 한국은행의 스왑시장 참여 사실을 공개[47]함으로써 일반에 알려졌다. 이 제도는 그 이후 시장 상황을 보아가며 실시되고 있는 것으로 알려진다. 이 제도는 1차적으로 한국은행이 스왑거래 대행 은행과 거래를 하고, 2차적으로 거래 대행 은행이 일반 외국환은행과 거래를 하는 방식이다. 한국은행이 스왑시장에 참여하기로 결정한 것은 스왑시장의 불균형을 완화하고 외채 증가를 억제하기 위한 것이었다.

2006년 이후에 조선·중공업체의 수주 호조 및 해외 증권투자의 큰 폭 증가로 이들의 환헤지를 위한 선물환 매도가 크게 증가하였다. 국내 은행들은 선물환 매입에 따른 포지션 조정(현물환 매도)에 필요한 외화 조달을 위해 외은지점 등과의 buy & sell 외환스왑 및 통화스왑 receive 거래를 확대하였다. 그 영향으로 은행 간 스왑시장의 수급 불

---

47. 한국은행 국제국장은 "그동안 한국은행은 원칙적으로 스왑시장에서의 수급상 일어나는 불균형은 시장에서 자율적으로 해결되는 것이 바람직하며, 시장 자체적으로 조정되지 못하여 불균형이 과도한 상황이 되면 외환당국이 어느 정도 조정 역할을 할 수 있다는 방침을 밝혀 왔다. 이러한 방침에 따라 오늘 스왑시장에 참여하였다. 이와 함께 그동안 제도 개선을 검토해 왔던 외국환은행과의 외화대출 연계 통화스왑은 중단하기로 하였다"고 언론에 밝혔다.

균형이 지속되고 외환스왑 레이트가 국내외 금리차보다 더 크게 하락하였다. 더욱이 2007년 8월 9일 미국 서브프라임 모기지 관련 채권투자로 손실을 입은 BNP Paribas의 펀드 환매 중단 발표 이후 글로벌 신용 위험이 급속히 커지면서 스왑시장의 불균형이 더욱 심화되었다. 이에 따라 스왑 레이트가 국내외 금리차를 크게 밑돌았다. 국내외 금리차에서 스왑 레이트를 차감한 것으로 측정되는 재정거래 유인(3개월물 기준)은 2006년 말 26bp에서 2007년 6월 말 66bp로, 그리고 8월 말에는 214bp로 급속도로 확대되었다. 이로 인해 외화자금을 차입하여 스왑시장에서 원화 자금과 교환한 후 이를 원화표시 채권에 투자하여 거래 차익을 획득할 수 있는 여건이 지속되었다. 차입 비용 및 여건 면에서 국내 은행보다 유리한 외은지점은 본점 등으로부터 외화자금을 차입하여 sell & buy 외환스왑 또는 통화스왑 pay 거래를 통해 이를 공급하였다. 이에 따라 외은지점과 본점 등 외국인의 국내 채권투자가 크게 증가하였다.

스왑시장에서 국내 은행들의 buy & sell 거래 우위가 지속되고 이에 상응하여 외은지점의 sell & buy 거래가 늘어나면서 외채가 큰 폭으로 증가하였다. 2006년 이후 단기외채를 중심으로 외채가 빠른 속도로 증가하였으며 단기외채 증가분의 상당 부분이 외은지점의 차입이었다. 2007년에는 외국인의 재정거래 목적 외화차입이 외채 증가의 큰 요인으로 작용하였다. 단기외채 비중은 2005년 말 40.8%에서 2007년 6월 말에 50.7%로 상승하였고, 유동외채 비율도 같은 기간 중 41.1%에서 63.5%로 크게 높아졌다.

한편 한국은행은 스왑시장 참여거래를 실시함과 동시에 2005년 7

그림 4-6. 스왑시장 참여거래 구조

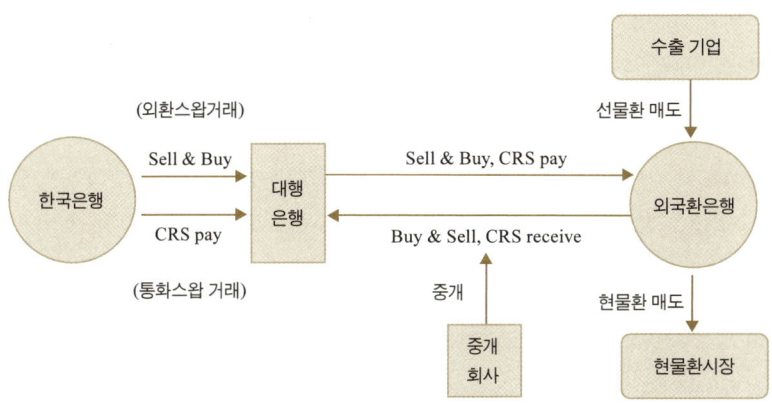

월부터 실시해온 외국환은행과의 외화대출 연계 통화스왑을 중단한다
고 발표했다. 그 이후 국민연금과의 통화스왑도 2008년 초부터 중단했
다. 이는 다음과 같은 점을 고려하여 결정한 것으로 보인다. 한국은행
이 스왑시장 참여를 통해 스왑거래 대행은행과 거래하면서 기존 외국
환은행과의 외화대출 연계 통화스왑을 계속 실시할 경우 거래 가격이
이원화될 수 있다. 또한 외화대출 연계 및 국민연금과의 통화스왑 거래
기간이 장기이므로 한국은행 외화자산이 장기간 고정화되어 대외 지
급준비자산으로 활용하는 데 제약이 따르는 점도 부담으로 작용할 수
있다. 그리고 스왑시장 규모 확대에 따라 국민연금이 해외 투자에 필요
한 외화자금을 스왑시장에서 조달하는 데 별다른 문제가 없을 것이다.

경쟁입찰 방식 스왑거래 제도 도입

한국은행은 2008년 10월에 경쟁입찰 방식 스왑거래 제도를 도입하였다. 이 제도는 한국은행이 스왑거래 대행 은행만을 대상으로 비공개적으로 실시하는 스왑시장 참여거래 제도와는 달리 모든 외국환은행을 대상으로 경쟁입찰을 통해 결정된 스왑거래 조건(낙찰 금액, 낙찰 금리 등)으로 외환스왑(sell & buy) 거래를 하는 방식이다. 이 제도 도입의 목적은 리먼 사태 이후 글로벌 신용 시장의 경색 심화로 국외로부터의 외화자금 조달에 어려움을 겪는 국내 외국환은행에 대해 예측 가능하고 효율적인 방법으로 외화자금을 공급함으로써 외화자금시장의 안정을 도모하는 데 두었다. 한국은행은 2008년 10월 21일에 처음으로 국내 외국환은행들을 대상으로 sell & buy swap 거래를 실시한 이후 2008년 12월 16일까지 일곱 차례에 걸쳐 총 102.7억 달러를 공급하였다. 그러나 2009년에 들어 경상수지의 큰 폭 흑자 및 외국인 주식 자금 유입

그림 4-7. 경쟁입찰 방식 스왑거래 구조

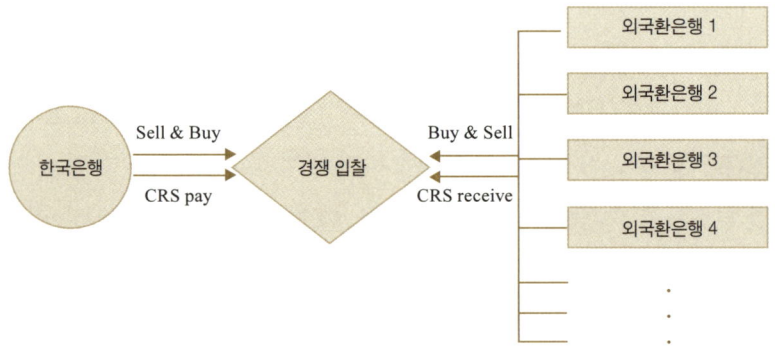

지속, 국내 은행의 외화자금 사정 호전 등으로 국내 외화유동성 사정이 뚜렷하게 개선되는 움직임을 보였다. 이에 따라 한국은행은 1월 20일부터 만기가 도래할 때마다 외환스왑 방식을 통해 공급된 자금을 점차 회수하여 그 해 8월 6일자로 전액 회수하였다. 이후 경쟁입찰 방식 외환스왑 거래는 현재까지 중단되고 있다. 한편 언론 보도에 따르면 스왑시장 참여거래는 시장 상황을 보아가며 때때로 실시되는 것으로 알려진다.

3. 외화대출 방식

한국은행은 1997년 말 외환위기 이후에는 원칙적으로 금융기관에 대한 외화대출 제도를 운용하지 않는다. 다만, 긴급한 상황이 발생하는 경우에 한해 제한적으로 외화대출 제도를 실시하였다.

경쟁입찰 방식 외화대출 제도의 메커니즘

한국은행은 2008년 10월 30일 미 연준과 통화스왑 계약을 체결하여 원화를 대가로 최대 300억 달러 이내에서 달러화 자금을 공급받기로 하였다. 이 통화스왑 계약은 이미 체결되어 있던 미 연준과 10개국 중앙은행 간 통화스왑 계약과 마찬가지로 세계 금융시장의 유동성 사정을 개선하고 미 달러화 자금 조달의 어려움이 기본적으로 경제가 건실하고 잘 관리되는 국가*fundamentally sound and well managed economies*로 확산되는 것을 완화하기 위한 것이었다. 한국은행과 연준과의 통화스왑 계약 기간은 최초 2009년 4월 30일까지였으며 이후 2009년 10월 30일까지 및 2010년 2월 1일까지 두 차례 연장된 바 있다.

한국은행과 미 연준과의 통화스왑은 앞에서 살펴본 일반적인 통화스왑과 비교할 때 두 중앙은행 간 원화와 달러화를 교환하고 최초 교환 시점과 만기 시점의 적용 환율이 동일하다는 점에서 같지만 다음과 같은 점에서는 다르다. 일반적인 통화스왑의 경우 만기가 1년 이상이지만 한국은행과 연준과의 통화스왑의 경우에는 만기가 3개월 이내이다. 일반적인 통화스왑의 경우 거래 상대방이 수취하게 되는 통화의 사용 용도에는 제한이 없지만 한국은행이 연준과 통화스왑을 통해 수취하는 달러화 자금은 금융기관을 대상으로 하는 달러화 대출로만 사용하도록 제한된다. 한국은행은 통화스왑 자금을 경쟁입찰 방식으로 금융기관에 대출한 다음 만기에 대출 이자를 받아 이를 전액 연준에 지급한다. 한편 연준은 통화스왑을 통해 수취하는 원화 자금을 한국은행의 연준 계좌에 예치하고 사용하지 않는다. 이에 따라 한국은행은

그림 4-8. 연준과의 통화스왑 자금을 활용한 외화대출 구조

연준으로부터 이자를 수취하지 않고 연준에 예치 이자를 지급하지도 않는다.

2008년 11월 27일 미 연준과의 통화스왑 자금을 활용한 경쟁입찰 방식 외화대출 제도를 도입하였다. 그 주요 내용은 다음과 같다.

입찰 참가 기관은 은행법에 의한 금융기관(외은지점 포함), 농업협동조합중앙회 및 수산업협동조합중앙회의 신용사업부문, 한국산업은행 및 중소기업은행으로 하였다. 입찰 규모 및 시기는 국내 외화자금 사정 등을 감안하여 필요시 결정하기로 하였고 대출 기간은 최장 88일 이내로 하였으며 대출 방식은 경쟁입찰 방식으로 하였다. 경쟁입찰에 따른 낙찰자와의 대출 거래 금리는 단일 가격 방식 또는 복수 가격 방식 중에서 국내 외화자금 사정 등을 고려하여 입찰시마다 결정하기로 하였다. 단일 가격 방식(Dutch 방식)은 각 낙찰자가 제시한 금리 중 가장 낮은 금리*stop-out rate*를 모든 낙찰자에게 일률적으로 적용하는 방식이다. 복수 가격 방식(Variable-rate 방식)은 각 낙찰자가 응찰시 제시한 금리를 각각 적용하는 방식이다. 최소 응찰 금액은 100만 달러로 하고 그 이상은 100만 달러의 정수 배액으로 하였다. 동일 은행당 최대 응찰 금액은 입찰 금액의 20% 이내에서 입찰시마다 결정하기로 하였다. 응찰 금리는 소수 4째 자리까지의 금리 수준(예: x.xxxx%)으로 제시하되 한국은행이 사전에 공고한 최저 응찰 금리보다 낮을 경우에는 당해 응찰을 무효로 처리하기로 하였다. 대출 담보는 외국환은행의 외화대출금 반환 의무 불이행 위험에 대비하여 대출 금액의 110%에 상당하는 담보를 징구하도록 하였다. 담보물 종류는 한국은행의 원화 RP 매매 대상 증권 중 국채, 정부보증채, 통화안정증권으로 하였다. 다만 이러한 담보가 부족하다고 판단되는 경우에는 여타 RP 매매 대상 증권(은행채 및 일부 특수채) 또는 원화 현금도 담보물로 인정할 수 있도록 하였다.

입찰 공고는 입찰 실시 1영업일 전까지 하도록 하였다. 공고 내용에는 입찰 일시, 입찰 방식, 입찰 금액, 결제일 및 만기일, 최소 응찰 금액, 최대 응찰 금액 및 최저 응찰 금리를 포함하도록 하였다. 입찰 완료 후에는 최저 낙찰 금리, 총 입찰 금액, 총 응찰 금액, 총 낙찰 금액, 총 응찰 기관 수 및 평균 낙찰 금리(복수 가격 방식의 입찰시)를 공표하도록 하였다.

이 방식에 의한 외화대출은 2008년 12월 4일부터 2009년 1월 22일까지 다섯 차례에 걸쳐 163억 5000만 달러를 공급하였다가 3월 19일부터 점차 회수되어 그 해 12월 17일자로 전액 회수되었다. 이후 한국은행과 미 연준과의 통화스왑이 2010년 2월 1일자로 종료됨에 따라 미 연준 자금을 활용한 경쟁입찰 방식 외화대출은 완전히 중단되었다. 미 연준이 한국은행을 비롯한 14개국 중앙은행과 통화스왑 협정을 운영한 것은 리먼 사태 이후의 글로벌 금융위기를 조기에 수습하고 국내 외환·금융시장의 안정을 가져오는 데 크게 기여한 것으로 평가된다.

수출환어음 담보대출 제도

한국은행은 1975년 10월 외국환은행을 대상으로 중소기업이 발행한 수출환어음을 담보로 한 외화대출 제도를 도입하였다. 이 제도는 1987년까지 운용된 후 약 10년간 취급 실적이 없었다가 그 후 1998년 5월부터 1999년 9월까지 외환위기로 자금난에 처한 중소기업을 지원하기 위하여 한시적으로 시행된 바 있다.

한국은행은 2008년 11월 17일 리먼 사태 이후 수출금융 이용에 애로를 겪고 있는 중소기업을 지원하기 위해 이 제도를 총 100억 달러 한도 내에서 다시 시행하였다. 한국은행은 그 해 12월 29일에는 수출금융 지원이 보다 원활히 이루어지도록 하기 위해 수출환어음 담보 외화대출 지원 대상을 2009년 12월 말까지 한시적으로 종전의 국내 중소기업이 발행한 수출환어음에서 모든 국내 기업이 발행한 수출환어음으로 확대하였다. 한국은행의 수출환어음 담보대출은 2008년 12월부터 2009년 2월까지 총 1억 5000만 달러 공급되었다가 3월 이후 점진적으로 회수되어 그 해 7월에 전액 회수되었다. 이후 이 제도는 외국환은행들의 수요가 없어 중단되었다.

한국은행의 수출환어음 담보대출 취급 실적이 미미하였던 것은 기획재정부가 수출입은행을 통해 이미 2008년 10월 중 50억 달러의 중소기업 수출금융을 외국환은행에 공급한 데 이어 총 60억 달러 규모의 지원 자금을 추가로 공급하기로 하여 외국환은행의 수출금융에 여유가 있었기 때문이었다. 또한 기획재정부는 경쟁입찰 방식 무담보 대출 및 스왑시장을 통해 각각 140억 달러 및 100억 달러를 예정 금액으로 2008년 10월부터 공급하였다. 한국은행도 10월부터 경쟁입찰 방식 스왑거래를 통해 100억 달러를 예정 금액으로 하여 공급하고 12월부터는 미 연준과의 통화스왑 자금을 활용한 외화대출을 지원함에 따라 금융기관의 외화유동성이 상당히 개선되었다.

4. 핵심 논점

정책당국의 국내 외화유동성 공급과 관련한 주요 이슈는 두 가지다. 첫째는 정책당국이 국내 금융기관에 대한 외화유동성 공급을 확대할 필요성이 있다는 주장과 관련한 논의다. 둘째는 외화유동성의 공급 방식에 있어 경쟁입찰 방식과 같은 시장 친화적인 방법을 활용할 필요가 있다는 주장과 관련한 것이다.

외화유동성 공급의 확대

일부에서는 간혹 정책당국이 국내 금융기관에 대해 외화유동성을 공급하고 외화 사정을 보아가며 공급 규모를 확대해야 한다고 주장한다. 왜 이러한 주장이 나오는 것일까? 아마도 그것은 외환보유액이 계속 늘어나니까 적정 수준보다 많을 것이라는 나름대로의 추정과 향후 금융위기 상황이 발생하면 외화자산의 즉각적인 처분을 통해 외환보유액을 확충하면 된다는 인식에 그 논거를 두는 것으로 생각된다. 과연 이 주장은 옳을까? 다음과 같은 몇 가지 점에서 이 주장은 설득력을 얻기가 어렵다고 본다.

첫째, 5장 '외환보유액 관리'에서 구체적으로 살펴보겠지만 설사 현재의 외환보유액이 적정 수준보다 많다고 하더라도 외환보유액은 우리 경제의 위기 상황이 발생할 때 사용하기 위한 국가 비상금이다. 그리고 금융위기가 언제 발생할지 알 수 없기 때문에 평상시에는 금융기관을 지원하기 위한 용도로 사용하기보다는 정책당국이 여유 있게 보유하는 것이 바람직하다. 이는 1997년 말 외환위기나 2008년 9월 외화유동성 위기 상황을 회고해 보면 쉽게 납득이 갈 것이다. 혹자는 외환보유액의 일부를 국내 금융기관에게 공급하더라도 외환보유액이 줄지 않는다고 말하는데, 이는 외환보유액의 개념을 잘못 이해한 것이다. 외환보유액이란 IMF에 의해 중앙은행과 정부가 보유한 외화자산 가운데 해외에서 운용하면서 언제든지 현금으로 바꾸어 쓸 수 있는 외화자산으로 정의된다. 이 때문에 외환보유액 중 일부를 국내 금융기관에 공급하면 외환보유액은 그만큼 감소하게 된다.

둘째, 2008년 9월 글로벌 금융위기 때 경험한 바와 같이 일단 금융위기가 발생하면 국내 금융기관들이 국내 또는 해외에서 운용하고 있는 외화자산을 회수하거나 처분하기가 사실상 불가능하다는 것이다. 기업에 대한 외화대출은 만기까지 회수할 수 없고, 만기가 되더라도 국제금융시장에서의 차입 사정 악화로 인해 기업은 상환 자금을 조달하기가 어려울 것이다. 또한 금융기관은 보유한 외화채권이나 주식을 매각하면 가격의 큰 폭 하락으로 큰 손실을 입게 될 것이므로 매각 결정을 내리기가 쉽지 않다. 따라서 금융위기가 발생하면 보유 외화자산의 매각을 통해 한국은행으로부터 빌린 외화자금을 즉각 상환하여 외환보유액을 확충할 수 있다는 주장은 타당하지 않다.

셋째, 국내 금융기관은 민간 기업이므로 수익성 및 비용 부담 등을 종합적으로 고려한 자기 책임에 따라 금융시장에서 외화자금을 조달하고 운용하는 능력을 꾸준히 키워나가야 한다는 점이다. 이러한 능력의 배양은 여러 해 전부터 우리나라를 동북아 금융 중심지로 육성하고자 하는 정부의 방침에 따라 국내 금융기관의 국제 경쟁력을 확보하기 위해서도 필요하다. 국내 금융기관 등이 외화자금을 조달하는 데는 다양한 방법이 열려 있다. 먼저 해외로부터 직접 차입하거나 채권을 발행하여 조달할 수 있다. 또한 국내 외환시장과 스왑시장의 외화유동성이 충분하기 때문에 금융기관이나 기업은 외화자금이 필요한 경우 원화자금을 조달하여 외환시장에서 외화를 직접 사거나 스왑시장에서 일정 기간 외화자금과 교환할 수 있다.

넷째, 외국의 사례를 보더라도 세계 경제나 국제금융시장에서 우리나라와 같은 수준에 있는 어느 나라에서도 중앙은행은 평상시에 국내 금융기관에 외화자금을 공급하지는 않는다는 것이다. 다만, 호주, 뉴질랜드 등 일부 국가에서는 중앙은행은 유동성 조절을 위해 필요한 경우 상업은행과 외화와 자국 통화를 교환하는 외환스왑을 실시한다.

이러한 점들을 종합적으로 고려해 볼 때 외환보유액은 평상시에 국내 금융기관에 대한 자금 지원 용도로 사용하는 것은 바람직하지 않다. 다만, 정책당국은 시장의 안정을 도모할 책임이 있기 때문에 외화자금 시장의 불균형이 과도한 상태에서 지속될 경우에는 시장 안정 차원에서 외환스왑 거래 확대 등을 통해 이를 완화하기 위한 정책적 노력을 기울일 필요가 있다고 본다.

외화자금 시장의 불균형은 왜 장기간 지속되나

그러면 외화자금 시장의 불균형이 왜 장기간 지속되고 있으며 어떠한 문제를 일으키고 있는지를 자세히 알아보자. 우선 외화자금 시장의 불균형이 무엇을 의미하는지를 생각해 보자. 여기서 외화자금 시장이란 외화자금과 원화 자금을 일정 기간 서로 교환하는 시장, 다시 말해서

앞에서 살펴본 외환스왑 및 통화스왑 시장을 말한다. 스왑시장의 불
균형이란 buy & sell 외환스왑(또는 CRS receive)이 sell & buy 외환스왑
(또는 CRS pay)보다도 큰 경우, 즉 스왑시장에서의 외화자금 수요가 외화
자금 공급보다 더 많다는 것을 의미한다. 이론적으로는 금리 평가 이
론*interest rate parity theory*에 따라 국내외 금리차가 양(+)의 상태에서 지
속되면 금리 차익을 겨냥한 외국인들의 채권투자 자금이 국내로 계속
유입되어야 한다. 이는 현물환율의 하락을 통해 스왑 레이트를 상승시
킴으로써 결국 금리 차익을 겨냥한 재정거래 유인을 사라지게 할 것이
다. 그러나 실제로는 선물환율이 현물환율보다 더 낮거나 선물환율이
현물환율보다 더 높은 경우에도 스왑 레이트가 국내외 금리차를 커버

그림 4–9. 통화스왑 금리,* 통안증권 금리 및 차익거래 유인

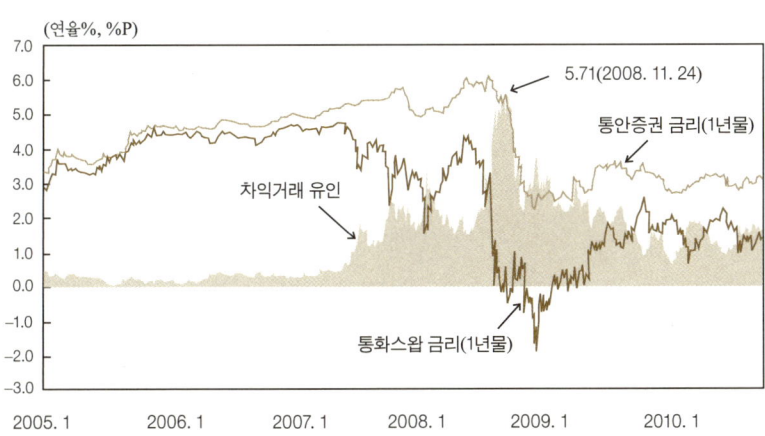

* Tullett Prebon사 당일 마감 bid–offer 중간값
• 자료: 한국은행; Reuters

하지 못하는 현상이 장기간 지속되고 있다. 결국 스왑시장의 불균형은 스왑 레이트가 국내외 금리차보다 작은 현상으로 나타나게 된다.

왜 이러한 현상이 계속되는 것일까? 스왑시장의 불균형이 확대된 것은 2007년부터이다. 재정거래 유인(1년물 통화스왑 기준)은 연평균 기준으로 2006년 29bp에서 2007년 96bp, 2008년에는 277bp로 크게 확대되었다.

이처럼 재정거래 유인이 상당폭 확대되어 장기간 지속되어 온 것은 기본적으로 다음과 같은 두 가지 요인에 기인한 것으로 분석된다.[48] 첫째는 국내 선물환 시장에서 기업, 자산운용사 등의 선물환 매도가 선물환 매수보다 큰 만성적인 매도 우위 구조가 장기간 지속되기 때문이다. 특히 2007년에 조선·중공업체의 해외 수주 호조 및 내국인의 해외 증권투자 급증으로 이들의 선물환 매도가 크게 증가함에 따라 이러한 현상이 심화되었다. 수주를 받아 선박을 인도하기까지 3년 내외의 기간이 걸리는 조선·중공업체의 경우 환위험을 헤지하기 위해 수주를 받는 즉시 수주 금액의 상당 부분을 선물환 매도하였다. 내국인(자산운용사)도 해외 증권투자의 상당 부분을 선물환 매도를 통해 환헤지를 하였다. 조선·중공업체의 수주는 8대 업체 기준으로 2007년에 975억 달러에 달하여 2005년(313억 달러)과 2006년(617억 달러)에 비해 급격히 증가하였다. 또한 2007년에는 내국인의 해외 증권투자가 501

---

48. 양양현·이혜림, "차익거래 유인과 외은지점 및 외국인의 국내채권투자에 관한 분석," 〈조사통계월보〉, 한국은행, 2008. 8을 참조하라. 제목 선정에서부터 최종 원고까지 필자의 지도를 받아 완성되었다.

억 달러에 달하여 2005년(111억 달러)과 2006년(241억 달러)에 비해 대폭 증가하였다. 이에 따라 환리스크 헤지를 위한 자산운용사의 선물환 매도가 크게 늘어났다.

2008년 9월 글로벌 금융위기 이후 조선업체 수주 및 거주자 해외 증권투자의 둔화로 선물환 매도가 줄어들었다. 하지만 기존의 조선업체 수주 및 해외 증권투자 환헤지 관련 선물환의 만기 연장roll-over 물량 부담 등으로 선물환 매도 압력이 상존하고 있다. 또한 2010년에는 조선·중공업체의 수주가 세계 경제의 회복과 함께 다시 상당폭 확대되었다. 이러한 추세가 당분간 계속될 것으로 예상되어 조선업체의 선

표 4–1. 조선업체의 선박 수주액 및 환헤지 비율 추이

(억 달러)

	2004	2005	2006	2007	2008	2009
선박 수주액(A)	318.0	312.7	617.0	975.0	717.9	183.3
선물환 순매도(B)	125.0	168.2	352.5	532.6	416.7	160.7
환헤지 비율(B/A, %)	39.3	53.8	57.1	54.6	58.0	87.6

• 자료: 박용민·권경호, "조선업체 환헤지가 외환부문에 미치는 영향," 〈조사통계월보〉, 한국은행, 2010. 2.

표 4–2. 해외 증권투자* 및 해외 증권투자자**의 선물환 매도

(억 달러)

	2005	2006	2007	2008. 1~6월
해외 증권투자	111	241	501	–11
(선물환 순매도)	(15)	(131)	(272)	(37)

* 외환 수급 기준

** 자산운용사, 증권사 등

• 자료: 양양현·이혜림(2008)

물환 매도가 확대될 가능성이 크다.

이와 같이 기업과 자산운용사의 선물환 매도가 증가하면 은행은 그만큼 선물환 매입을 늘리게 된다. 이와 동시에 은행은 외환포지션을 균형으로 맞추기 위해 현물환 매도를 늘려야 하고 이에 필요한 외화자금을 스왑시장에서 조달하게 된다. 이것이 바로 buy & sell 외환스왑(또는 CRS receive) 거래가 sell & buy 외환스왑(또는 CRS pay) 거래보다 구조적으로 많은 이유이다. 일부에서는 스왑시장 불균형의 원인을 현물환 시장에서 찾고자 한다. 그러나 스왑시장의 불균형은 근원적으로 선물환 시장에서 비롯된 것이기 때문에 그 원인을 선물환 시장에서 찾는 것이 옳다.[49] 이러한 점에서 2010년에 도입한 기업의 환헤지 한도 설정 및 선물환포지션 한도 제도는 선물환 시장의 수급 불균형을 개선하는 효과를 가져올 것으로 기대된다.

2007년 이후 상당폭의 재정거래 유인이 장기간 지속되어 온 두 번째 이유는 2007년 하반기 미국 서브프라임 모기지 사태, 2008년 9월 글로벌 금융위기, 2009년 말 이후 유럽 재정 위기의 확산 등의 영향으로 외국인의 국내 채권투자 자금이 계속해서 유입되기가 어려웠다는 것이다. 여기에 그동안 외국인의 국내 채권투자가 크게 늘어난데다 한국물에 대한 투자 한도Korea limit 제한이 있는 점도 외국인이 국내 채권투자를 계속 확대하기 어려운 요인으로 작용한 것으로 생각된다.

---

49. 우리나라는 기본적으로 수출액이 수입액보다 많은 데다 수출업체들은 수입업체보다 상대적으로 환위험에 더 민감하여 선물환 매도를 통해 환위험을 더 많이 헤지한다. 이는 수출업체들이 국제시장에서 정해지는 가격을 수용해야 하는 입장price-taker인 반면 정유업체 등 수입업체들은 환율 상승시 이를 국내 판매 가격에 전가할 수 있는 입장price-taker에 있기 때문이다.

이와 같이 국내 선물환 시장의 만성적인 매도 우위 구조와 단기간 내에 해결될 가능성이 낮은 유럽 재정 위기 등으로 스왑시장의 불균형은 상당 기간 지속될 것으로 예상된다. 이에 따라 상당 폭의 재정거래 유인도 유지될 것이다. 만일 선물환 시장의 수급 여건 개선 및 국제금융시장 안정 등으로 스왑시장의 불균형이 축소되어 재정거래 유인이 기대에 못 미치게 되면 외국인 자금은 국외로 유출될 것이다. 이는 다시 재정거래 유인을 확대시키게 될 것이다. 따라서 우리나라의 수출입 구조 및 기업의 환헤지 관행 등에 비추어볼 때 어느 정도의 재정거래 유인은 앞으로도 상당 기간 유지될 것으로 예상되고, 이는 불가피하게 받아들일 수밖에 없는 상황에 처해 있다고 본다. 그러나 스왑시장의 불균형이 과도한 상태를 장기간 방치하면 거래 차익을 얻을 수 있는 재정거래 유인이 커지고 외은지점이나 외국인 투자가들의 국내 채권투자가 늘어나 외채 증가 등 부작용이 발생하게 된다.

이러한 점을 고려할 때 정책당국은 스왑시장의 불균형을 단기간 내 해소하겠다는 의지보다는 당분간 과도하게 확대되지 않도록 노력하는 것이 최선의 방법이라고 본다. 정책당국은 선물환 시장의 불균형을 축소하기 위한 관련 제도를 개선하는 노력을 계속해야 한다. 아울러 스왑시장의 불균형 정도와 외환보유액 사정을 보아 필요하다고 판단되는 경우 스왑시장에 자금 공급을 확대하는 것을 고려해야 할 것이다. 다만, 이 경우에도 스왑시장을 통한 외화자금 공급은 외환보유액의 감소를 가져온다는 점을 계속 유의해야 한다.

한편 일부에서는 재정거래 유인의 존재 때문에 외국인들이 국내 채권투자를 통해 상당한 차익을 얻어가는 것을 국부 유출이라고 주장한다. 이는 잘못된 인식에서 비롯된 것이다. 차익거래 유인은 주로 국내 선물환 시장의 구조적 요인, 즉 수출 기업들의 환헤지 수요 때문에 발생하는데, 기업들은 수출 가격을 결정할 때 이러한 환헤지 비용까지 고려하게 된다. 외국인들이 국내 채권투자를 통해 재정거래 유인만큼 이익(자본거래 적자)을 보는 한편 국내 기업들은 수출을 통해 그만큼 추가적인 이익(경상거래 흑자)을 보게 된다. 따라서 외국인들이 국내 채권투자를 통해 재정거래 유인만큼 거래 차익을 거둔다고 해서 그것을 반드시 국부 유출이라고 말하기는 어렵다.

스왑거래 방식의 개선 주장

한국은행의 외화유동성 공급 방식을 현재와 같은 거래 대행 기관을 통한 스왑시장 참여거래에서 경쟁입찰 방식 스왑거래와 같은 보다 시장 친화적인 방법으로 개선할 필요가 있다는 주장이다. 이러한 주장은 다음과 같은 긍정적인 효과를 거둘 수 있다는 점에서 타당성이 있다.

첫째, 경쟁입찰 방식 스왑거래 제도는 외화유동성 공급의 예측 가능성과 효율성을 높일 수 있는 장점이 있다. 한국은행은 2008년 10월 경쟁입찰 방식 스왑거래 제도 도입을 발표하면서 제도 도입의 목적이 이와 같은 점에 있다고 밝힌 바 있다. 둘째, 경쟁입찰 방식 스왑거래를 실시하면 외환보유액의 계속적인 증가에도 불구하고 스왑시장의 불균형을 완화하기 위한 정책당국의 노력이 미흡하다는 일부 시장 참가자들의 오해를 푸는 데 기여할 수 있다. 지금까지 정책당국은 시장 상황을 보아가며 때때로 스왑시장 참여거래를 실시해온 것으로 알려져 있

그림 4–10. 스왑 시장의 불균형 발생 흐름도

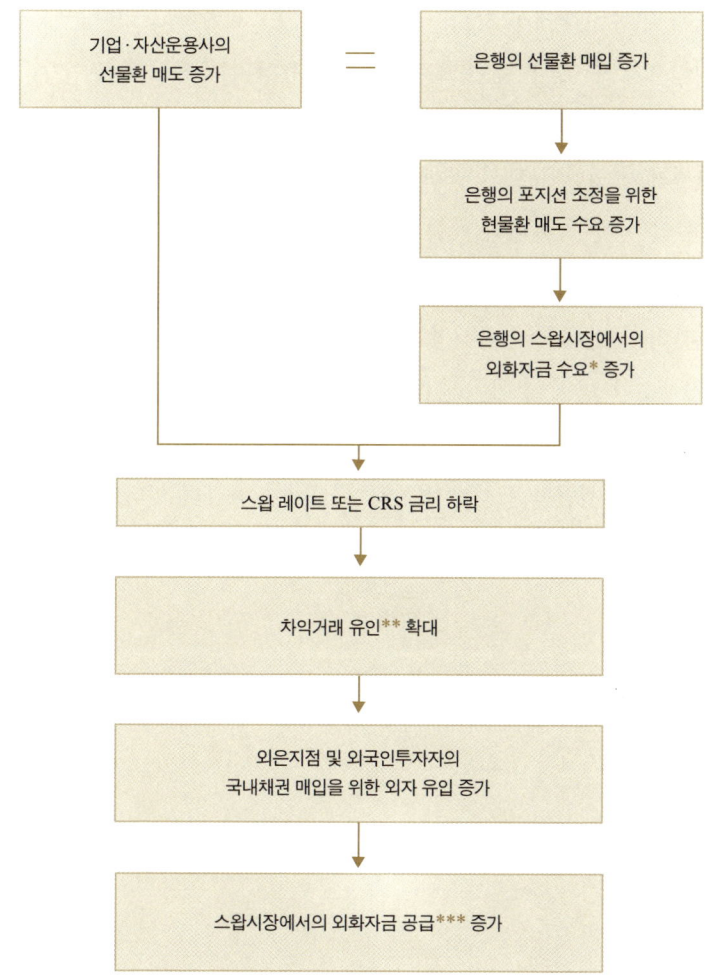

* buy & sell 외환스왑 또는 CRS receive

** 내외 금리차 – 스왑 레이트(또는 국내채권 금리 – CRS 금리)

*** sell & buy 외환스왑 또는 CRS pay

다. 그럼에도 불구하고 그 규모가 공개되지 않아 정책당국의 노력이 미흡해서 외국인들에게 차익거래 기회를 많이 제공하고 있다는 오해를 불러일으킬 수 있다. 뿐만 아니라 외환보유액의 활용도를 높여야 한다는 주장을 완화하는 데도 일부 기여할 수 있다. 셋째, 경쟁입찰 방식 스왑거래는 입찰 규모의 공개를 통해 공시 효과*announcement effect*를 거둘 수 있다. 뿐만 아니라 이를 통해 전체 스왑시장 및 개별 금융기관의 외화자금 사정에 관한 정보를 얻을 수 있는 이점이 있다.

따라서 현재의 스왑시장 참여거래는 앞으로 시장 상황을 보아가며 경쟁입찰 방식 스왑거래로 점차 전환하는 것이 바람직하다. 다만, 스왑시장의 불균형이 상당히 해소되기까지는 현재의 스왑시장 참여거래 제도를 경쟁입찰 방식과 병행하여 실시할 필요가 있다고 본다.

5

외환보유액 관리

우리나라의 외환보유액 관리와 운용은 한국은행이 맡고 있다. 전체 외환보유액 중 대부분은 한국은행 자산이고 일부는 정부(외국환평형기금) 자산이다. 1997년 말에 외환위기로 환율 급등과 극심한 경기 침체를 겪으면서 금융기관, 기업, 일반 국민 등 각 경제 주체들은 외환보유액의 충분한 축적이 매우 중요하다는 것을 깊이 깨닫게 되었다. 2008년 9월에 겪었던 외화유동성 위기는 외환보유액의 중요성을 다시 한번 확인시켰다.

이 장에서는 먼저 외환보유액의 개념과 기능, 운용과 구성 및 변동 요인을 살펴보고 외환보유액의 적정 수준을 산출하는 방법에 대해 알아본다. 다음으로 외환보유액의 적정 수준 여부, 외환보유액의 안전성 또는 수익성 제고 필요성, 외환보유액과 글로벌 금융안전망 등 외환보유액과 관련한 주요 이슈를 다룬다.

1. 외환보유액의 개념

각국은 국제통화기금(IMF) 기준에 따라 외환보유액을 편제하고 이를 매달 IMF에 통보하고 있다. IMF에 따르면 외환보유액은 교환성이 있고 유동성이 높은 자산으로, 통화당국*monetary authorities*[50]이 해외에서 운용하면서 언제든지 현금으로 바꾸어 사용할 수 있는 외화자산으로 정의된다.

이에 따라 외환보유액은 다음과 같은 성격을 지녀야 한다. 첫째, 외환보유액은 미국 달러화, 유로화, 일본 엔화 등과 같이 국제적으로 널리 사용되는 통화로 표시된 자산이어야 한다. 따라서 해외에서 수출입과 금융 거래에서 잘 사용되지 않는 통화로 표시된 외화자산은 외환보유액에 포함될 수 없다.

둘째, 외환보유액은 국가의 대외 지급 결제를 책임지는 통화당국이 보유하면서 국제금융시장에서 언제든지 쉽게 현금으로 바꾸어 쓸 수 있는 외화자산이어야 한다. 그러므로 부동산, 신용등급이 낮은 투자 부적격 채권, 사모 펀드 등의 외화자산은 필요할 때 현금으로 바꾸는 것이 쉽지 않기 때문에 외환보유액으로 인정되지 않는다. 그리고 금융기관이나 기업이 국내나 국외에서 보유하는 외화자산은 외환보유액에 포함되지 않는다.

---

50. IMF에 따르면 '통화당국'이란 중앙은행(또는 통화위원회, 통화청 등)과 일반적으로 중앙은행의 업무나 때로는 다른 정부 기관 또는 상업은행에 의해 수행되는 업무를 포괄하는 '기능적인 개념'으로 정의된다. 그러한 업무에는 화폐 발행, 외환보유액의 유지와 관리, 환안정 기금의 운영 등이 포함된다.

셋째, 외환보유액은 통화당국이 국외에서 운용하는 대외 외화자산이어야 한다. 따라서 국내에서 운용하는 외화 콜론, 외화대출 등과 같은 외화자산은 외환보유액에 포함되지 않는다.

이러한 개념에 따르면 우리나라의 외환보유액은 한국은행과 정부(외국환평형기금)가 보유하면서 국외에서 운용하는 외화자산을 말한다. 한국은행이 KIC(한국투자공사)에 위탁한 외화자산은 한국은행의 투자 운용 지침에 따라 외환보유액의 성격을 유지하는 범위 내에서 운용되기 때문에 외환보유액에 포함된다.

2. 외환보유액의 기능

외환보유액은 금융위기 상황이 발생할 때 최종적으로 사용하기 위한 국가 비상금이다. 뿐만 아니라 이는 자국 통화의 대외 가치(환율)를 안정시키는 수단으로 활용되고 국가신인도를 유지하거나 높이는 역할을 수행한다. 외환보유액의 기능을 구체적으로 살펴보자.

첫째, 외환보유액은 금융기관이나 기업이 대외 지급 요구를 충족시키지 못하는 상황이 발생할 때 통화당국이 최종적으로 사용하기 위한 국가 비상금이다. 1997년 12월 외환위기 때나 2008년 9월 리먼 사태 이후 외화유동성 위기 때 경험한 바와 같이 외국 금융기관들이 갑자기 대출금, 채권이나 주식투자 자금을 회수해 나가는 상황이 발생할 수 있다. 이때 우리나라 금융기관이나 기업들이 해외로부터 외화자금을 빌려오지 못해 외국 금융기관이나 기업들에게 대금을 결제해주지 못한다면 부도 처리되고 궁극적으로는 국가도 부도로 이어질 수 있다. 이와 같이 금융기관 등이 해외 차입을 하지 못하여 대외 결제가 어려워질 경우에 중앙은행이 그동안 쌓아둔 외환보유액을 공급해 준다면 이러한 위기를 사전에 방지할 수 있다.

둘째, 환율이 시장에서 자유롭게 결정되는 제도를 채택한 나라에서는 시장 참가자들의 불안 심리나 투기적 거래 등으로 인해 환율이 급격하게 상승하고 거래가 이루어지지 않는 경우가 발생할 수 있다. 이처럼 외환시장에서 일시적으로 외화가 부족하여 환율이 가파르게 상승할 경우 정책당국이 외환보유액을 공급하여 환율의 급격한 상승을 억제하는 등 외환시장의 안정을 도모할 수 있다.

셋째, 외환보유액을 충분하게 가지고 있다는 것은 그만큼 국가의 지급 결제 능력이 충실하다는 것을 의미하므로 국가신인도를 유지하거나 높이는 역할을 한다. 그래서 국제 신용평가기관들은 한 나라의 신용도를 평가할 때 외환보유액의 수준을 매우 중요한 고려 요소의 하나로 본다. 2008년 9월 리먼 사태 이후 우리나라의 국가 신용등급이 투자 적격 단계인 A3에서 유지될 수 있었던 것은 2008년 말 2,000억 달러가 넘는 외환보유액 규모에 힘입은 것이라고 할 수 있다.

3. 외환보유액의 운용과 구성

외환보유액의 운용과 구성

각국의 중앙은행은 외환보유액의 운용과 구성에 대한 자세한 내용을 공개하지 않고 있다. 이는 그 내용을 구체적으로 공개할 경우 그 나라의 외환보유액에 관한 정책, 즉 보유 구성 통화 및 자산 변화 등이 노출되어 국제금융시장에 큰 변동을 가져올 수 있기 때문이다. 각국은 매월 IMF에 외환보유액에 관한 기본적인 통계를 통보하고 IMF는 그 내용을 공개하고 있다.

우리나라는 한국은행이 매월 초 전월 말 기준으로 외환보유액의 총규모와 기본적인 보유 자산 내역을 공개한다. 2010년 12월 말 현재

표 5–1. 우리나라의 외환보유액 추이(기말 기준)

(억 달러)

	1997	2000	2005	2007	2008	2009	2010
외환보유액	204.1	962.0	2,103.9	2,622.2	2,012.2	2,699.9	2,915.7
유가증권*	197.1**	905.5	1,868.3	2,317.8	1,803.8	2,488.6	2,679.3
예치금		53.1	231.4	299.9	201.0	163.4	189.9
IMF포지션	6.0	2.7	3.1	3.1	5.8	9.8	10.2
SDR	0.6	0.0	0.4	0.7	0.9	37.3	35.4
금	0.4	0.7	0.7	0.7	0.7	0.8	0.8

* 국채, 정부기관채, 국제기구채, 금융채, 자산 유동화 증권(MBS, ABS)

** 유가증권 및 예치금

• 자료: 한국은행 경제통계시스템(ECOS)

우리나라의 외환보유액은 2,915억 7000만 달러를 기록하였다. 그 내역을 보유 자산별로 보면 유가 증권, 예치금 등 외환은 2,869억 2,000만 달러로 전체의 98.2%를 차지하였다. SDR은 35억 4,000만 달러, IMF포지션은 10억 2,000만 달러, 금은 8,000만 달러를 각각 차지하였다.

한국은행은 안전성*safety*과 유동성*liquidity*을 확보하면서도 수익성 *profitability*을 최대한 높이는 방향으로 외환보유액을 운용한다. 이러한 운용 목표를 효과적으로 달성하기 위하여 보유 외화자산을 유동성 자산, 수익성 자산, 위탁 자산으로 구분하고 각 자산별로 운용 목적과 방식을 차별화한다. 유동성 자산은 주로 미 달러화 단기 자산으로 운용함으로써 일상적인 대외 지급 수요에 대비한다. 수익성 자산은 유동성 및 안전성을 유지하는 가운데 수익을 극대화할 수 있도록 주요국의 중장기 채권 등에 분산 투자한다. 그리고 위탁 자산은 외화자산 운용 수익률을 제고함과 아울러 선진 투자 기법을 습득하기 위하여 국제 전문 투자기관에 위탁하는 자산으로 회사채 및 주택담보부채권(MBS: Mortagage-backed Securities)을 중심으로 투자한다.

한국은행은 외환보유액 운용의 투명성을 높이기 위해 연차 보고서를 통해 2007년 말부터 매년 연말 수치를 기준으로 보유 외화자산의 자산별, 통화별 및 상품별 구성에 관한 정보를 발표하고 있다. 2010년 말 현재 자산별 구성을 보면 전체 외화자산 중 수익성 자산이 82.5%를 차지하고 있으며 위탁 자산 및 유동성 자산의 비중은 각각 14.3% 및 3.2%를 나타내었다. 통화별로는 국제금융시장에서의 환율 변동에 따른 보유 외화자산의 가치 변동을 완화하기 위하여 미 달

표 5-2. 한국은행 외화자산의 자산별·통화별·상품별 구성

(%)

		2007년 말	2008년 말	2009년 말	2010년 말
자산별	유동성 자산	3.9	5.8	1.9	3.2
	수익성 자산	84.5	76.1	84.0	82.5
	위탁 자산	11.6	18.1	14.1	14.3
통화별	미 달러화	64.6	64.5	63.1	63.7
	기타 통화	35.4	35.5	36.9	36.3
상품별	예치금	7.4	8.4	4.0	6.0
	유가 증권				
	정부채	35.5	31.8	38.1	35.8
	정부기관채	28.8	22.4	22.3	21.8
	회사채	15.4	16.9	15.1	16.5
	자산유동화채	11.6	17.0	17.4	16.1
	주식	1.3	3.5	3.1	3.8
합계		100.0	100.0	100.0	100.0

• 자료: 한국은행 연차 보고서

러화 이외에 유로화, 엔화, 파운드화 등 주요 선진국 통화에 분산 투자
한다. 2010년 말 현재 외화자산 중 미 달러화가 63.7%, 기타 통화가
36.3%의 비중을 기록하였다. 우리나라의 미 달러화 비중은 IMF가 공
표한 전 세계 외환보유액의 미 달러화 비중 61.4%(2010년 말 기준)를 소폭
상회하는 수준이다. 상품별 보유 비중은 정부채 35.8%, 정부기관채
21.8%, 회사채 16.5%, 자산유동화채 16.1%, 주식 3.8% 등이다.

표 5-3. 세계 10대 외환보유액 국가와 규모

(억 달러)

순위	국가	2010년 말	순위	국가	2010년 말
1.	중국	28,473	6.	한국	2,916
2.	일본	10,962	7.	브라질	2,886
3.	러시아	4,794	8.	스위스	2,705
4.	대만	3,820	9.	홍콩	2,687
5.	인도	2,973	10.	싱가포르	2,258

• 자료: 한국은행

우리나라 외환보유액의 다른 나라와의 비교

2010년 12월 말 현재 외환보유액은 2,916억 달러로 중국, 일본, 러시아, 대만, 인도에 이어 세계에서 여섯 번째로 많은 규모이다. 일반적으로 선진국은 국가신인도가 높고 자국 통화가 국제적으로 널리 사용되므로 외환보유액을 많이 축적할 필요성이 작다. 다만, 일본은 과거에 엔화 환율을 방어하는 과정에서 외환보유액이 급증하여 세계에서 중국 다음으로 많은 규모를 가지고 있다. 신흥국들은 국제금융시장에서 자국 통화의 사용이 제한적이고 금융위기 때 해외로부터의 외화차입이 어렵기 때문에 외환보유액을 가급적 여유 있게 보유하는 경향이 있다.

4. 외환보유액의 변동 요인

외환보유액에 포함되는 외화자산에 대한 평가는 장부 가격 또는 시장 가격으로 할 수 있다. 우리나라는 장부 가격 평가 방식을 채택하여 외환보유액을 산출하고 이를 매월 초에 공식적으로 발표한다. 외환보유액은 외환의 매입액과 매도액, 외화자산의 운용 수익, 환율 변동 등에 따라 변동한다.

우리나라는 자유변동환율제도를 채택하고 있지만 환율이 단기간에 급격히 움직일 때는 변동성을 완화하기 위해 외환시장에서 외환을 매입하거나 매도한다. 이를 미세조정*smoothing operation*이라고 한다. 외환을 매입하면 외환보유액은 그만큼 증가하고 외환을 매도하면 외환보유액이 감소한다. 정부나 한국은행은 이러한 외환의 매입액과 매도액을 공개하지 않는다.

한국은행은 외화자산을 운용하는 과정에서 수익을 얻게 된다. 이러한 운용 수익은 외환보유액의 증가 요인이 된다. 한국은행은 보유 외환을 미국 달러화, 유로화, 파운드화, 엔화 등 여러 나라의 금융자산에 운용(투자)한다. 한국은행은 외환보유액 통계를 작성하고 이를 국가 간에 비교하기 위해 미 달러화 이외의 다른 통화로 표시되는 보유 외화자산을 미 달러화로 환산하게 된다. 따라서 다른 통화의 대미 달러 가치가 절상되는 경우 다른 통화 표시 자산을 미국 달러화로 환산하는 금액이 늘어나기 때문에 외환보유액이 증가한다. 반대로 다른 통화의 대미 달러 가치가 절하되는 경우에는 다른 통화 표시 자산을 미국 달러화로 환산하는 금액이 줄어들기 때문에 외환보유액이 감소한다.

5. 외환보유액의 적정성

외환보유액의 적정성에 대한 개념

외환보유액을 적정 수준*adequacy level* 이상으로 유지하는 것은 한 나라 경제의 안전망 확보 차원에서 매우 중요하다. 이에 따라 IMF, BIS 등 국제금융기구 이코노미스트나 경제학자 등은 외환보유액의 적정 수준에 관해 많은 연구를 해왔다. 이러한 연구들을 자세히 살펴보면 외환보유액의 적정성에 관한 국제적으로 통일된 기준이 존재하지 않는다는 것을 알 수 있다. 예를 들면 IMF, BIS 등과 같은 권위 있는 국제금융기구나 각국의 신용도를 정기적으로 평가하는 국제신용평가회사들도 한 나라의 외환보유액의 적정 수준에 관해 각국에 공통적으로 적용할 수 있는 기준을 아직까지 공식적으로 제시하지 못하고 있다. 이는 나라마다 경제의 해외 의존도, 자본자유화 수준, 지리적·정치적 위험 정도 등이 다르고 경제 상황 변화에 따라 대외 지급 수요가 수시로 바뀌기 때문이다.

그러나 국제신용평가회사나 국제 상업은행 등은 한 나라의 외환보유액 수준에 대해 수시로 평가하고 있고 그것이 한 나라의 국가 신용도나 금융기관과 기업들의 해외 차입에 큰 영향을 미친다. 이 때문에 각국은 자국이 처한 상황을 종합적으로 고려하여 외환보유액을 긴급한 상황이 발생할 때 대외 지급 수요를 충당하기에 부족하지 않은 수준 이상으로 가지고 있어야 한다. 이러한 관점에서 국제금융기구나 학계 등에서 연구한 결과를 살펴봐야 한다. 하지만 각국의 정책당국이 외환보유액의 적정 수준 또는 그 산정 기준을 발표하는 것은 시장에 오히려 부정적 영향을 줄 가능성이 클 뿐만 아니라 외환정책 수행에도 상당한 지장을 초래할 수 있으므로 바람직하지 않다고 본다.

적정 수준 산출 방법

적정 외환보유액에 관한 연구는 국제금융기구, 민간 연구 기관이나 학계 등에서 많이 이루어져 왔는데, 대체로 지표 접근법, 최적화 접근법, 행태방정식 접근법 등 세 가지 방법으로 구분해 볼 수 있다. 이들 접근법의 기본 개념을 간단히 살펴보자.

지표 접근법은 거래적 또는 예비적 동기에 의한 통화 수요 이론에 기초한 것이다. 이는 긴급한 상황이 일어날 때 외환 지급 수요가 발생할 것으로 예상되는 지표들의 일정 비율을 합계하여 이를 적정 외환보유액으로 파악하는 방법이다.

최적화 접근법은 정책당국의 목적 함수를 최소화하거나 극대화하는 조건으로부터 적정 외환보유액을 도출하는 방법을 말한다. 이는 비용최소화 접근법 및 효용극대화 접근법으로 구분된다. 비용최소화 접근법은 외환 보유에 따른 기회 비용과 외환보유액이 부족한 경우 발생할 수 있는 위기 비용을 합하여 총비용을 구성하고 이를 최소화하는 조건으로부터 적정 외환보유액을 추정하는 방법이다.[51] 외환 보유의 기회 비용은 일반적으로 정책당국의 외화자산 확보에 필요한 자국 통

---

51. Ben-Bassat & Gottlieb(1992) 모형, Garcia & Soto(2004) 모형 등이 있다.

화의 조달 금리와 외환보유액 운용 수익률의 차이(회계적 기회 비용)로 측정된다. 외환보유액이 부족할 때 위기 발생으로 초래되는 경제적 비용인 위기 비용은 외환위기 발생 이후 일정 기간 동안 잠재 GDP를 밑도는 실제 GDP 감소분의 합계로 측정된다.[52] 총비용 함수는 위기 발생 확률을 가중치로 하여 외환 보유의 기회 비용과 위기 비용을 합계한 기대 비용 함수의 형태로 설정된다. 위기 발생 확률은 연간 수입액/외환보유액, 외환보유액/총 대외 부채, 한계 수입 성향, 1인당 GDP 등을 설명 변수로 하여 설정한 모형을 통해 추정된다.

효용극대화 접근법은 외환위기 발생에 따른 자본 유입 중단sudden stop으로 국내총생산이 감소하는 상황을 상정하여 정책당국의 목적 함수를 설정한 다음 이를 극대화하는 조건으로부터 적정 외환보유액을 추정하는 방법이다.[53] 위기 발생에 따른 자본의 순유출 규모가 클수록, 그리고 정책당국의 위험 회피도가 높을수록 적정 외환보유액 규모가 더 크게 산출된다. 최근에는 최적화 접근법이 자본의 급격한 유출 가능성과 그에 따른 외환보유액의 위기 예방 역할을 강조하는 방향으로 발전하는 경향이다.

행태 방정식 접근법은 기본적으로 외환보유액 수요 함수를 기초로 한 축약형reduced form 방정식의 추정을 통해 적정 외환보유액을 산

---

52. IMF(1998)는 신흥시장국의 외환위기currency crises, 금융위기banking crises, 외환·금융위기currency and banking crises 비용을 각각 연간 GDP 대비 7.6%, 10.7% 및 18.8%로 추정하였다. Hoggarth, Reis, & Saporta(2001)는 금융위기 비용을 연간GDP 대비 15~20% 수준으로 추정하고 개도국보다는 선진국의 금융위기 비용이 더 크다는 점을 지적하였다.
53. Jeanne & Rancière(2005) 모형 등이 있다.

출하는 방법이다.[54] 적정 외환보유액 추정에 이용되는 변수로는 국제수지 변동성, 수입 성향, 국내외 금리, GDP, 수출입액, 경제 개방도, 외부 충격 대응 능력 및 환율 제도 유연성 등이 포함된다. 최근에는 패널 자료를 이용하여 외환보유액 수요에 대한 각국의 행태를 비교 분석함으로써 적정 외환보유액을 추정하기도 한다.

앞에서 살펴본 세 가지 접근법들은 모두 장단점을 지니고 있다. 지표 접근법은 유사시 대외 지급 수요 및 과거 경험을 고려할 수 있고 추정이 간편한 이점이 있으나 외환 보유의 비용을 반영하지 못하는 단점이 있다. 최적화 접근법은 외환 보유 비용과 편익을 종합적으로 고려한다는 장점이 있으나 추정 방법이 어렵고 목적 함수의 설정 방법, 설명 변수의 포괄 범위 등에 따라 모형별로 추정 결과에 편차가 크다는 단점이 있다. 행태 방정식 접근법은 개별 국가의 각종 경제 상황과 지정학적 위험 등 특수성을 고려하고 있으나 과거 외환보유액이 적정 수준에서 크게 괴리되지 않았다는 전제가 필요하다.

우리나라에서는 지표 접근법이 민간 연구 기관 등에서 주로 활용되고 있다. 이 방법은 외환 보유에 따른 비용 개념을 고려하지는 않지만 추정 방법이 간편하고 대외 지급 수요 및 과거의 위기 경험을 고려

---

54. R. Flood & N. Marion, "Holding International Reserves in an Era of High Capital Mobility," IMF Working Paper 02/62. 2002; J. Aizenman & N. Marion, "The High Demand for International Reserves in the Far East: What is Going On?" *Journal of the Japanese and International Economies* 17 and NBER Working Paper 9266, 2003; P. Rowland, "Determinants of Spread, Credit Ratings and Creditworthiness for Emerging Market Sovereign Debt: A Follow–Up Study Using Polled Data Analysis," *Borradores de Economía* No. 296, Banco de la República, 2004를 참조하라.

할 수 있으며 상대적으로 이해하기 쉬운 이점이 있다. 이러한 점을 고려해서 지표 접근법을 보다 구체적으로 살펴보자.

자본자유화가 진전되기 이전에는 수입 규모나 경상거래 지급 규모를 중시하여 이를 기준으로 적정 외환보유액을 산출하였다. 통상적으로는 연간 경상 지급액의 25% 또는 최근 3개월 수입액에 상당하는 금액을, 그리고 로버트 트리핀Robert Triffin(1960)은 연간 수입액의 최소 35%에 상당하는 금액을 각각 적정 외환보유액 수준으로 제시하였다. 그러나 1990년대 말 이후 자본자유화가 빠른 속도로 진전됨에 따라 최근에는 자본 유출 확대 가능성에 초점을 두고 적정 규모를 추정하고 있다.

지표 접근법에 의한 대표적인 추정 방법으로는 그린스펀–귀도띠 준칙Greenspan-Guidotti rule(1999), Wijnholds & Kapteyn(2001), BIS(2004) 등이 있다. 먼저 그린스펀–귀도띠 준칙(1999)은 신흥시장국의 경우 위기 발생시 외채의 만기 연장이 되지 않는다는 가정하에 외환보유액을 1년 이내에 만기가 돌아오는 외채(유동외채라고 함) 규모 이상으로 보유하여야 적정하다고 보는 것이다. Wijnholds & Kapteyn(2001)은 유동외채 규모에다 거주자의 자본 도피 예상 규모를 더한 수준을 적정 외환보유액으로 산정하였다. 자본 유출 예상 규모는 IMF가 제시한 자유변동환율제 채택 국가의 유출 비율(M2의 5~10%)을 적용하여 산출하였다. BIS(2004)는 연간 수입액의 3~6개월분, 유동외채 잔액, 외국인 주식투자 자금 시가 총액의 1/3, 거주자 외화예금 잔액 및 현지 금융(국내 보증분) 잔액을 합계하여 적정 외환보유액을 산정하였다. 각 지표의 반영 비율에 대해서는 국가별로 경제 여건을 감안하여 다른 비율을 적용할 수 있다는 입장이다.

　국내 민간 연구 기관의 경제분석가들이 지표 접근법을 이용하여 추정한 결과를 살펴보면, 금융연구원의 김정한 등(2009)은 2009년 3월 말 기준 필요 외환보유액을 2,323억~3,269억 달러로 추정하고 실제 외환보유액(2,063억 달러)이 그 규모보다 260억~1,260억 달러 가량 부족한 상황이라고 주장하였다. 삼성연구소의 정진영 등(2010)은 2010년 6월 말 기준으로 적정 외환보유액을 2,992.7억 달러와 3,813.8억 달러의 사이에 있는 것으로 추정하고 실제 외환보유액(2,742억 달러)이 이를 상당액 하회하고 있다고 판단하였다.

　이들의 추정 결과는 우리나라의 경제 및 금융 여건과 과거 위기 때의 경험을 고려하지 않고 BIS 등에서 제시한 기준을 대부분 그대로 적용한 것이다. 이 때문에 그 타당성 여부에 대해서는 면밀하게 검토해야 한다.

　먼저 경상 지급액(3개월분)과 유동외채 총액을 기준으로 필요 외환보유액을 산정하는 것은 과대 계상될 소지가 크다. 개별 경제 주체들이 대외 지급 결제에 자체적으로 대처 가능한 경상 수입액과 보유 유동성 자산을 감안하지 않았기 때문이다. 앞에서 언급한 이코노미스트들의 추정에 있어서는 위기가 발생하면 수입 대금은 즉각 지급하는 반면 수출 대금은 상당 기간 후에 받는다고 가정한 것으로 보인다. 그러나 과거 두 차례의 위기 때에도 수출 대금 수취가 일부 지연되는 경우가 있기는 하였지만 대부분의 수출 대금은 통상적인 무역 관행에 따라 정해진 일정에 따라 받았던 것으로 알려진다. 특히 우리나라 총수출의 약 10%를 차지하는 선박 수출(2010년 중 471억 달러, 통관 통계 기준)의 경우에는 총수출 대금의 약 60%를 선박을 인도하기 전에 미리 받는다. 우리나라의 무역수지(통관 기준)는 매년 상당한 규모의 흑자(2010년 411.7억 달러)를 기록하고 경상수지도 상당한 규모의 흑자(2010년 282.1억 달러)를 나타낸다. 이와 함께 금융기관의 보유 외화유동성 자산 중 일부 자산의 처분 가능성도 고려해야 한다.

또한 잔존 만기 1년 이내의 유동외채 전액을 필요 외환보유액으로 계상하는 것도 과대 계상된 것으로 보아야 한다. 유동외채는 국내 금융기관 및 외은지점의 해외 차입금과 외국인의 국내 채권투자 등으로 구성된다. 이들의 만기가 도래할 때마다 해외 금융기관들이 전액 회수한다고 전제하는 것은 현실성이 떨어진다. 특히 외은지점의 경우 해외 차입금은 단기가 대부분인데, 이를 모두 회수한다는 것은 국내 영업을 중지한다는 의미가 된다. 과거 두 차례 위기 때에도 실제로 유출된 외화자금 규모는 유동외채 잔액에 훨씬 못 미쳤다. 2008년 9월 글로벌 금융위기시 우리나라의 외화자금 유출 규모는 표 5-4와 같다.

그리고 BIS 기준에서는 외국인 주식투자 자금 유출 비율을 1/3로 하여 적정 외환보유액을 추정하였다. 그러나 실제로 위기가 발생할 경우 주가 급락 및 환율 급등으로 외국인 주식투자 자금의 시가 평가액이 크게 감소하고 실제 유출 규모도 환손실 등으로 크게 줄어든다. 그럼에도 불구하고 위기 발생 이전의 시가 평가액을 기준으로 유출 규모를 추정하면 유출 규모를 과도하게 산정하게 된다. 우리나라의 경우 리먼 사태 이후 외국인 주식투자 자금의 시가 총액은 주가 급락과 환율 급등으로 2008년 8월 말 2,201억 달러에서 그해 12월 말에는 1,358억 달러로 대폭 감소하였다.

표 5-4. 위기*시 외화자금의 유출 규모

	외환위기 (1997. 11~1998. 3)	글로벌 금융위기 (2008. 9~2008. 12)
총 자본 유출 규모	−214	−695
• 외국인 주식투자	21	−74
• 외국인 채권투자	−16	−134
• 단기 차입	−220	−487
(참고) 유동외채 잔액**	‥	1,892

* 자본수지(국제수지 통계 기준)가 연속적으로 적자를 나타낸 구간을 위기 기간으로 설정
** 2008년 12월 말
• 자료: 기획재정부 등, "자본 유출입 변동 완화 방안 Q & A," 2010. 6. 14.

이러한 점들을 종합적으로 감안하면 앞에서 언급한 민간 연구 기관 경제 분석가들의 추정치는 상당히 과대 계상되었을 것으로 판단된다. 그들이 추정한 방법을 그대로 다른 나라에 적용한다면 그 기준을 충족시키는 나라는 전 세계에서 아마도 중국을 제외하고는 없을 것이다. 적정 외환보유액 추정에 있어 가장 넓은 기준을 제시한 BIS도 개별 국가에 그 기준을 적용할 경우에는 그 나라의 특수성을 감안해야 한다고 하였다. 만일 그들의 추정치가 적정하다면 2009년 3월 말 이후와 2010년 6월 말 이후 원화 환율이 큰 폭 하락한 현상을 설명하기가 어렵다. 외환보유액이 그들이 추정한 당시에 상당히 부족했다면 그 이후 환율은 크게 상승했어야 했다.

결론적으로 외환보유액은 한국은행과 정부가 긴급한 상황이 발생할 때에 대비하여 시장성 부채(통화안정증권, 외환시장안정용 국고채)를 대가로 취득한 한 나라의 대외 지급준비자산이다. 그 보유 비용과 대외 지

급 수요는 여건 변화에 따라 수시로 변동하기 때문에 현재의 외환보유액 수준이 적정한지 여부를 판단하기가 쉽지 않다. 하지만 우리나라는 과거 두 차례 위기를 경험한 점, 원화가 국제통화가 아닌 점 등을 고려할 때 외환보유액을 다소 여유 있게 보유할 필요가 있다. 1997년 말에는 우리나라의 외환보유액이 거의 고갈됨에 따라 외환위기에 빠지고 IMF의 구제금융을 받았다. 그러나 2008년 9월 글로벌 금융위기 때는 그동안 외환보유액의 확충으로 2,000억 달러 이상의 외환보유액을 유지하였다. 그 결과 외부 충격에의 대응 능력이 향상됨에 따라 외화유동성에 어려움을 겪기는 하였지만 외환위기에 빠지지 않고 IMF의 구제금융을 받지 않으면서 위기를 비교적 단기간 내에 극복할 수 있었다.

6. 핵심 논점

우리나라에서 외환보유액과 관련하여 논의되는 주요 이슈는 세 가지다. 첫째, 현재의 외환보유액 수준이 적다거나 많다는 주장이다. 둘째, 외환보유액을 운용할 때 일부에서는 수익성을 더 높여야 한다고 주장하는 반면 다른 한편에서는 안전성을 더 강화해야 한다고 주장한다. 셋째, 글로벌 금융안전망 구축이 개별 국가의 외환보유액을 대체하거나 상당 부분 보완할 수 있다는 주장이다. 이들 주장에 대한 필자의 견해를 정리해 본다.

외환보유액의 적정 수준 초과 또는 부족

일부에서는 리먼 사태 이후의 경험이나 대외 충격에 취약한 우리나라의 특수성에 비추어볼 때 외환보유액을 크게 확충하여 미래의 금융위기 재발에 대비해야 한다고 주장한다. 이와는 반대로 다른 한편에서는 외환보유액 중 일부를 활용하여 국내 금융기관이나 기업을 지원하거나 해외 자원 개발 사업 등에 사용하자고 주장한다. 2008년 9월 리먼 사태 발생으로 외국은행 본점과 외국인 증권투자자들이 국내 외화대출 자금과 주식 및 채권투자 자금을 대규모로 회수함에 따라 우리나라가 심각한 외화유동성 위기를 겪은 이후에는 그러한 주장이 후퇴하였다. 그러나 앞으로 외환보유액이 계속 큰 폭으로 증가하면 또다시 그러한 주장이 제기될 가능성이 있다.

이러한 주장들의 타당성 여부를 살펴보기 위해서는 먼저 외환보유액의 적정 수준에 대한 검증을 해야 한다. 하지만 앞에서 살펴본 바와 같이 아직까지 국제금융기구 등도 외환보유액의 적정 수준 여부를 평가하기 위한 국제적으로 통용되는 기준을 제시하지 못하고 있다. 이러한 상황에서 현재의 외환보유액 수준이 적정 수준보다 많다거나 적다고 주장하는 것은 설득력을 얻기가 쉽지 않다. 더욱이 학자들이나 민간 연구 기관들은 그러한 주장들을 할 수 있겠지만 정책당국 또는 정부와 유대 관계가 있는 연구 기관들이 그러한 주장을 하는 것은 적절하지 않다. 만일 현재의 외환보유액이 적정 수준보다 많다는 것이 옳다면 정책당국이 과거에 필요 이상으로 외환시장에서 외환을 매입했다는 말이 된다. 다시 말해서 외환시장에 과도하게 개입했다는 결론에 이르게 된다. 이에 따라 금융시장 참가자들이 앞으로 정책당국이 외환시장에서 외환을 추가 매입할 필요성이 없을 것으로 이해할 경우 환율은 단기간에 급락(원화가치 절상)할 것이기 때문이다. 반면 만일 현재의 외환보유액이 적정 수준보다 적다는 것이 옳다면 그 반대의 상황이 벌어지게 될 것이기 때문이다.

설사 외환보유액의 적정 수준에 대한 검증을 거쳤다고 하더라도 다음과 같은 문제가 있다. 현재의 외환보유액이 적정 수준보다 부족하다고 주장할 경우에는 적정 수준보다 부족한 외환보유액을 보충하기 위한 외환 매입 재원을 어떻게 확보할 것인가 하는 문제에 대한 해결책을 함께 제시해야 한다는 것이다. 우리나라에서는 외국환평형기금의 확충을 위해서는 국회의 동의를 거쳐야 된다. 그리고 한국은행의 협조를 얻기 위해서는 통화 증발을 감수해야 되는데, 이를 흡수하기 위한 통화안정증권의 발행은 이자 비용 부담이 늘어나는 문제가 있다. 이러한 비용을 누가 부담할 것인가 하는 과제도 함께 다루어져야 한다. 이에 대한 충분한 검토나 의견을 제시하지 않고 주장하는 것은 설득력이 떨어진다.

한편 외환보유액 중에서 적정 수준을 초과하는 부분을 평상시 지원하였다가 필요할 때 회수하면 된다고 주장하지만 일단 위기가 발생하면 외화유동성을 확보하기가 어렵다. 2008년 9월 리먼 사태 당시 경험한 바와 같이 글로벌 금융위기로 국내 금융기관들이 만기가 돌아오는 대외 채무의 절반도 차입 기간을 연장하지 못하였다. 우리나라가 외화 부족 상황에 처하게 되는 경우 금융기관이나 기업이 해외에서 새로운 자금을 빌려오는 것은 어렵다. 이 때문에 정책당국이 금융기관이나 기업에 빌려준 자금을 회수하는 것은 사실상 불가능하다고 보아야 한다. 또한 외환보유액을 기업 등 특정 이해 관계자만을 위해 사용할 경우 형평성 문제뿐만 아니라 국제적으로도 WTO 협정상 보조금 지급 등으로 간주되어 통상 마찰 문제를 야기할 수 있다는 점에도 유의해야 한다. 그리고 국내 금융기관이 필요한 외화자금을 자력으로 조달하지 않고 중앙은행의 외환보유액 지원에 의존할 경우 도덕적 해이 *moral hazard* 문제와 함께 신용 평가에 부정적 영향을 줄 수 있다.

이러한 점들에 비추어볼 때 현재의 외환보유액 수준의 적정성에 대한 판단은 정책당국에 맡기는 것이 옳다. 설사 외환보유액이 적정 수준보다 많다 하더라도 위기 발생시 사용해야 할 국가 비상금으로서의 성격에 비추어볼 때 외환보유액은 평상시에 장기 고정 자산보다는 안전성과 유동성이 높은 대외 자산으로 보유하는 것이 바람직하다.

외환보유액의 안전성 또는 수익성 제고 필요성

일부에서는 외환보유액의 운용 수익이 비용보다 작기 때문에 외환 보유에 따른 수익과 비용 간의 균형을 유지하기 위해서는 외환보유액을 국채 등에 비해 안전성이 떨어지더라도 수익성이 높은 자산에 투자해야 된다고 주장한다. 다른 한편에서는 글로벌 위기 당시 외환보유액을 충분히 사용하지 못하여 국내 외환시장의 불안 요인으로 작용했다고 지적하면서 외환보유액 운용에 있어 안전성을 더 강화해야 한다고 주장한다. 두 주장 모두 나름대로 상당한 논거를 가지고 있다. 그렇지만 외환보유액의 성격에 비추어 본다면 외환보유액은 1차적으로는 수익성보다는 안전성에 우선을 두어야 한다. 우선 안전성을 확보하는 가운데 수익성도 제고하는 것이 가장 바람직하다. 이러한 점에서 IMF가 투자 부적격 등급의 금융자산으로 보유한 외화자산은 외환보유액에 포함하지 않고 있는 것이다.

또한 외환보유액은 긴급한 상황에 최종적으로 사용하기 위한 외화자산일 뿐만 아니라 부채를 수반하므로 언제든지 현금화할 수 있는 유동성 자산으로 운용하는 것이 기본 원칙이다. 외환보유액은 민간 금융기관의 자산 운용과는 다른 원칙에 따라 이루어져야 한다. 해외 자원 개발 사업, 사회간접자본 투자 등은 투자 자금이 장기간 고정화되고 원금 회수의 불확실성 등 리스크가 크기 때문에 정책당국이 국가 비상금인 외환보유액으로 이에 직접 투자하는 것은 적절치 않다.

개별 국가의 외환보유액과 글로벌 금융안전망

외환보유액이란 금융위기 상황이 발생할 때 최종적으로 사용하기 위한 국가 비상금이다. 따라서 위기 예방crisis prevention은 물론 위기 수습crisis resolution을 위해서는 충분한 외환보유액의 축적이 필요하다. 1990년대 후반 아시아 외환위기 이후 많은 경제학자들은 외환보유액의 크기와 위기 발생 확률의 관계를 실증적으로 분석하였다. 이들은 외환보유액이 많을수록 위기 발생 확률이 낮아진다는 연구 결과를 내놓아 외환보유액 축적의 중요성을 뒷받침하였다.

실제로 위기를 직접 경험하거나 관찰한 많은 신흥국들은 위기 예방을 위한 자기 보험self-insurance 차원에서 외환보유액을 크게 확충하였다. 1990년대 후반 이후 약 10년간 신흥국들이 큰 위기 없이 비교적 순탄하게 안정적 성장을 지속해 왔던 것은 외환보유액 확충에도 일부 힘입었을 것으로 보인다.

그러나 2008년 9월 미국 월가에서 일어난 리먼 브러더스 파산 사태는 순식간에 글로벌 금융위기를 촉발하였다. 1930년 대공황 이후 전례 없는 최대 위기였다. 아시아 외환위기 이후 많은 신흥국들이 외환보유액을 크게 확충하였지만 이러한 개별 국가의 노력만으로 글로벌 금융위기에 대처하는 데는 한계가 있다는 것이 드러났다. 이에 대응하여 IMF는 2009년 3월 경제의 펀더멘털과 정책이 양호한 나라에 대해 일정 기간(6개월~1년) 동안 일정 금액(쿼터의 10내 이내)의 자금 인출 권한을 부여하는 신축적 크레딧 라인Flexible Credit Line 제도를 새로 도입하였다. 이와 함께 지역 금융안전망regional financial safety net을 구축하기 위한 공동 노력도 증대되었다. 그 대표적인 것이 CMI 다자화와 유럽금융안정기금(EFSF: European Financial Stability Facility) 및 유럽금융안정 메커니즘(EFSM: European Financial Stability Mechanism)이다.

CMI 다자화(CMIM: Chiang Mai Initiative Multilateralization)는 위기 발생 시 체계적인 달러 유동성 지원을 통한 역내 금융시장 안정을 목적으로 총 1,200억 달러 규모의 공동 기금을 조성하여 2010년 3월 24일 출범하였다. 이는 기존 한·중·일과 ASEAN 5개국 간의 개별적인 양자 간 스왑 체제에서 ASEAN+3 전체 회원국 및 홍콩이 참여하는 단일 계약에 의한 공동 대응 체제로 확대 개편한 것이다. 실제 위기 발생 시 참가국 중앙은행들은 분담 비율에 따라 요청국에 미 달러화를 지원하고, 요청국은 자금 지원국에게 자국 통화를 제공한다.

유럽금융안정기금(EFSF)과 유럽금융안정메커니즘(EFSM)은, 그리스 재정 위기가 인근 유럽 재정 취약국으로 확산되는 것을 방지하기 위해, 유럽 연합(EU)에 의해 2010년 5월 9일 유럽 금융시장 안정 조치의 일환으로 도입되었다. EFSF는 유로 지역 회원국의 금융 지원을 위해 2010년 6월 7일 설립(벨기에 브뤼셀 소재)되었다. EFSF는 자금 지원 요청이 있는 경우 다른 유로 지역 회원국의 지급 보증(4,400억 유로 한도)을 받아 채권을 발행하여 지원 자금을 마련하게 된다. 2011년 1월 25일 아일랜드에 대한 구제금융[55] 지원을 위한 50억 유로 규모의 채권 발행(5년물)에 성공한 바 있으며 2011년 중 이를 포함하여 최대 165억 유로 규모의 채권을 발행할 예정이다. 그리고 EFSM은 EU가 자체 예산을 담보로 600억 유로 한도로 채권을 발행하여 지원 자금을 마련하게 된다. EFSM 역시 2011년 1월 5일 아일랜드 지원을 위해 50억 유로 규모의 채권을 발행하였으며 2011년 중 최대 176억 유로 규모의 채권을 발행할 예정이다.

　　그러나 새로 도입된 IMF의 FCL 제도 및 지역 금융안전망도 글로벌 금융위기를 대응하는데 재원 부족 등으로 역할을 제대로 하지 못하거나 불충분할 것으로 예상되었다. 이에 따라 별도의 글로벌 금융안전망(GFSN: global financial safety net) 구축이 필요하다는 인식이 대두되었다. 글로벌 금융안전망 구축은 우리나라에 의해 제기되어 2010년 4월 G20 워싱턴 재무장관·총재회의에서 공식 의제로 채택된 후 그해 11

---

55. EFSF와 EFSM은 2010년 11월 28일 아일랜드 구제금융 목적으로 각각 177억 유로 및 225억 유로의 자금을 지원하기로 결정하였다.

월 G20 서울 정상회의에서의 합의 도출을 목표로 추진되었다.

그 결과 G20 서울 정상회의에서 각국 정상들은 글로벌 금융안전망의 강화는 국제자본이동의 갑작스러운 반전sudden reversals으로 야기될 경제적 혼란을 방지하고 과도한 외환보유액 축적의 필요성을 감소시킴으로써 개별 국가가 금융 변동성에 대처하는 것을 도울 수 있다고 하는 데 인식을 같이 하였다. 아울러 재무장관·중앙은행 총재들에게 향후 G20 정상회의에서 논의할 글로벌 금융안전망을 강화하기 위한 정책 대안들을 준비하도록 요청하였다.

한편 IMF는 2010년 8월 글로벌 금융안전망 구축의 일환으로 위기 예방 대출 제도를 개편하였다. 우선 2009년 3월 도입 이후 이용 국가가 극소수에 불과한 신축적 크레딧 라인(FCL: Flexible Credit Line) 제도를 개선하여 대출 한도를 폐지하고 대출 자금의 인출 가능 기간을 1~2년으로 확대하였다. 이와 함께 IMF는 FCL 수혜 자격에 미달하지만 정책 건전성이 양호한 국가들에게 위기 발생 이전에 IMF 자금 이용 권한을 제공하는 예방적 크레딧 라인(PCL: Precautionary Credit Line)을 새로이 도입하였다(자세한 내용은 표 5–5와 같다).

지금까지 글로벌 금융안전망 구축과 관련하여 G20 차원의 구체적인 방안이 만들어지지는 못했다. 하지만 향후 G20 정상회의에서 정책 대안을 계속 논의하기로 하고 IMF가 FCL 제도 개선과 함께 PCL 제도를 신설하는 등 나름대로의 성과가 있었던 것으로 평가된다.

그동안 글로벌 금융위기의 진행 과정과 이를 극복하기 위한 주요 국과 국제금융기구, 지역 단위 및 G20 차원의 노력은 몇 가지 교훈을 던져주었다. 경제 및 금융의 통합화economic and financial globalization 진전

표 5-5. IMF의 신축적 크레딧 라인 및 예방적 크레딧 라인의 주요 내용

	신축적 크레딧 라인(FCL)	예방적 크레딧 라인(PCL)
지원 대상	경제 펀더멘털 및 정책이 양호해 다음의 조건을 충족하는 국가 • 지속 가능한 대외 포지션 • 민간 부문에 의해 주도되는 자본 수지 포지션 • 국제 자본시장에서 양호한 조건으로 자본을 조달한 track record • FCL 신청 당시 상대적으로 충분한 외환보유액 보유 • 지속 가능한 공공 부채 수준 등 건전한 공공 재정 상황 • 건전한 통화 및 외환정책에 따른 낮고 안정적인 물가 상승률 • 은행 시스템 안정을 저해할 수 있는 은행 부문의 지급 불능 문제 부재 • 효과적인 금융 부문 감독 • 정확하고 투명한 통계	경제 펀더멘털 및 정책이 비교적 양호하나 다음 5개 부문 중 1~2개 항목이 취약한 국가 • 대외 포지션 및 시장 접근성 • 재정 정책 • 통화정책 • 금융 부문 건전성 및 감독 • 적절한 통계 단, 다음에 해당하는 국가는 PCL의 지원 대상이 될 수 없음 • 국제 자본시장으로부터의 조달 능력 부재 지속 • 거시 정책 또는 구조 정책의 대규모 조정 필요 • 중기적으로 지속 가능하지 않은 공공 부채 포지션 • 은행 부문의 지급 불능 만연
위기시 신청 가능 여부	위기 발생 이전 및 발생시 모두 신청 가능	위기 발생 이전에만 신청 가능
정책 프로그램 이행 의무	정책 프로그램이 부과되지 않음. 단, 인출 가능 기간이 1년을 초과할 경우 1년 후 적격성 검토 필요	취약성이 있는 부문에 한정하여 정책 프로그램이 부과되며 6개월마다 동 정책 프로그램에 대한 검토 실시
대출 한도	없음	쿼터 대비 1,000% (첫 해에 쿼터의 500% 인출 후 두 번째 해에 정책 프로그램 검토 후 추가 500% 인출)
인출 가능 기간	1~2년	FCL과 동일

상환 기간	3¼~5년 (인출 3년 경과 후 8분기 동안 균등 분할 상환)	FCL과 동일

금리	(FCL 승인을 받았으나 인출하지 않은 경우)
	• 약정 수수료
	 – 쿼터의 500~1,000% 지원시: 24~27 bp
	 – 쿼터의 1,000% 초과 지원시: 27 bp 이상
	
	(인출한 경우)
	• 기본 수수료: SDR 이자율 + 연체 수수료
	  분담률
	• 추가 수수료
	 – 쿼터의 300% 초과 인출시: 200bp
	 – 쿼터의 300% 초과 인출이 3년 이상 지속
	  되는 경우: 300bp
	• 인출 수수료: 50bp
		FCL과 동일

으로 다수의 선진국과 신흥국이 무역과 금융 거래에 있어 서로 복잡하게 얽혀 있다. 이에 따라 2008년 9월 글로벌 금융위기 때 경험한 바와 같이 앞으로 금융위기가 발생할 경우 그 위기는 몇몇 국가보다는 지역 단위 또는 전 세계적 규모가 될 가능성이 크다. 이같이 위기 규모가 커지는 만큼 위기 예방과 수습에 필요한 비용도 그만큼 커질 것이다. 더욱이 앞으로 금융위기가 언제 어디서 어떠한 형태로 발생할지 사전적으로 예측하기도 어려워질 것이다. 따라서 개별 국가의 충분한 사전 대비와 함께 지역 단위 및 전 세계적 차원의 공동 대응 방안을 강구하는 것이 중요하다.

앞으로 G20 정상회의 등에서 논의가 활발히 이루어지겠지만 완전한 글로벌 금융안전망이 단기간 내에 구축될 것으로 낙관하기는 쉽지 않아 보인다. 예를 들면 가장 실효성 있는 글로벌 금융안전망이라고 할 수 있는 선진국과 신흥국 간의 통화스왑은 그동안 G20 회의에서 논의가 진전되지 않은 것으로 알려져 있다. 미국 등이 자국 통화정책의 독립성 저해 및 신흥국의 도덕적 해이 등을 이유로 반대하기 때문이다. 또한 IMF의 PCL은 아직 가동해 본 경험이 없고, 아시아 및 유럽의 지역 금융안전망도 IMF 구제금융과 연계되어 있어 위기의 사전 예방 기능이 크게 미흡한 실정이다.

이러한 상황에서 앞으로 우리나라는 어떻게 해야 할까? 우선 G20 회의에서 글로벌 금융안전망 구축 논의에 능동적으로 참여해야 한다. 또한 2010년 3월에 출범한 CMI 다자화의 조기 정착을 다른 회원국들과 함께 적극 뒷받침해야 할 것이다. 이와 함께 현재 20%로 되어 있는 IMF 구제금융과의 비연계 비율 상향 조정 등과 같은 위기의 사전 예방 기능을 강화하기 위한 방안을 적극 제안할 필요가 있다고 본다.

그렇지만 현재와 같은 글로벌 및 지역 단위의 금융 안전망이 우리나라의 안전망을 대체하기는 어렵고 보완하는 역할에 그칠 것으로 예상된다. 따라서 예기치 않게 발생할 금융위기에 대비하기 위해서는 1차적으로 우리 스스로가 자체 안전망을 강화하는 것이 불가피하다. 무엇보다도 거시 경제 정책의 건전성을 유지해야 한다. 재정의 건전성 제고와 함께 통화정책의 안정적 운용으로 경제의 거품(버블)이 발생하지 않도록 해야 한다. 최근 유럽 재정 위기에서 보는 바와 같이 제2의 기축통화인 유로화를 사용하는 국가들(그리스와 아일랜드)도 과도한 정부 채무 등으로 경기 침체, 고실업 등과 같은 경제적 고통을 겪고 결국 EU와 IMF의 구제금융을 받게 된 사례를 타산지석他山之石으로 삼아야 한다. 그리고 외환부문에 있어서도 금융기관의 선물환포지션 한도 제도 도입, 기업의 환헤지 한도 설정, 거시건전성부담금 도입 예정 등으로 거시 건전성이 종전보다 많이 제고되었지만 이러한 노력은 앞으로도 계속되어야 할 것이다.

아울러 외환보유액을 충분히 축적하기 위한 노력도 꾸준히 지속되어야 할 것이다. 다만, 외환보유액의 축적에 있어서는 채권 발행과 같은 상당한 비용이 수반되는 만큼 환율 수준에 대한 평가, 외채 규모, 외국인 주식투자 규모 등 제반 요인을 종합적으로 고려해야 한다. 또한 외환보유액의 과도한 축적이 미국 등 국제 사회로부터 환율 조작을 통해 자국 이익만을 챙기려고 한다는 비난을 받는 요인이 되지 않도록 유의해야 한다. 그리고 일부에서 외환보유액 중 일부를 활용하여 해외 자원 개발 등에 투자해야 한다는 주장에는 적극 경계할 필요가 있다.

이와 함께 한국은행은 미 연준을 비롯한 주요국 중앙은행과의 긴밀한 통화 협력 관계를 유지하도록 계속 노력해야 한다. 아시다시피 지난 글로벌 금융위기 때 외화유동성 위기를 극복하는 데 있어 한국은행과 미·중·일 중앙은행과의 통화스왑이 중요한 역할을 했다.

6

외채 관리

우리나라의 외채 통계는 한국은행에 의해 매분기 말 기준으로 발표된다. 외채 규모 및 구조는 리먼 사태가 발생한 2008년 9월을 전후로 구분한 두 기간에 따라 크게 다른 모습을 보였다. 2006년부터 2008년 9월까지는 총외채 규모가 큰 폭 증가하고 단기외채 비중도 크게 높아졌다. 그러나 2008년 10월부터 2010년까지는 총외채 규모가 소폭 감소한 가운데 단기외채 비중이 크게 하락하였다.

이 장에서는 먼저 외채에 대한 국제통화기금(IMF)의 정의와 분류 기준을 살펴본 후 리먼 사태 이전의 외채 증가 요인과 그 이후의 외채 구조 개선 요인을 알아본다. 다음으로 외채 규모와 구조의 적정성 문제, 은행 부문의 통화불일치 및 만기불일치 문제 등 외채와 관련한 주요 이슈를 다룬다.

1. 외채의 의의와 분류

외채 통계의 의의

국제통화기금의 「외채 통계 작성 및 이용 지침」 2장에 따르면 일정 시점 현재의 총대외채무 또는 총외채*gross external debt*는 "한 나라의 거주자가 비거주자에게 미래 특정 시점에 원금이나 이자 또는 원금 및 이자를 지급해야 하는 우발적이 아닌, 현재에 확정된 채무의 잔액"이라고 정의된다.[56] 따라서 외채 통계에는 채무성 상품*debt instrument*만 포함되고 주식과 같은 지분성 상품*equity instrument*은 제외된다. 지분이란 모든 채권자가 청구권을 행사한 후의 잔여 가치에 대한 청구권을 의미하는 것으로서 확정 채무가 아니기 때문이다.

이처럼 외채 통계는 한 나라의 거주자가 비거주자에게 장래에 상환해야 할 채무의 잔액과 구성을 보여 준다. 이 때문에 채무국과 채권국의 정책 담당자는 물론 국제금융기구, 국제신용평가회사, 국제 상업 은행 등의 경제분석가들도 특정 국가의 대외 상환 부담 정도와 신용도를 평가하고 유동성 위험 등 각종 리스크를 분석하는 데 있어 외채 통계를 기초 자료로 널리 활용한다.

---

56. Gross external debt, at any given time, is the outstanding amount of those actual current, and not contingent, liabilities that require payment(s) of principal and/or interest by the debtor at some point(s) in the future and that are owed to nonresidents by residents of an economy(IMF, External Debt Statistics: Guide for Compilers and Users, November 2001, p.17).

외채 통계의 유용성을 높이기 위해서는 무엇보다도 국제적으로 통일된 개념과 형식에 따라 포괄적이고 비교 가능성이 높은 통계를 작성하는 것이 중요하다. 이러한 이유로 국제통화기금은 세계은행World Bank 등과 공동으로 새로운 외채 통계 편제 기준 연구에 착수하여 2001년 11월 그 동안의 여건 변화를 반영한 「외채 통계 작성 및 이용 지침」을 마련하였다. 각국에 이 지침에 따라 외채 통계를 작성하여 발표하도록 권고해오고 있다.[57]

외채는 만기별 · 부문별 · 형태별로 분류

우리나라를 포함한 대부분의 국제통화기금 회원국들은 이 지침에 따라 매분기 말에 외채 통계를 만기별, 부문별, 형태별 등으로 구분하여 대외채권 통계와 함께 편제하여 발표한다.

만기별 외채는 차입 당시 계약한 만기original maturity가 1년 이내인 단기외채와 1년 초과인 장기외채로 구분된다. 이 중 단기외채short-term external debt의 규모와 비중은 유동성 위험을 파악하는 데 널리 사용된다. 그런데 유동성 위험을 보다 정확히 파악하기 위해서는 향후 1년 이내에 만기가 돌아오는 모든 외채를 파악할 필요가 있다. 이를 위해 국제통화기금은 장기외채 중에서 잔여 만기remaining maturity가 1년 이내

---

57. 국제통화기금은 「외채 통계 작성 및 이용 지침Guide for Compilers and Users」을 2001년 11월에 마련하고 2003년에 발표하였다. 이로부터 10년이 경과하는 2013년까지 그동안의 여건 변화를 반영하여 이 지침을 개정할 예정이다.

인 외채를 구분하도록 권고한다. 통상 단기외채와 잔여 만기 1년 이내인 장기외채를 합산하여 유동외채(*short-term external debt on a remaining maturity basis*)라고 부른다. 통계의 유용성에도 불구하고 산정에 어려움이 있어 대부분의 국제통화기금 회원국들이 유동외채를 편제하지 않고 있다. 우리나라는 1997년 12월 말 외환위기 이후 분기마다 유동외채를 편제해오다가 2009년 6월에 이를 중단하였다.

부문별 외채는 상환 의무를 지는 주체*institutional sectors*에 따라 일반 정부, 통화당국, 예금취급기관 및 기타 부문으로 구분된다. 일반 정부는 중앙 정부, 지방자치단체 및 사회보장기구를 말하고, 통화당국은 중앙은행과 정부의 환안정 기금(우리나라는 외국환평형기금)을 의미한다. 예금취급기관은 예금은행, 저축기관 등을 말하는데, 통상 은행부문이라 부른다. 예금취급기관 이외의 금융기관과 공기업, 민간 기업 등은 기타 부문에 포함된다.

형태별 외채는 금융 상품*financial instruments*의 성격에 따라 채권, 차입금, 무역 신용, 예금 등으로 분류된다.

2. 외채 현황

국제통화기금은 2010년 1월에 새로운 국제수지 통계 매뉴얼인 **BPM6**(Balance of Payments and International Position Manual) 최종안을 확정하고 회원국에 이를 이행하도록 권고하였다. 이에 따라 한국은행은 2010년 12월에 우선 선박 수출과 관련한 경상수지 및 외채 편제 방법을 변경하고 과거 통계도 소급하여 수정하였다. 즉 선박 인도 시점에 한꺼번에 계상하였던 선박 수출을 수출 선수금 영수 시점에 그 금액만큼씩 분할하여 계상하는 것으로 변경하였다. 그리고 기타 부문 외채로 계상하던 선박 수출 선수금을 외채에서 제외하였다. 이 책의 내용은 변경된 사항을 반영한 것이다.

리먼 사태 이전의 외채 증가 요인

우리나라의 외채 규모 및 구조는 리먼 사태가 발생한 2008년 9월을 전후로 구분한 두 기간에 따라 크게 다른 모습을 보였다. 먼저 리먼 사태 이전의 상황을 살펴보자. 2005년 말 총외채는 1,614억 달러로 외환위기 직후인 1997년 말(1,673억 달러)에 비해 59억 달러 감소(-3.5%)하였다. 그러나 2006년 이후 급격히 늘어나 리먼 사태가 발생한 무렵인 2008년 9월 말에는 총외채가 사상 최고치인 3,651억 달러를 기록하였다. 이는 2005년 말과 비교할 때 2년 9개월 만에 2,037억 달러(126%) 증가한 규모다. 특히 2008년 9월 말 단기외채가 2005년 말 대비 1,237억 달러(188%) 늘어나 단기외채 비중(단기외채/총외채)이 2005년 말 40.8%에서 2008년 9월 말에는 51.9%로 큰 폭 상승하였다. 또한 외채 상환 능력을 판단하는 지표로 자주 인용되는 유동외채 비율(유동외채/외환보유액)도 같은 기간에 41.1%에서 안정 한계 수준(100%)에 근접한 96.0%로 크게 높아졌다.

2006년부터 2008년 9월까지 외채(특히 단기외채)가 급증한 것은 주로 다음과 같은 세 가지 요인에 기인하였다. 첫째, 조선·중공업체와 자산운용사의 선물환 매도 증가로 인해 은행부문의 단기외채가 급증한 것이 가장 큰 요인이다. 실제로 이 기간 중 은행부문 외채는 총외채 증가 규모(2,037억 달러)의 2/3에 달하는 1,360억 달러나 늘어나 외채 증가를 주도하였다. 이는 조선·중공업체 및 자산운용사가 환헤지 목적으로 선물환을 대규모 매도하자 이를 매입한 거래 은행들이 단기 외화차

표 6-1. 부문별·기간별·형태별 외채 추이

		1997년 말	2005년 말	2006년 말	2007년 말	2008년 9월 말	2008년 말	2009년 말	2010년 말
	총외채	1,672.8	1,614.1	2,252.0	3,334.3	3,650.9	3,173.7	3,453.9	3,599.9
부문별	일반 정부	111.9	84.6	102.8	317.5	240.6	211.4	278.0	441.7
	통화당국	115.2	70.7	96.1	218.7	293.9	313.3	400.0	355.7
	예금취급기관	910.5	834.3	1,365.4	1,928.8	2,194.5	1,694.2	1,802.6	1,737.5
	기타 부문	535.3	624.5	687.8	869.3	922.0	954.8	973.3	1,064.8
기간별	단기	637.6	659.1	1,137.5	1,602.5	1,895.6	1,498.9	1,492.0	1,349.9
	(단기외채 비중)*	(38.1)	(40.8)	(50.5)	(48.1)	(51.9)	(47.2)	(43.2)	(37.5)
	장기	1,035.2	955.0	1,114.5	1,731.8	1,755.4	1,674.8	1,962.0	2,249.9
형태별	증권 발행	540.5	609.8	760.1	1,365.9	1,423.1	1,275.1	1,532.6	1,744.1
	차입금	1,048.4	756.4	1,228.4	1,629.1	1,869.6	1,409.8	1,464.0	1,386.6
	현금 및 예수금	8.9	90.3	118.1	158.9	156.2	269.0	174.3	167.8
	무역 신용	63.6	67.4	74.9	82.7	92.5	98.0	118.6	134.1
	기타 부채	11.2	49.2	46.8	60.2	67.8	76.5	107.6	110.1
	투자 기업 간 차입	0.2	41.1	23.8	37.5	41.9	45.3	56.8	57.3
[참고] 유동외채		863.3	864.1	1,340.6	2,039.9	2,299.7	1,892.3	…	…
(유동외채 비율)**		(973.0)	(41.1)	(56.1)	(77.8)	(96.0)	(94.0)	(…)	(…)
외환 보유액		88.7***	2,103.9	2,389.6	2,622.2	2,396.7	2,012.2	2,699.9	2,915.7

* 단기외채(계약 만기 1년 이내 외채) / 총외채(%)

** 유동외채(잔여 만기 1년 이내 외채) / 외환보유액(%), 다만 유동외채는 2009년 3월 말까지만 편제

*** 가용 외환보유액 기준으로 환산

• 자료: 한국은행 경제통계시스템(ECOS)

입을 이용한 현물환 매도를 통해 선물환 매입 포지션을 커버하는 과정에서 주로 발생하였다. 이처럼 조선업체의 환헤지가 증가한 것은 2006년 이후 세계 조선 경기가 근래에 보기 드문 호황을 보이면서 선박 수주가 급증하였기 때문이다. 세계적 경쟁력을 갖춘 우리나라 조선·중공업체들은 향후 선박 건조 기간(약 3년) 중에 공정 상황에 따라 분할(약 5회)하여 입금될 예정인 선박 수출 선수금(외화)에 대하여 환율 변동 위험을 미리 헤지hedge해 둘 필요성이 높아졌다.[58] 이에 따라 업체들은 수주 계약 시점에서 수주 대금의 상당 부분을 거래 은행과 선물환거래(기업은 매도, 은행은 매입)를 하는 방식으로 헤지하게 되었다.[59] 한편 자산운용사의 환헤지 증가는 2007년 6월 정부가 해외 증권(펀드) 투자에서 발생하는 양도차익에 대해 비과세 혜택을 부여함에 따라 일반투자가의 해외 펀드 상품 가입이 급증하였기 때문이다. 당시 판매된 해외 펀드 상품의 상당 부분이 환헤지 약정을 포함하고 있었으며 그 자금을 위탁 운용하는 자산운용사가 환헤지를 대행하였다. 당시 환헤지 비율은 선박 수주 금액 대비 약 60%, 해외 증권투자 자금 대비 약 80%로 추정되었다. 조선·중공업체 및 자산운용사로부터 선물환을 매입(선물환 자산

---

58. 삼성중공업, 현대중공업 등 우리나라 조선·중공업체들은 벌크선, 컨테이너선 외에도 유조선, 쇄빙선 등 고부가 가치의 특수·대형 선박 건조 기술이 매우 뛰어나다. 이에 따라 2006~2007년 당시 수용 능력을 초과하는 4~5년치 건조 물량을 수주하여 세계 조선업체 순위 1~7위를 모두 차지하였다.

59. 조선·중공업체가 수주 계약 시점에 환헤지(선물환 매도)를 하면 거래 은행의 경우 포지션 조정 과정에서 단기외채가 증가한다. 향후 이 업체가 해외 선사로부터 선박 수출 선수금을 받으면 이는 국제수지 통계의 수출로 계상되며, 거래 은행의 경우 선수금을 수취한 업체와의 선물환 거래 청산과 함께 단기외채가 감소한다.

증가)한 거래 은행들은 종합포지션 조정(현물환 및 선물환의 자산과 부채 규모를 일치시키는 관리 방법)을 위하여 해외로부터 단기 외화차입(현물환 부채 증가)을 늘릴 수밖에 없었다.

둘째, 외국인이 국내 채권투자를 크게 늘리면서 그 채권을 발행한 일반 정부 및 통화당국의 외채가 크게 증가한 점이다. 실제로 2006년부터 2008년 9월까지 일반 정부 및 통화당국의 외채가 각각 156억 달러 및 223억 달러 증가하였다. 이는 2007년 하반기 이후 서브프라임 모기지 부실 문제가 확산되면서 재정거래 차익이 확대되자 외국인들이 그 차익을 얻기 위해 국고채 및 통화안정증권투자를 크게 늘렸기 때문이다. 다만 외국인의 국내 채권투자는 일반 정부 및 통화당국의 외채 증가 요인이긴 하나, 재정거래 차익을 얻기 위한 은행과의 스왑거래(외국인 sell & buy, 은행 buy & sell) 과정에서 은행에 외화자금을 공급하게 되므로 스왑시장 불안을 완화하고 은행부문의 외채 증가를 억제하는 긍정적인 측면도 있었다.

셋째, 2006년 이후 세계 경제의 동반 호조로 수출입 기업을 중심으로 실물 연계 외화자금 수요가 크게 늘어난 점을 들 수 있다. 실제로 2006년부터 2008년 9월까지 은행의 기업 등에 대한 무역 금융(매입 외환 및 내국수입유산스) 및 외화대출(대외 및 대내)도 각각 194억 달러, 169억 달러 증가하였는데, 앞서 살펴본 은행부문의 외채 증가분 중에는 이러한 외화자금 수요가 포함되어 있다. 또한 이 기간 중 기업의 해외 채권 발행 및 외화차입이 늘어나면서 기타 부문 외채도 298억 달러 증가하였다.

리먼 사태 이후의 외채 구조 개선 요인

한편 외채 규모의 급증 추세는 리먼 사태를 거치면서 빠르게 안정을 되찾았으며 외채 구조도 크게 개선되었다. 총외채는 2010년 말 현재 3,600억 달러로 2008년 9월 말에 비해 51억 달러 감소하였다. 부문별로는 공공부문(일반 정부 및 통화당국)의 외채가 263억 달러 늘어났으나 그동안 외채 증가를 주도하였던 은행부문의 외채는 457억 달러 줄어든 것으로 나타났다. 만기별로는 장기외채가 495억 달러 증가하였으나 단기외채는 546억 달러 감소하였다. 이에 따라 단기외채 비중은 2008년 9월 말 51.9%에서 2010년 12월 말에는 37.5%로 크게 낮아졌으며 유동외채 비율도 마지막 공표 시점인 2009년 3월 말에 88.0%로 하락하였고 그 이후 더 크게 낮아진 것으로 추정된다.

표 6–2. 리먼 사태 이후 정부와 한국은행의 외화유동성 공급·회수 현황

(억 달러)

방식		외화유동성 공급		최종 회수
		최대	기간	
정부* 〈300.3〉	스왑 거래	100.0	2008. 10~12	2009. 11
	경쟁입찰방식 대출	92.0	2008. 11~2009. 1	2009. 6
	수출입 금융 지원	108.3	2008. 11~2009. 2	2009. 12
한국은행 〈267.7〉	경쟁입찰방식 스왑 거래	102.7	2008. 10~12	2009. 8
	미 연준 통화스왑 자금 외화대출	163.5	2008. 12~2009. 1	2009. 12
	수출환 어음 담보 대출	1.5	2008. 12~2009. 2	2009. 7
합계		568.0		

* 정부 추정치
• 자료: 기획재정부; 한국은행

이처럼 리먼 사태 이후 외채 규모가 축소되고 구조도 크게 개선된 것은 정책당국의 신속한 외화유동성 공급, 경상수지의 큰 폭 흑자 및 외국인 주식투자 자금의 대규모 유입에 따른 외환 수급 사정의 호전, 선물환포지션 한도 제도 도입 등에 힘입은 바 크다.

먼저 리먼 사태 직후 정책당국의 외화유동성 공급 조치를 살펴보자. 2008년 9월 리먼 사태 발생 직후 외은지점과 외국인의 자금 회수 *deleveraging*로 국내 금융기관이 심각한 외화유동성 부족을 겪게 되면서 외환시장 및 외화자금 시장이 크게 불안해졌다. 이를 완화하기 위해 기획재정부는 스왑거래, 경쟁입찰 방식 외화대출, 수출입 금융 지원 등을 통해 약 300억 달러를 공급하였다.

한국은행도 2008년 10월부터 2009년 2월까지 외환보유액 및 미국 연준과의 통화스왑 자금을 활용하여 은행에 경쟁입찰 방식의 스왑거래 및 외화대출을 통해 268억 달러의 외화유동성을 공급하였다.[60] 정부와 한국은행이 공급한 외화자금을 재원으로 은행들이 외화차입금을 대폭 상환하면서 2008년 4분기 중 은행부문의 외채가 500억 달러 감소하였다.

다음으로 2009년 이후 외채 구조가 대폭 개선된 것은 외환 수급 사정의 호전 등에 힘입은 것이라고 할 수 있다. 외환 수급 사정의 호전

---

60. 한국은행은 리먼 사태 이후 국내외 금융시장 불안에 대한 안전장치*backstop*를 마련하기 위하여 2008년 10~12월 중 미국 및 중국 중앙은행과 통화스왑 계약을 체결하고 일본은행과도 통화스왑 규모를 확대하였다. 한국은행은 이 중 미국 연준과의 통화스왑 자금(한도 300억 달러) 일부를 활용하여 2008년 12월부터 2009년 1월까지 경쟁입찰 방식 외화대출을 통해 은행에 총 163.5억 달러를 공급하였다.

은 주로 경상수지의 큰 폭 흑자 및 외국인 주식투자 자금의 대규모 유입에 기인한다. 경상수지는 2008년 중 32억 달러 소폭 흑자에 그쳤으나 2009년에는 흑자 폭이 1999년 이후 최대치인 328억 달러를 기록하였으며 2010년에도 282억 달러 흑자를 보였다.[61] 이는 경제 성장 등 거시 경제 지표의 개선과 더불어 국제금융시장에서 우리나라가 글로벌 금융위기 이후 다른 나라보다 월등한 경제 복원 능력을 갖춘 대표적인 나라로 평가받는 계기가 되었다. 대외 의존도가 높은 우리나라로서는 경상수지 흑자 기조의 유지 여부가 대외 경쟁력 및 외채 상환 능력을 가늠하는 주요한 잣대로 인식되기 때문이다. 이를 배경으로 외국인의 국내 주식투자가 활발해지면서 2009년 이후 주식투자 자금 유입 규모가 글로벌 위기시 유출 규모(2008년 335억 달러)를 훨씬 웃도는 480억 달러(2009년 251억 달러, 2010년 230억 달러)에 이르렀다. 외국인의 국내 채권투자도 2008년 중 40억 달러 증가에 그쳤으나 2009~2010년 중에는 290억 달러 늘어났다.

한편 정부와 한국은행은 외환 수급 및 외화유동성 사정이 호전되기 시작한 2009년 3월부터 12월까지 위기시에 공급한 외화자금을 점

한국은행과 미국·중국·일본 중앙은행 간의 통화스왑 계약 체결 내용

계약 상대방	발표일	스왑 만기일	스왑 한도	스왑 통화
미국 연방준비제도	2008. 10. 30	2010. 2. 1*	300억 달러	원/달러
중국인민은행	2008. 12. 12	2012. 4. 19	1,800억 위안 (38조 원)	원/위안
일본은행	2008. 12. 12	2010. 4. 30**	200억 달러 상당액	원/엔

* 2009년 2월 4일과 6월 26일에 계약 기간을 당초의 2009년 4월 30일에서 각각 6개월 및 3개월 연장.

** 계약 기간을 당초의 2009년 4월 30일에서 3회 연장.

61. 우리나라 경상수지는 1998년에 사상 최대의 흑자(426억 달러)를 기록하였다.

진적이고 신축적으로 전액 회수하였다. 이에 힘입어 2008년 말 2,012억 달러에 불과하던 외환보유액이 2009년 말에 2,700억 달러를 기록한 데 이어 2010년 말에는 2,916억 달러로 대폭 확충되었다. 또한 대외채권도 꾸준히 늘어나 2010년 말 현재 순대외채권 규모가 2008년 말(246억 달러)의 3배가 넘는 883억 달러에 이르렀다. 그리고 정책당국의 외화자금 회수 과정에서 은행들은 자력으로 외화를 조달하고 유동성 리스크를 보다 철저히 관리하는 능력을 기르게 된 효과도 있었다. 2009년 9월 2일 국제 신용평가기관인 피치Fitch사가 우리나라의 국가 신용등급(A+) 전망outlook을 10개월 만에 부정적negative에서 이전 수준인 안정적stable으로 상향 조정한 것도 이러한 노력의 결실이라고 볼 수 있다.[62]

그리고 2010년 들어 정부와 한국은행은 글로벌 금융위기시의 경험을 바탕으로 급격한 자본 유출입 변동을 완화할 수 있는 방안을 다각도로 검토하고 필요한 조치를 취했다. 그 중 대표적인 것이 2010년 7월 9일 도입(10월 9일 시행)한 선물환포지션 한도 제도이다. 이 제도는 외자 유출입의 급격한 변동이 외환시장 및 외화자금 시장 불안을 확산시키는 문제점을 예방하기 위한 거시 건전성 조치이다. 2006~2007년과 같이 호황기에 은행들이 수출업체 등으로부터의 선물환 매입 등 외환 파생 자산(선물환포지션)을 과도하게 늘리면서 은행부문 외채(주로 단기외채)

---

62. 당시 피치사는 우리나라 국가 신용등급 전망을 상향 조정하는 근거로 경상 및 자본거래의 유입 지속, 은행의 외환 당국 지원 자금 상환에 따른 외화 보유액의 확충, 외채 만기 구조 및 대외 금융 지표의 개선 등을 들었다.

표 6-3. 경상수지, 외국인 주식투자, 외채 및 대외채권 잔액 추이

(억 달러)

	1997	2005	2006	2007	2008	2008 1~9	2009	2010
경상수지*	−81.8	186.1	140.8	217.7	32.0	−33.0	327.9	282.1
외국인 주식투자*	7.8	−13.9	−132.7	−289.4	−334.7	−292.8	250.7	229.7
순대외채권(B−A)**	−611.3	1,556.6	1,557.0	836.5	245.5	306.0	652.8	883.3
대외채무(A)**	1,672.8	1,614.1	2,252.0	3,334.3	3,173.7	3,650.9	3,453.9	3,599.9
대외채권(B)**	1,061.5	3,170.7	3,809.0	4,170.8	3,419.2	3,956.9	4,106.7	4,483.2
(외환보유액)**	88.7***	2,103.9	2,389.6	2,622.2	2,396.7	2,012.2	2,699.9	2,915.7

* 국제수지표(BOP) 기준, '+'는 기간 중 순유입, '−'는 순유출
** 기말 잔액 기준
*** 가용 외환보유액 기준으로 환산
• 자료: 한국은행 경제통계시스템(ECOS)

가 크게 증가하였으나 2008년 9월 이후 위기시에는 급격한 외자 유출
로 은행부문 외채가 크게 감소하였다. 이 제도는 시행된 지 얼마되지
않았지만 사전에 철저한 준비와 충분한 예고 기간을 거치면서 시장에
충격 없이 원활히 정착되고 있는 것으로 평가된다. 이 제도가 도입된
2010년 하반기 중 은행부문의 단기외채는 152억 달러 감소하여 상반
기(9억 달러 증가)와는 대조적인 모습을 보였다.

한편 금융위원회와 금융감독원은 글로벌 금융위기 전개 과정에서
금융기관의 외환부문 취약 요인이 드러남에 따라 2009년 11월 「금융
회사의 외환건전성 제고 및 감독 강화 방안」을 발표하였다. 이 방안에
따라 2010년에 들어 국내 은행에 대해 중장기 외화대출 재원조달비율
규제 강화, 외환파생상품거래 리스크 관리기준 신설 등 관련 제도를

개선하였다. 이러한 노력도 2010년 중 단기외채의 감소 및 단기외채의 비중 하락 등 외채 구조 개선에 상당히 기여한 것으로 평가된다.

3. 핵심 논점

우리나라의 외채와 관련하여 핵심 논점은 현재의 외채 규모 및 구조가 적정한지 여부와 은행부문의 통화불일치 및 만기불일치가 시스템 리스크로 발전할 가능성이 있는지 여부라고 할 수 있다.

외채의 적정성

한 나라의 외채 수준이 적정한지 여부를 판단하기는 쉽지 않다. 무엇보다도 외환보유액의 경우와 마찬가지로 외채의 적정성을 판단함에 있어 국제적으로 통용되는 보편적인 기준이 없다는 점이다.

통상 외채의 규모와 구조를 평가함에 있어 자주 인용되는 지표로는 2001~2003년 중 외채 통계 편제 방식 개편을 주도한 세계은행이 세계개발금융Global Development Finance 보고서 등을 통해 제시한 지표를 들 수 있다. 이는 그동안 대외 지급에 어려움을 겪은 개발도상국의 외채 수준을 평가하기 위한 것으로, 크게 지급 능력solvency 지표와 유동성liquidity 지표로 구분한다. 지급 능력 지표는 외채/국민 총소득(명목 GNI), 외채/경상 수입, 외채원리금 상환부담률(DSR: Debt Service Ratio) 등이며, 유동성 지표는 단기외채 비중 및 유동외채 비율 등이다. 국제통

표 6-4. 세계은행의 외채 평가 지표[1]

(%)

지급 능력 지표	고채무국	중채무국	저채무국	우리나라 추이						
				1997	2000	2005	2007	2008	2009	2010
• 외채/명목 GNI[2]	50 초과 (80 초과)	30~50 (48~80)	30 미만 (48 미만)	31.6	26.6	19.1	31.7	33.8	41.3	⋯
• 외채/경상 수입[3]	220 초과	132~220	132 미만	101.1	67.5	47.5	72.1	60.4	80.0	65.8
• D S R[4]	30 초과	18~30	18 미만	12.4	14.7	10.2	7.1	7.6	10.2	9.4
유동성 지표	위험	경계	안정							
• 유동외채 비율[5]	200 초과	100~200	100 미만	973.0	73.2	41.1	77.8	94.0	⋯	⋯
• 단기외채 비중[6]	60 이상시 유의		60 미만	38.1	35.1	40.8	48.1	47.2	43.2	37.5

1. 2010년 개정된 국제수지 및 외채 편제 기준을 반영
2. ( )는 2003년 변경된 유의 수준
3. 경상 수입 = 상품 수출 + 서비스 수입受入
4. Debt Service Ratio = (장기외채 원금 + 장단기외채 이자)/경상 수입
5. 유동외채(잔여 만기 1년 이내 외채)/외화 보유액, 다만 유동외채는 2009년 3월 말까지만 편제
6. 단기외채(계약 만기 1년 이내 외채)/총외채
• 자료: World Bank, Global Development Finance, 2002; BIS, IMF, OECD & World Bank, *Joint BIS–IMF–OECD–World Bank Statistics on External Debt*, November 2001.

화기금과 무디스Moody's 등 국제 신용평가사들도 외채 평가시 항목별 포괄 범위에 다소 차이가 있지만 대체로 이와 유사한 지표를 사용한다.[63] 다만 세계은행은 주요 지표에 대해 각각 유의 수준을 제시하며,

63. 예를 들어 외채/국민 총소득 산정시 세계은행이 명목 GNI를 사용하는 반면 국제통화기금, 무디스사, 피치사는 GNI 대신 국내총생산(GDP)을 사용한다. 또한 외채/경상 수입 및 DSR 산정시 세계은행 및 국제통화기금이 상품 수출 및 서비스 수입으로 경상 수입을 계상하나, 국제 신용 평가사들은 여기에 소득수지 수입을 포함하여 계상한다.

필요할 때 일부 지표의 유의 수준을 여건 변화에 맞추어 변경하기도 한다.

그런데 이러한 지표는 각국의 외채 수준을 평가하는 보편적인 기준이 되기가 어렵다. 그 이유는 무엇일까? 첫째, 나라마다 소득 수준, 시장 개방도 및 발달 정도, 환율 제도 등 거시 경제 및 금융 상황이 다르기 때문에 외채 지표의 절대 수준을 비교하는 것은 큰 의미가 없다. 예를 들면 대다수 선진국의 경우 개발도상국에 비해 외채 규모가 크고 단기외채 비중이 높게 나타나기 마련이다. 이는 선진국의 대외 신인도 및 국제 경쟁력이 높은 데다 금융시장이 개방되고 발달되어 있어 외국 투자자들이 이들 국가나 기업이 발행한 채권에 대한 투자를 선호하기 때문이다. 뿐만 아니라 선진국의 은행 및 기업들도 높은 신용도를 바탕으로 외화차입이나 파생금융 거래를 활발하게 할 수 있기 때문이다.

따라서 세계은행 등이 제시하는 외채 평가 지표와 유의 수준은 개발도상국 또는 저소득국 간의 평가·비교 지표로 활용되어야 하며, 이를 선진국에 동일하게 적용하여 외채 취약성을 판단하는 것은 옳다고 보기 어렵다. 국제통화기금과 세계은행도 외채 평가 지표의 단순 비교는 무의미하며 제시된 각 지표의 유의 수준도 절대적 기준이 아니라고 밝혔다. 아울러 이들 국제금융기구는 경제 발전 단계, 국민 소득 수준 등에 따라 선진국(고소득국)과 개발도상국(중·저소득국)으로 분류하고 선진국(고소득국)을 외채 평가 지표 적용 대상에서 제외하였다.[64] 우리나라

---

64. 세계은행은 매년 소득 수준 등에 따라 국가 등급을 분류하고 중·저소득국*middle-/low-income economies*에 대해서는 외채 평가 지표의 유의 수준에 따라 고채무국*severely*

도 국제통화기금과 세계은행으로부터 각각 1997년 및 2003년에 선진국(고소득국)으로 분류되고 외채 평가 분류 대상에서 제외되었다.[65] 실제로 우리나라는 비슷한 시기에 외환위기를 겪었던 주변국과는 달리 2000년 들어 모든 주요 지표가 저채무국less indebted country 한계선 이하에서 크게 안정된 모습을 보였다.

둘째, 대외 지급 능력과 외채 구조가 대내외 여건에 따라 수시로 변동한다는 점이다. 특히 대외 지급 능력은 외채의 규모나 구조뿐만 아니라 외환보유액, 은행들의 자산·부채 구조 및 자체 상환 능력, 경상수지 기조, 외화 조달 사정 등 다양한 요인을 종합적으로 고려하여 평가해야 한다. 따라서 특정 시점에 외채가 적정 수준에 있다고 판단되더라도 향후 국내외 금융 경제 여건 변화에 따라 거시 경제 지표와 함께 대외 지급 능력이 달라지게 마련이므로 외채의 적정성 여부도 향후 변화를 충분히 감안하여 분석해야 한다. 국제통화기금도 경상수지 등 기초 경제 여건과 환율 제도 등을 종합적으로 고려하여 중기적·동태적 관점에서 외채 지표의 변화 추세를 파악할 것을 권고한다.[66]

셋째, 이러한 정량적 평가 기준만으로는 실제로 금융위기 발생시 국제금융시장에서 받아들이는 인식(정성적 판단)과 이에 따른 투자자들

indebted country, 중채무국moderately indebted country, 저채무국less indebted country 으로 분류하고 외채 정보를 세계 개발 금융 보고서를 통해 발표한다. 반면 우리나라를 포함한 고소득국high-income economies과 통계 작성이 어려운 국가들에 대해서는 외채 평가 분류 대상에서 제외not classified by indebtedness하고 외채 평가 지표를 편제·공표하지 않는다.

65. IMF, World Economic Outlook(Statistical Appendix), 1997. 5.

66. IMF, External Debt Statistics: Guide for Compilers and Users(Final Draft, Nov. 2001), October 2003.

의 행동 패턴과의 괴리를 설명하기가 쉽지 않다는 점이다. 실제로 지난 글로벌 금융위기 당시 우리나라는 경제 규모나 소득 수준 등 거시경제 지표는 물론 세계은행이 제시한 주요 외채 평가 지표로 보더라도 선진국 중에서 양호한 상태에 있었다. 그럼에도 불구하고 우리나라는 해외 언론 등으로부터 외채 상환 능력이 매우 취약한 나라로 인식되었다. 당시 국제금융시장에서는 리먼 사태가 발생하기 이전인 2008년 7월 초부터 경제력, 대외 신인도 등에 있어 우리나라보다 월등히 낮은 신흥시장국 또는 저소득국들과 비교하여 우리나라가 외채 상환 능력에 상당한 문제가 있는 나라로 의심하기 시작하였다.

이러한 가운데 2008년 9월 중순 리먼 사태가 발생하자 외국인들이 투자 자금을 대규모 회수하였고 국내 은행들도 외화자금의 신규 차입은 물론 만기 도래 외화차입금을 제대로 차환하기 어려워지면서 우리나라는 극심한 외화유동성 부족을 겪게 되었던 것이다.[67] 이는 우리나라가 경제적·제도적 측면에서는 선진국형의 강점을 갖추고 있지만 대외부문에 있어서는 무역·자본·금융의 높은 대외 의존도로 신흥시장국형의 취약점을 보이는 등 양면성을 가지고 있어 국제금융시장에서 일종의 회색 지대*gray zone*로 인식되었기 때문인 것으로 판단된다. 지난 10여 년간 우리나라에 대한 국제금융시장의 행동 패턴을 보면 대체로 경기 호황기나 평상시에는 높은 개방도 및 양호한 거시 경제 지

---

67. 금융감독원 자료에 따르면 국내 은행의 기간물 외화차입금 차환율은 2008년 3/4분기 중 99.8%에서 리먼 사태 직후인 2008년 10월 중에는 39.9%까지 크게 하락하였다(〈2009년 5월 말 현재 외국환은행의 중장기 재원조달비율 현황〉, 2009. 7. 1).

표 등을 근거로 선진국 대우를 하고 국내 투자를 확대하였다. 하지만 경기 불황 또는 위기 조짐이 보일 경우에는 외국인들은 소규모 개방 경제에서 불가피하게 나타나는 높은 대외 의존도를 집중적으로 부각시켜 우리나라로부터 자본을 급격하게 회수하는 경향을 보였다.

이러한 점들을 종합해볼 때 현재 우리나라의 외채 규모 및 구조는 2008년 9월 리먼 사태 발생 당시에 비해 상당히 개선되어 안정권에 있는 것으로 판단된다. 그렇지만 만일 향후 국내외 금융·경제 여건이 크게 악화될 경우에도 외채 사정이 계속 안정된 모습을 유지할 수 있다

그림 6–1. 주요국의 수출 및 수입 의존도

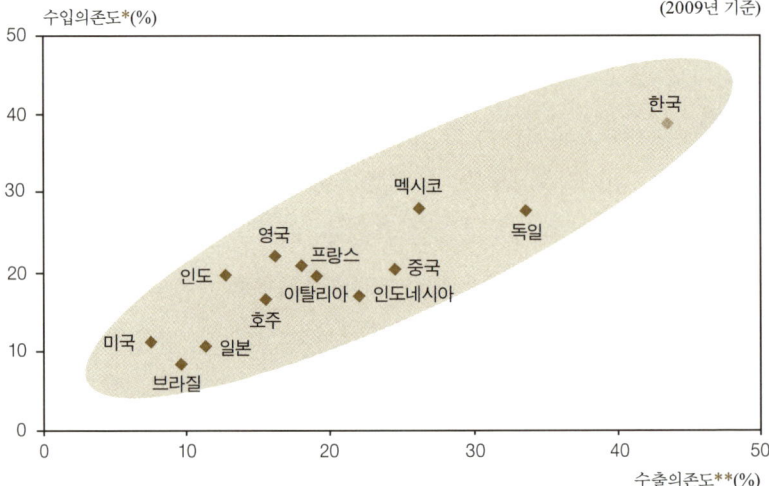

* 수입(C.I.F)/국내총생산(GDP)
** 수출(F.O.B)/국내총생산(GDP)
• 자료: IMF; Principal Global Indicators

고 장담하기는 어려울 것이다. 특히 우리나라는 꾸준한 경제 발전에도 불구하고 여전히 소규모 개방 국가로서 대외 의존도가 높은 데다 외환위기 경험stigma이 있으며 지정학적 리스크가 높은 나라로 인식되는 점이 있다.

실제로 우리나라의 무역의존도(수출입/GDP)는 세계에서 최상위 수준이며 외채의존도(외채/GDP)도 선진국에 비해 크게 낮지만 중국은 물론 우리나라보다 국가 신용등급이 낮은 브라질, 인도, 멕시코, 태국, 인도네시아, 러시아 등 여타 신흥시장국보다 높은 편이다. 또한 우리나라

그림 6-2. 주요국의 신용등급 및 외채의존도

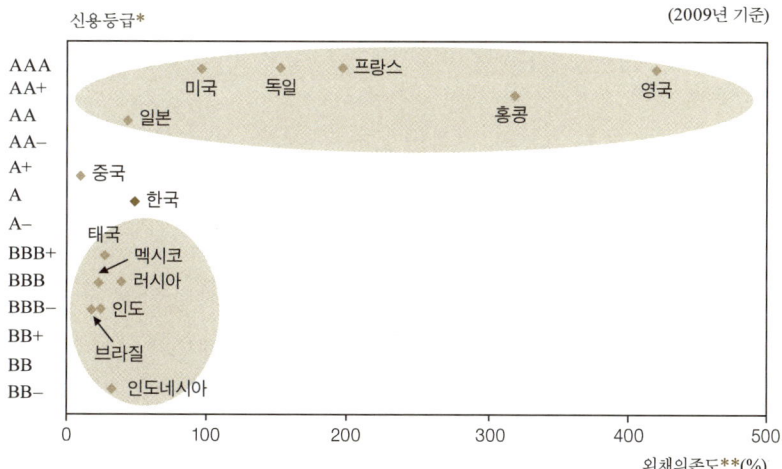

* S&P사 기준

** 외채/국내총생산(GDP)

• 자료: IMF; Bloomberg; 한국은행 경제통계시스템(ECOS)

의 CDS 프리미엄이 국가신인도나 경제력에서 훨씬 열위에 있는 말레이시아 등 신흥시장국에 비해 상대적으로 높게 나타나는 것이 현실이다. 이러한 취약점은 위기가 재발할 때 국제금융시장에서 우리나라의 외채 상환 능력을 부정적으로 평가할 수 있는 빌미가 될 수 있으므로 이에 유의해야 한다.

따라서 현재의 외채 수준이 정량적 지표에 비추어 안정권에 있다고 하더라도 외채 규모가 과도하게 늘어나거나 외채 구조가 악화되지 않도록 평상시에 보수적인 관점에서 외채를 철저히 관리해야 한다. 아울러 외채의존도를 낮추고 과도한 외화자금 수요를 억제할 수 있는 건전성 조치를 강구하는 등 위기 대응 능력을 지속적으로 배양해나가야 한다.

은행부문의 통화불일치 및 만기불일치

일부에서는 은행부문의 외화자산과 부채 간 통화불일치currency mismatch 및 만기불일치maturity mismatch 규모가 크기 때문에 국내외 충격이 발생할 때 시스템 리스크로 발전될 가능성이 높다고 주장한다.

은행부문의 통화불일치는 대외 외화자산과 외화부채의 차이로 파악할 수 있다.[68] 만기불일치도 대외 외화자산과 외화부채 간의 차이를

---

68. 은행부문의 통화불일치는 대외 외화자산과 외화부채의 차이에다 대내 외화자산과 외화부채의 차이를 합한 것으로 파악할 수도 있다. 이렇게 파악한 은행부문의 통화불일치 규모는 대외 외화자산과 외화부채 간의 차이로 파악한 은행부문의 통화불일치 규모보다 작아지게 된다. 이는 우리나라의 경우 은행들이 대내 외화자산(주로 기업에 대한 중장기 외화대출)의 재원을 대

그림 6-3. 은행의 대외 통화불일치 규모

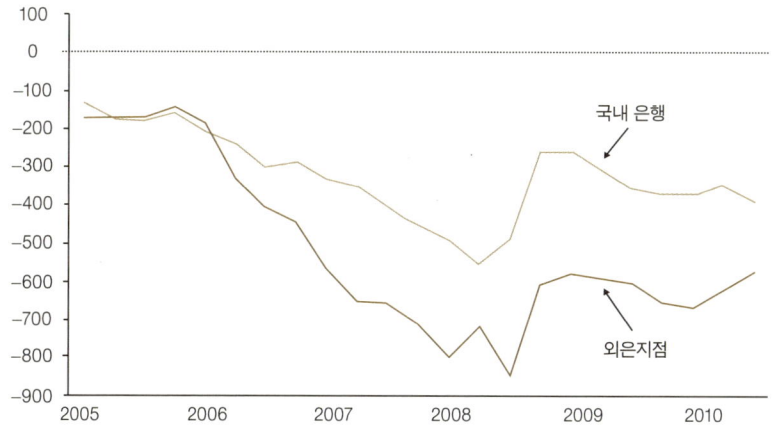

* 국내 은행 및 외은지점 B/S의 대외 외화자산 – 대외 외화부채
• 자료: 한국은행 경제통계시스템(ECOS)

단기와 장기로 구분하여 파악할 수 있다. 은행부문은 항상 대외채무가 대외채권보다 많아 만성적인 통화불일치 문제가 발생하였다. 그리고 대외 채무가 단기에 집중되어 있어 단기 만기불일치 규모는 장기보다 더 크게 나타났다.

이는 국내 은행의 경우 기업 등에 필요한 외화자금을 공급하기 위

부분 대외 외화부채로 조달하기 때문이다. 그런데 국제금융시장 사정이 악화되면 국내 은행들은 해외 은행들의 급격한 자금 회수*deleveraging*로 국내 은행들이 대외 외화부채를 대규모 상환해야 되지만 기업에 대한 외화대출 자금을 회수하기가 어려워 외화유동성 부족에 빠지게 된다. 이러한 점을 고려하면 은행부문의 통화불일치 규모는 대외 외화자산과 외화부채의 차이로 파악하는 것이 보다 현실적이고 유용한 정보라고 할 수 있다.

해서는 해외로부터 외화를 차입할 수밖에 없고 외국은행 국내 지점도 국내에서의 영업 및 채권투자를 하기 위해서는 해외(주로 본점)로부터 외화자금을 빌려와야 되기 때문이다. 은행부문의 통화불일치 규모는 2005년 말 304억 달러에 불과하였으나 2006년부터 급속도로 늘어나 2008년 9월 말에는 1,345억 달러로 크게 확대되었다. 단기 만기불일치 규모도 같은 기간 중 123억 달러에서 1,064억 달러로 급증하였다. 특히 외은지점은 2006년 이후 기업 등의 선물환 매도가 급격히 증가하는 과정에서 대규모의 단기 외화차입금을 조달하여 주로 국내 은행에 외환스왑 거래(sell & buy)로 운용함에 따라 통화불일치 및 만기불일치 규모가 크게 확대되었다. 이처럼 외은지점이 외화차입을 크게 늘

그림 6-4. 은행의 대외 만기불일치 규모

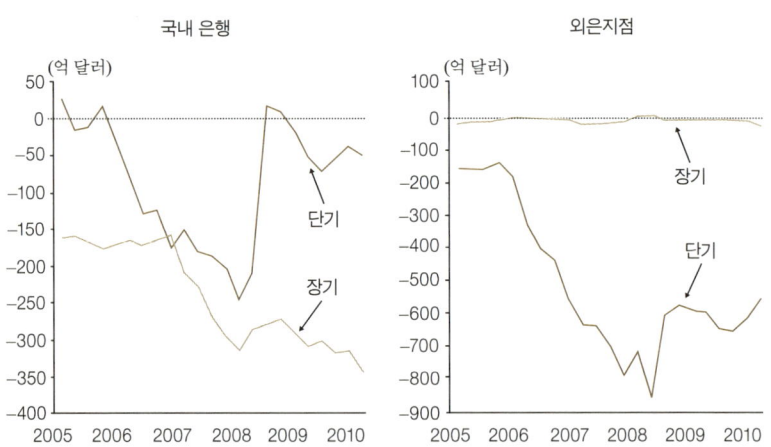

* 국내 은행 및 외은지점의 단기 및 장기 대외 외화자산 - 대외 외화부채
• 자료: 한국은행 경제통계시스템(ECOS)

릴 수 있었던 것은 국내 은행에 비해 상대적으로 외화 조달 여건이 유리한 점, 외화유동성 규제를 적용받지 않는 점 등에 기인하였다.

이와 같이 은행부문의 통화불일치 규모가 크게 증가하였던 상황에서 2008년 9월 리먼 사태의 발생으로 외은지점과 외국인의 자금 회수deleveraging가 본격화됨에 따라 국내 은행들은 심각한 외화유동성 부족을 겪었다. 이후 정부와 한국은행의 신속한 외화유동성 공급에 힘입어 은행부문의 외채가 상당히 감소하였다. 이에 따라 은행부문의 통화불일치 및 단기 만기불일치 규모도 2010년 12월 말 현재 각각 901억 달러 및 511억 달러로 대폭 줄어들었다.

한편 통화당국의 순대외채권은 2010년 12월 말 현재 2,607억 달러에 달하였다. 이 규모는 은행부문의 통화불일치 규모(901억 달러)에 비해 약 1,700억 달러 많고 단기 만기불일치 규모(511억 달러)에 비해서도 2,000억 달러 이상 많은 수준이다.[69] 이는 만약 은행부문이 외화유동성 위기에 처할 경우 통화당국이 외화유동성을 공급할 수 있는 능력을 충분히 갖추고 있다는 것을 나타내는 것이라고 할 수 있다. 이러한 점에서 현재로서는 국내외 충격이 발생하더라도 금융시스템 리스크로 발전될 가능성은 크지 않은 것으로 볼 수 있다.

그러나 이러한 정량적 분석만으로 향후 국내외 금융위기가 발생할 경우 은행부문의 통화 및 만기불일치 문제를 충분히 해결할 수 있

---

69. 리먼 사태 발생 직후인 2008년 9월 말 통화당국의 순대외채권은 2,151억 달러로 은행부문 통화불일치 규모(1,345억 달러)보다 806억 달러를 상회하였고, 단기 만기불일치 규모(1,064억 달러)에 비해서도 1,087억 달러를 웃돌았다.

표 6-5. 은행 부문의 만기별 대외채무 및 대외채권 추이

(억 달러)

		2005년 말	2006년 말	2007년 말	2008년 9월 말	2008년 말	2009년 말	2010년 말
은행 부문 대외채무(A)		834.3	1,365.4	1,928.8	2,194.5	1,694.2	1,802.6	1,737.5
장기	국내 은행	304.2	378.5	543.2	566.1	544.0	593.2	635.8
	외은지점	17.3	25.9	45.8	34.7	46.4	52.9	88.5
단기	국내 은행	279.7	442.6	546.4	654.5	425.8	436.7	430.5
	외은지점	233.1	518.4	793.5	939.3	678.0	719.9	582.8
은행 부문 대외채권(B)		530.4	631.6	763.7	849.5	827.0	776.4	836.6
장기	국내 은행	129.0	213.5	275.7	280.5	267.1	292.3	289.7
	외은지점	11.0	19.1	33.2	39.0	39.8	43.3	45.1
단기	국내 은행	296.7	320.0	360.6	446.7	443.6	366.1	410.9
	외은지점	93.6	79.0	94.3	83.3	76.5	74.6	91.0
은행 부문 순대외채권(B-A)		-303.9	-733.7	-1,165.1	-1,345.0	-867.2	-1,026.3	-901.0
장기	국내 은행	-175.2	-165.0	-267.5	-285.6	-276.9	-300.9	-346.1
	외은지점	-6.3	-6.7	-12.6	4.3	-6.6	-9.5	-43.4
단기	국내 은행	17.0	-122.6	-185.8	-207.8	17.8	-70.6	-19.6
	외은지점	-139.5	-439.3	-699.2	-856.0	-601.5	-645.3	-491.8

• 자료: 한국은행 경제통계시스템(ECOS)

다고 안심하기는 어렵다. 통화당국의 외환보유액은 규모가 충분하더라도 감소 추세가 이어지면 대외 신인도 하락 요인으로 작용하게 되고 외환보유액을 이용한 최종 대부자 기능도 그 성격상 장기간 계속 발휘되기 어렵기 때문이다. 또한 은행들이 부족한 외화유동성을 통화당국에 지나치게 의존하게 되면 국제금융시장에서 은행의 신용도가 악화된

표 6-6. 부문별 대외채무 및 대외채권 추이

(억 달러)

	2005년 말	2006년 말	2007년 말	2008년 9월 말	2008년 말	2009년 말	2010년 말
대외채무(A)	1,614.1	2,252.0	3,334.3	3,650.9	3,173.7	3,453.9	3,599.9
(통화당국)	70.7	96.1	218.7	293.9	313.3	400.0	355.7
(예금 취급 기관)	834.3	1,365.4	1,928.8	2,194.5	1,694.2	1,802.6	1,737.5
대외채권(B)	3,170.7	3,809.0	4,170.8	3,956.9	3,419.2	4,106.7	4,483.2
(통화당국)	2,134.4	2,439.4	2,674.6	2,444.6	2,055.8	2,751.2	2,962.3
(예금취급기관)	530.4	631.6	763.7	849.5	827.0	776.4	836.6
순대외채권(B − A)	1,556.6	1,557.0	836.5	306.0	245.5	652.8	883.3
(통화당국)	2,063.7	2,343.3	2,455.9	2,150.8	1,742.5	2,351.2	2,606.6
(예금 취급 기관)	−303.9	−733.7	−1,165.1	−1,345.0	−867.2	−1,026.3	−901.0

• 자료: 한국은행 경제통계시스템(ECOS)

것으로 인식되어 결과적으로 국가신인도에 부정적 영향을 주게 된다는 점도 잊어서는 안 된다.[70]

따라서 은행부문의 만성적인 통화불일치 및 만기불일치 문제를 완화하기 위해서는 평상시에 은행들이 선물환 매입 등 외환 파생 자산을 경쟁적으로 확대하고, 이에 필요한 외화자금을 단기로 조달하는 영업 행태를 조장하는 일이 없도록 금융 감독을 강화해야 한다. 이와 함

70. 리먼 사태 발생 직후 정부와 한국은행이 은행에 대규모 외화유동성을 공급함에 따라 은행부문의 통화불일치 규모가 빠르게 줄어들기 시작하였다. 그러나 피치사는 2008년 11월 10일 통화당국의 외화유동성 공급으로 외화 보유액이 감소할 우려가 있고 국내 은행의 통화당국에 대한 의존도가 크게 높아졌다는 이유로 주요 국내 은행의 신용등급을 하향 조정하는 한편 우리나라의 국가 신용등급(A+) 전망*outlook*을 안정적*stable*에서 부정적*negative*으로 낮추었다.

께 선물환포지션 한도 제도 등과 같은 거시 건전성 장치도 꾸준히 보강해 나가야 할 것이다.[71] 그리고 단기간 내에 추진하기는 어렵겠지만 중장기적으로는 국내 은행에 적용되는 외화유동성 비율을 외은지점에도 적용하는 방안을 검토할 필요가 있다고 본다.

---

71. 은행의 전체 통화불일치 규모는 현물환 포지션(외화자산 − 부채, 통상 '마이너스')을 의미한다. 그런데 은행들이 종합포지션(현물환 + 선물환포지션)을 대체로 균형(0)이 되도록 관리하고 있어 현물환 포지션 규모의 절대값은 선물환포지션(외환 파생 자산 − 부채, 통상 '+') 규모와 거의 같다. 따라서 은행들이 선물환 매입을 축소하여 선물환포지션을 줄이면 통화불일치 규모도 줄어드는 효과가 있다.

7

자본자유화 추진

우리나라의 자본자유화는 1992년 주식 시장의 부분적인 개방 이후 1996년 12월 OECD 가입과 1997년 말 외환위기를 계기로 본격적으로 추진되었다. 특히 정부는 1999년 4월에 외환 및 자본거래에 관한 법 체계를 종전의 「외국환관리법」에서 「외국환거래법」으로 전면 개편하였다. 아울러 자본거래에 대한 규제 방식을 종전의 '원칙규제·예외자유 체계*positive system*'에서 '원칙자유·예외규제 체계*negative system*'로 전환하였다. 현재 우리나라의 자본자유화 정도는 선진국 수준에 근접해 있으며 신흥시장국 중에서는 국제금융 시장이 형성되어 있는 홍콩과 싱가포르를 제외하고 가장 높은 것으로 평가한다.

이 장에서는 먼저 자본자유화의 의의와 효과를 알아보고 우리나라의 자본자유화 추진 과정을 외국인의 국내 증권투자 및 거주자의 해외 증권투자를 중심으로 살펴본다. 다음으로 외국 자본 유출입의 변동을 완화하기 위해 제기되는 방안들을 점검해본다.

1. 자본자유화의 의의와 제도 변천

자본자유화의 의의 및 효과

자본자유화란 수출입 등 경상거래와는 달리 한 나라의 거주자와 다른 나라의 비거주자 간의 자본거래에 있어 외국 돈과 자국 돈의 이동(유출입)을 자유롭게 하는 것을 말한다. 이 책에서는 외국 돈의 이동 자유화만을 다루고 자국 돈의 이동 자유화(통화 국제화)는 다루지 않는다. 신흥시장국의 경우 실질적으로 자국 통화의 국제화가 거의 이루어져 있지 않다.

자본자유화는 한 나라 경제에 있어 긍정적인 효과뿐만 아니라 부정직 효과도 가져온다. 긍정적인 효과로는 국내 자본과 자원이 부족한 나라의 경우 경제 개발에 필요한 외국 자본의 조달을 가능하게 한다는 점이다. 금융기관과 기업에 대해 대출 재원 및 수입 대금 등의 사용에 필요한 외화자금을 국내 자금보다 저렴한 비용(금리)으로 조달할 수 있게 한다는 점, 국내 금융·외환시장의 발달을 촉진시킬 수 있다는 점 등도 있다. 부정적 효과로는 외화자금이 대규모로, 그리고 지속적으로 국내로 유입될 경우 통화 증발, 환율의 급속한 하락, 자산 가격의 거품 형성 등을 야기할 수 있다는 점이다. 반대로 외국 자본이 일시에 유출될 경우 주가 급락, 환율 급등 등과 같은 금융·외환시장의 불안을 발생시킬 수 있다. 또한 외화유동성 관리가 부실한 금융기관의 파산을 일으킬 수 있고, 나아가 국내 금융·외환 시스템의 붕괴를 초래할 수 있다는 점 등을 들 수 있다.

이와 같이 자본자유화의 효과는 두 가지 측면이 있기 때문에 신흥국은 경제 발전 단계, 금융시장의 발달 정도 등을 감안하여 자본자유화의 범위와 속도를 단계적으로 추진해 오고 있다. 이에 반해 선진국은 이미 자본자유화가 거의 완전히 이루어져 있다. 한 나라의 자본자유화는 일반적으로 비거주자의 국내 투자, 거주자의 해외 투자 순으로 추진된다. 비거주자의 국내 투자는 직접투자, 증권투자 등의 순으로 이루어진다.

우리나라의 자본자유화 추진 과정

우리나라의 자본자유화는 정부가 1960년 1월에 조세 감면 혜택 부여, 원금 회수 및 과실 송금 보장 등을 주요 내용으로 하는 외자도입촉진법을 제정하여 외국인 직접투자를 허용하면서 시작되었다. 그러나 외국 기업의 국내 산업 지배, 국가 경제의 외국 자본 의존도 심화 등 부정적인 인식 때문에 외국인 직접투자는 1970년대 말까지 활발하지 못하였다.

1980년대 들어 개방 정책의 추진과 함께 자본자유화가 점차 확대 추진되었다. 외국인의 증권투자는 1981년 10월 투자신탁회사의 외국인 전용 수익 증권 발행 허용, 1984년 6월 외국 투자 전용 회사의 국내 증권 매매 허용 등을 통해 간접적인 방식으로 추진되었다. 1984년 7월에는 외국인 직접투자 허용 업종이 크게 확대되었다. 이후 1992년 주식시장의 부분적인 개방에 이어 1996년 12월 OECD 가입과 1997년 12월 말 외환위기를 계기로 자본자유화가 본격적으로 추진되었다. 특히 외환위기 이후 외환보유액의 확충이 국가의 최우선 과제로 대두되면서 외국 자본을 유치해야 하는 필요성이 크게 높아졌다. 이에 따라 정부는 1997년 12월 말과 1998년 5월 외국인 채권 및 주식투자 한도를 각각 폐지하고 1998년 9월 외국인 직접투자를 단순 신고제로 전환하는 등 외국인의 직접 및 간접투자를 사실상 완전 자유화하였다.

한편 거주자의 해외 증권투자는 1985년에 증권사에 대해 국내 법인이 해외에서 발행하는 외화표시채권 등의 인수를 허용하면서 처음 시작되었다. 이후 투자 기관과 투자 대상 증권의 범위는 점차 확대되었다. 1994년에는 일반투자가의 외화증권투자가 허용되었으며, 1996년에는 일반 투자가의 외화증권투자 한도가 폐지되고 투자 대상 외화증권 범위도 확대되었다.

1999년 4월 정부는 외환 및 자본거래에 관한 법 체계를 종전에 거래를 규제하고 관리하던 체제에서 거래의 자유를 보장하고 시장 기능을 활성화하는 방향으로 전면 개편하였다. 1962년부터 시행되어 온 「외국환관리법」을 폐지하는 대신 1999년 4월부터 「외국환거래법」을 시행하였다.[72] 이에 따라 국내 기업 및 국내 기관의 대외 영업 활동과

---

72. 「외국환관리법」 및 「외국환거래법」의 목적 조항은 다음과 같다.
　제정 당시 「외국환관리법」(법률 제933호, 1962. 1. 20일 시행)
　제1조 (목적) 본법은 외국환과 그 거래 기타 대외 거래를 관리하여 국제수지의 균형, 통화 가치의 안정과 외화자금의 효율적인 운용을 기함을 목적으로 한다.
　「외국환거래법」(1999. 4. 1. 시행)
　제1조(목적) 이 법은 외국환거래 기타 대외거래의 자유를 보장하고 시장기능을 활성화하여 대외거래의 원활화 및 국제수지의 균형과 통화가치의 안정을 도모함으로써 국민경제의 건전한 발전에 이바지함을 목적으로 한다.

관련된 대부분의 외환 거래가 자유화되었다. 아울러 자본거래에 대한 규제 방식은 종전의 '원칙규제·예외자유 체계'(positive system)에서 자본 거래를 포함한 모든 외환 거래를 원칙적으로 자유롭게 허용하되 필요한 부분만을 예외적으로 규제하는 '원칙자유·예외규제 체계'(negative system)로 전환되었다. 이와 함께 자유화 조치에 따른 외환의 급격한 유출입 발생 가능성 등 유사시에 대비하기 위한 장치가 갖추어졌다. 즉 가변예치의무제도, 자본거래허가제, 지급 수단의 보관·예치·매각 의무 부과 등 외환집중제, 대외 지급 또는 영수의 일시 정지 등의 안전장치*safeguard*를 운용할 수 있는 제도적 근거가 마련되었다.

이후 외환 및 자본거래 자유화 조치는 국내 기업, 금융기관 및 개인의 해외 투자를 중심으로 단계적으로 확대 추진되었다. 주요 내용을 살펴보면 2001년 1월에 여행 경비, 해외 이주비, 해외 예금의 한도 폐지 등 개인의 외환 거래가 자유화되었다. 2005년 6월에는 경상수지 흑자가 지속됨에 따라 외환의 공급 과잉 현상을 해소하고 여유 외환을 활용한 국내 기업의 해외 진출을 촉진할 필요가 있었다. 이에 따라 비금융기관의 금융·보험업 건별 투자 한도 폐지, 자산운용사 등의 부동산 취득 제도 개선 등 해외 투자 활성화 방안이 시행되었다.

2006년 1월 1일에는 「외국환거래법」 부칙 제2조에 의거한 자본거래허가제 적용 시한(일몰조항)이 만료됨에 따라 자본거래 중 남아 있던 허가 사항이 모두 신고 사항으로 전환되었다. 이와 함께 거주자의 해외 투자를 활성화하기 위한 조치가 추가로 실시되었다. 2006년 1월에 개인의 해외 직접투자 및 거주자의 해외 부동산 취득 규제가 완화되고, 2006년 3월에는 일반투자가의 투자 대상 외화증권의 범위 제한이 폐지되었다. 2008년 6월에는 투자 목적 해외 부동산 취득 한도도 폐지되었다.

한편 2006년 1월 자본거래허가제 적용 시한 만료 이후 한국은행 앞 신고(신고수리 포함)사항도 점진적으로 외국환은행으로 이관되거나 신고 대상에서 제외되었다. 이에 따라 신고 대상 거래 종류는 지속적으로 축소되었다. 2006년 5월 정부는 외환·자본자유화 계획을 당초 계획보다 앞당겨 추진(2011년 완료 → 2009년 완료)하기 위해 「외환자유화 추진방안」을 발표하였다. 이 방안에 따라 원화 국제화, 내국인의 해외 투자 등 외환 거래 자유화, 외환시장의 선진화 등을 단계별(1단계: 2006~2007, 2단계: 2008~2009)로 적극 추진하였다. 그 과정에서 2008년 9월에 글로벌 금융위기가 발생함에 따라 계획된 일부 내용의 추진이 잠정 중단되었고 그 상대가 현재까지 이어지고 있다.[73]

2010년 12월 말 현재 외국환거래법상 남아있는 신고 대상 자본거래의 종류는 거주자의 외화자금 차입 및 외화증권 발행, 비거주자의 거주자로부터의 증권 취득, 파생상품 거래 등 14가지다. 구체적인 거래 종류는 표 7-1과 같다.

그러나 이러한 외국환거래법의 규정과는 달리 경제협력개발기구(OECD)의 자본자유화 항목 가운데 7개 항목은 「외국인투자촉진법」, 「자본시장과 금융투자업에 관한 법률」 및 「보험업법」에 의거해 아직

---

73. 2006년 5월에 발표된 「외환자유화 추진방안」에 포함되었던 계획 중 아직까지 완료되지 않은 사항으로는 원/달러 통화 선물의 해외 선물거래소(시카고) 상장, 대외채권 회수 의무 폐지, 자본거래 신고 기관의 단계적 이관(재정부·한국은행 → 외국환은행), 국내 기관의 외국환 업무 취급 자유화(소관 업무와 관련된 모든 외환 거래 허용) 등이 있다.

표 7-1. 「외국환거래법」상 잔존 신고(또는 신고 수리)대상 자본거래

(2010년 말 현재)

1. 국내 및 해외 예금·신탁 거래	8. 비거주자의 거주자로부터의 증권 취득
2. 거주자의 외화 자금 차입, 외화 증권 발행	9. 거주자의 외국 부동산 취득
3. 거주자의 비거주자에 대한 대출 거래	10. 비거주자의 국내 부동산 취득
4. 채무 보증 계약	11. 기타 자본거래
5. 대외 지급 수단, 채권 기타의 매매 및 용역 계약	12. 역외 금융 회사
6. 파생상품 거래	13. 해외 지점에 대한 영업 기금 지급
7. 거주자의 비거주자로부터의 증권 취득	14. 해외 지점의 제한된 영업 활동

표 7-2. 「OECD 자본이동 자유화 규약」상 규제가 남은 자본거래

(2010년 말 현재)

분류 항목*	거래 종류		규제 내용
List A	I/A	직접투자	외국인 직접투자 업종 제한
List B	III/B1	부동산 거래	국내 보험사의 외국 부동산 취득 제한(자산의 30% 이내)
List A	IV/C1	증권 거래	비거주자의 공공적 법인 주식 취득시 취득 비율 제한
	IV/D1	증권 거래	국내 보험사의 외화 증권투자 제한(자산의 30% 이내)
List B	V/D1	단기 금융 상품 거래	국내 보험사의 외국 단기 금융 상품 투자 제한(자산의 30% 이내)
List A	VII/D1	집합 투자	국내 보험사의 외국 집합 투자 증권** 투자 제한(자산의 30% 이내)
List B	XI/B2	예금 거래	국내 보험사의 해외 예금 거래 제한(자산의 30% 이내)

* List A는 자유화 이후 재유보가 불가능하나 List B는 경제 여건에 따라 재유보 가능

** 외국의 집합투자기구(펀드)에 대한 출자 지분 또는 수익권이 표시된 증권

• 자료: OECD, OECD Code of Liberalisation of Capital Movements, 2010, pp.94~97.

표 7–3. 「OECD 자본이동 자유화 규약」에 의거한 자본자유화 수준(2009) 비교

(%)

	한국	OECD*	신흥국**	미국	일본	EU	멕시코	폴란드
전체***	90.9	90.3	86.5	94.9	84.8	90.4	85.9	85.9
A List	89.1	90.0	87.0	90.9	85.5	90.5	85.5	87.3
B List	93.2	90.7	86.0	100.0	84.1	90.2	86.4	84.1

* 우리나라 제외

** OECD 국가 중 터키, 멕시코, 체코, 헝가리, 폴란드, 슬로바키아

*** 「OECD 자본자유화 규약」상의 92개 (소분류) 항목별로 유보 조항이 있으면 0, 유보 조항이 없으면 1을 배정하는 'on/off' 방법으로 평가. 우리나라의 경우 외환 거래 신고 사항은 유보 사항이 아닌 것으로 처리

• 자료: OECD(2010); 오정렬, "우리나라 외환자유화의 현주소와 향후 과제," 한은 금요강좌, 한국은행, 2010. 8. 6.

규제를 받는다. 구체적 내용은 표 7–2와 같다.

　이와 같이 자본거래가 거의 대부분 자유화됨에 따라 현재 우리나라의 자본자유화 정도는 선진국 수준에 근접한 것으로 평가된다. 외환 자유화의 국제 규범에 해당되는 「OECD 자본이동 자유화 규약 OECD Code of Liberalisation of Capital Movements」에 따른 자본자유화 지수로 비교해 보면, 우리나라의 자본자유화 지수는 2009년 현재 90.9%로 34개 OECD국가 전체 평균과 비슷한 수준이고 개별 국가로는 중간 수준인 18위를 보였다.[74]

74. 우리나라의 자본자유화 지수는 「OECD 자본이동 자유화 규약」상의 92개 소항목 중 유보 조항이 없는(자유화된) 항목의 비중으로서 오정렬(2010. 8)이 산출한 것이다. 자유화된 항목 중 상당 부분에 대해 절차적 규제가 남아 있는 점을 감안하면 실질적인 자유화 정도는 이 지수 보다 다소 낮을 것으로 추정된다.

2. 자본자유화 현황

현행 자본거래의 범위는 「OECD 자본이동 자유화 규약」 체제와 국내 자본거래 체제를 고려하여 증권투자, 직접투자, 예금, 금전 대차, 부동산, 현지 금융, 파생상품 등의 유형으로 분류해 볼 수 있다. 이들 거래는 「외국환거래법」, 「외국인투자촉진법」, 「자본시장과 금융투자업에 관한 법률」 등의 적용을 받는다. 이 가운데 자본거래 규모가 크고 유출입도 빈번하여 환율, 주가, 금리 등 금융·외환시장에 큰 영향을 미치는 증권투자를 중심으로 살펴본다.[75]

증권투자란 해외 기업의 경영에 참여하지 않고 시세 차익capital gain, 배당 소득, 이자 소득 등을 목적으로 주식이나 채권 등에 투자하는 것을 말하는데, 흔히 포트폴리오투자portfolio investment 또는 간접투자indirect investment라고 불린다. 이는 비거주자의 국내 증권투자와 거주자의 해외 증권투자로 구분해 볼 수 있다. 증권투자는 기업의 경영에 참여하지 않는다는 점에서 경영에 직접 참여할 목적으로 해외현지법인을 설립하거나 기업의 일정 지분을 취득하는 직접투자direct investment 와는 구별된다.

75. 직접투자, 예금, 금전대차, 부동산, 현지 금융, 파생상품 등에 대한 구체적 내용은 외국환거래법령과 한국은행, "우리나라의 외화 제도와 외환시장," 2010. 12, pp.43~94를 참조하라.

비거주자의 국내 증권투자

제도의 변화

비거주자(일반적으로 '외국인'이라고 함)의 국내 증권투자는 1981년에 투자신탁회사에 대한 외국인 전용 수익증권 발행 허용과 함께 간접적인 방식으로 처음 시작되었다. 1984년 7월에는 외국투자전용회사의 국내 증권 매매가 허용되면서 Korea Fund가 설립되었다.

1992년 1월에 국내 주식시장이 개방되어 비거주자(외국인, 외국법인 및 국민인 비거주자) 및 외국인 거주자는 개별 법령에서 금지하지 않는 모든 국내 상장 주식을 일정 한도 내에서 직접 매매할 수 있게 되었다. 당시 종목별 한도는 10%, 종목별 1인당 한도는 3%로 하였다. 다만, 예외적으로 금융·항공·통신 등 공익 사업과 산업 정책상 보호가 필요한 업종은 8%, 해외 증권 발행 기업 등에 대해서는 증권관리위원회(현재의 증권선물위원회에 해당)가 25%까지 한도를 설정할 수 있도록 했다. 1996년 5월에 비거주자의 국내 주가지수 선물거래, 1997년 7월에는 비거주자의 국내 주가옵션지수가 각각 허용되었다. 이후 외국인 주식투자 한도는 점진적으로 확대되어 오다가 1998년 5월 25일 완전 폐지되었다. 다만 포항제철, 한국전력 등 공공적 법인에 대한 종목별 투자 한도는 30%, 1인당 투자 한도는 3%로 각각 제한되었다. 포항제철은 2000년 9월 28일 공공적 법인에서 제외되었으며, 공공적 법인(한국전력만 해당)에 대한 외국인의 종목별 취득 한도는 2000년 11월 15일에 40%로 확대되었다.

국내 채권시장은 1994년 6월에 외국인의 직접적인 투자가 허용되면서 처음 개방되었다. 비거주자의 채권투자는 중소기업이 발행한 무

표 7-4. 외국인 주식 및 채권투자 개방 주요 일지

	내용
1984. 6. 29	• 외국 투자 전용 회사의 국내 증권 매매 허용(Korea Fund 설립 1984. 7. 1)
1991. 9. 16	• 외국인에 대한 국내 주식 시장 개방 　외국인, 외국 법인, 외국인 거주자, 국민인 비거주자에 대해 개별 법령에서 주식 취득 　을 금지하지 않는 모든 상장 주식 개방
1992. 1. 3	• 기본 한도: 종목별 1인당 3%(종목별 외국인 전체 10%) • 예외 한도: 금융·항공·통신 등 공익 사업과 산업 정책상 보호가 필요한 업종 8% 　　　　　　 해외 증권 발행 기업 등에 대하여는 증권관리위원회가 25%까지 한도 설 　　　　　　 정 가능
1994. 6. 1	• 비거주자의 국내 채권투자 허용 • 중소기업이 발행한 무보증 상장 전환사채 　– 종목별 투자 한도: 상장 금액의 30% 　– 종목별 1인당 투자 한도: 상장 금액의 5% • 증권관리위원회가 지정한 국공채
1996. 5. 3	• 비거주자의 국내 주가 지수 선물 거래 허용
1997. 12. 30	• 외국인 주식투자 한도 확대 　– 일반 법인: 종목별 한도 50% → 55% • 채권투자 한도 폐지 • 외국인의 단기 공사채 수익 증권을 제외한 모든 수익 증권투자 허용
1998. 5. 25	• 외국인 주식투자 한도 폐지 　다만, 포철, 한전 등 공공적 법인에 대해서는 종목별 투자 한도를 종전 25%에서 　30%로, 1인당 투자 한도를 1%에서 3%로 각각 상향 조정
2000. 9. 28	• 외국인 투자가 제한되는 공공적 법인에서 포항제철 제외(한국전력만 해당)
2000. 11. 15	• 공공적 법인(한국전력)에 대한 외국인의 종목별 취득 한도 확대(30% → 40%) • 유통 DR 발행 절차 간소화 　– 기발행 주식 예탁 증서의 원주 전환 수량 이내에서 유통 DR을 발행하고자 하는 　경우 원주 발행 회사의 사전 동의를 생략할 수 있도록 함

보증 상장 전환사채 및 증권관리위원회가 지정한 국공채에 한해 가능해졌다. 전환 사채의 경우 종목별 투자 한도는 상장 금액의 30%, 종목별 1인당 투자 한도는 상장 금액의 5%로 하였다. 이후 외국인 채권투자 대상 및 한도는 점진적으로 확대되어 오다가 1997년 12월 30일 완전 폐지되었다.

한편 비거주자(국민인 경우에는 해외 영주권을 가진 자에 한함) 또는 증권투자 자금의 대외 송금을 보장받고자 하는 외국인 거주자(이하 '외국인 투자자'라고 함)가 원화표시 국내 증권 등을 취득 또는 매각하기 위해서는 먼저 외국환은행에 본인 명의 투자 전용 대외계정 및 투자 전용 비거주자 원화계정을 개설해야 한다. 그리고 나서 그 계정을 통해 관련 자금을 예치 또는 처분해야 한다. 다만 국제예탁결제기구가 외국인 투자자의 위탁을 받아 국채 또는 한국은행 통화안정증권을 매매하고자 하는 경우에는 당해 국제예탁결제기구 명의의 투자 전용 계정을 개설하여 관련 자금을 예치·처분할 수 있다. 이때 투자 대상 유가 증권이 파생금융 거래와 연계된 증권으로 한국은행 총재 앞 신고 대상인 경우에는 먼저 그 신고를 하여야 하며, 상장 유가증권 또는 협회 등록 유가 증권에 투자하려는 경우에는 금융감독원에 투자자로 등록하여 투자자 등록번호(ID)를 부여받아야 한다. 또한 외국인 투자자 및 국제예탁결제기구뿐만 아니라 국내 투자중개업자 및 투자매매업자도 외국인 투자자의 국내 원화 증권 취득 및 매각 또는 인정된 증권 대차 거래를 위하여 외국환은행에 자기 명의로 투자 전용 대외계정을 개설할 수 있다. 이 경우 예치 및 처분에 대한 제한은 외국인 투자자의 투자 전용 대외계정의 제한을 준용한다.

한편, 비거주자가 투자 전용 계정을 통해 증권을 취득하는 경우, 외국인 직접투자를 위해 증권을 취득하는 경우, 국민인 비거주자가 거주자로부터 국내에서 원화증권을 취득하는 경우 등에는 「외국환거래규정」에 따라 별도의 신고를 하지 않아도 된다. 그 주요 내용은 표 7-5와 같다.

이와 같이 신고 없이 취득이 가능한 경우를 제외하고 비거주자가 거주자로부터 국내 법인의 비상장·비등록 내국 통화 표시 주식 또는 지분을 「외국인투자촉진법」 제2조 제1항 8호에서 정한 출자 목적물에 의해 취득하는 경우에는 외국환은행의 장에게 신고하여야 한다. 다만 이러한 취득은 「외국인투자촉진법」 제2조 제1항 4호에서 정한 외국인 투자에 해당하지 않아야 한다. 그리고 신고 없이 취득이 가능한 경우 및 외국환은행의 장 앞 신고 대상 거래를 제외하고 비거주자가 거주자로부터 증권을 취득하고자 하는 경우에는 한국은행 총재에게 신고하여야 한다.

표 7-5. 비거주자의 증권 취득시 신고 예외 사항(중요 사항 예시)

① 투자 전용 계정을 통해 취득하는 경우(외국환거래규정 제7-32조 제1항 제1호)
② 외국인 직접투자를 위해 취득하는 경우(동 규정 제7-32조 제1항 제2호)
③ 국내 법령에 따른 의무의 이행을 위해 취득하는 경우(동 규정 제7-32조 제1항 제4호)
④ 이미 보유하고 있는 증권에 부여된 권리 행사를 위해 취득하는 경우(동 규정 제7-32조 제1항 제6호)
⑤ 국민인 비거주자가 취득하는 경우(동 규정 제7-32조 제1항 제7호)
⑥ 대부금의 대물변제, 담보권의 행사와 관련하여 취득하는 경우(동 규정 제7-32조 제1항 제9호) 등

외국인의 국내 증권투자 동향

외국인의 국내 주식 및 채권투자는 각각 1992년 1월 및 1994년 6월부터 부분적으로 허용되었다. 이후 외국인의 국내 증권투자 한도는 점차 확대되다가 채권투자 한도는 1997년 말에, 주식투자 한도는 1998년 5월 25일에 각각 완전 폐지되었다. 외국인에 대한 국내 증권 시장 개방 이후 2010년 말까지의 특징을 개략적으로 살펴보자. 첫째, 외국인 주식투자 자금은 2004년까지 대체로 상당한 규모의 순유입을 지속하였으나 채권투자 자금은 2002년까지 순유입 규모가 크지 않았다. 둘째, 2006년부터 2008년까지는 외국인 주식투자 자금이 대규모의 순유출을 기록한 반면 채권투자 자금은 상당 규모의 순유입을 보였다. 셋째, 2009년과 2010년에는 주식 및 채권투자 자금 모두 큰 폭 순유입되었다.

외국인의 국내 증권투자 동향을 주식과 채권으로 나누어 살펴보자. 외국인의 국내 주식투자 자금은 1992년 주식시장 개방 이후 순유입을 지속하다가 1997년 하반기에는 외환위기의 영향으로 14억 달러 순유출되었다. 이후 외국인의 주식투자 자금은 다시 순유입되기 시작하였는데, 1998년부터 2004년까지 7년 동안 연평균 순유입 규모가 70억 달러에 이르렀다. 그러나 2005년 4분기에 들어 외국인들이 주가 상승에 따른 차익 실현을 위해 순매도로 돌아서면서 외국인 주식투자 자금은 순유출되기 시작하여 2008년까지 유출 규모가 급격히 확대되었다. 특히 2007년과 2008년에는 미국 서브프라임 모기지 부실에 따른 위험 회피 성향 증대, 리먼 사태 이후 글로벌 신용 경색에 따른 투자 자금 회수deleveraging 등으로 외국인 주식투자 자금의 순유출 규모가 각각 289억 달러 및 335억 달러에 이르렀다. 그러나 2009년 들어 글로벌 금융위기가 완화되고 우리나라 경제가 빠른 회복세를 보임에 따라 외국인 주식투자 자금이 다시 큰 폭 유입되기 시작하여 2009년과 2010년 중 순유입 규모는 각각 251억 달러 및 230억 달러를 기록하였다. 이에 따라 외국인의 국내 주식 보유 비중(KOSPI 기준)은 2004년 7월 말에 사상 최고 수준인 43.9%를 기록한 후 하락하여 2009년 4월 말에 28.0%까지 낮아졌다가 다시 점차 높아져 2010년 12월 말에는 32.9%를 나타내었다. 2010년 말 현재 외국인 주식투자 잔액은 3,392억 달러에 달하였다.

한편 외국인의 국내 채권투자는 1994년 6월에 처음 허용된 후 2002년까지는 그 실적이 크지 않았다. 외국인의 국내 채권투자 자금은 2003년 이후 점차 확대되기 시작하였다. 특히 2007년과 2008년 상반기에는 재정거래 유인이 커지면서 각각 363억 달러 및 166억 달러에 달하는 대규모 자금이 순유입되었다. 물론 2008년 하반기에는 글로벌 금융위기에 따른 투자 자금 회수로 외국인 채권투자 자금이 126억 달러 순유출되었다. 그러나 이후 풍부한 글로벌 외화유동성, 우리 경제에 대한 긍정적 평가 및 양호한 재정 상태 등을 배경으로 2009년과 2010년에는 각각 145억 달러 순유입되었다. 이에 따라 외국인의 국내 채권 보유 비중은 2008년 5월 말에 6.4%를 기록하였으나 이후 하락하여 2009년 4월 말 3.7%로 낮아졌다가 2010년 12월 말에는 6.6%로 다시 높아졌다. 2010년 12월 말 현재 외국인 채권투자 잔액은 651억 달러에 달하였다.

표 7-6. 외국인의 국내 증권 투자 자금 유출입 추이*

(억 달러)

	1995~1999 (연평균)	2000~2004 (연평균)	2005	2006	2007	2008	2009	2010	2010년 말 잔액**
주식	34.4	78.4	-13.9	-132.7	-289.4	-334.7	250.7	229.7	3,392.4
채권	2.4	8.0	16.2	20.0	362.8	40.4	144.9	145.0	651.4
계	36.8	86.4	2.3	-112.7	73.4	-294.3	395.6	374.7	4,043.8

* 국제수지표(BOP) 기준, '+'는 기간 중 순유입, '-'는 순유출

** 금융감독원이 발표한 원화 잔액에 외국환중개회사 고시 매매기준율을 적용하여 달러화로 환산

• 자료: 한국은행 경제통계시스템(ECOS); 금융감독원

그림 7-1. 외국인 국내 주식투자 순유출입 추이(월별)

* 국제수지표(BOP) 기준

** KOSPI 기준, 시가 총액 대비 비중

• 자료: 한국은행 경제통계시스템(ECOS); 금융감독원

그림 7-2. 외국인 국내 채권투자 추이(월별)

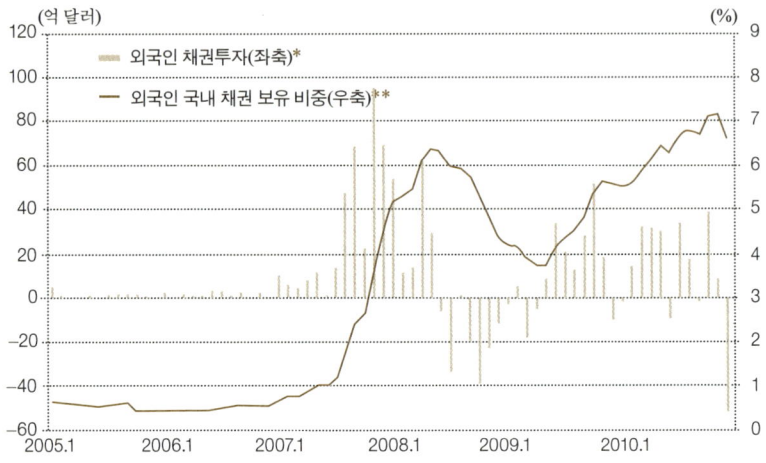

* 국제수지표(BOP) 기준
** 상장 채권 총액 대비 비중
• 자료: 한국은행 경제통계시스템(ECOS); 금융감독원

거주자의 해외 증권투자

제도의 변화

거주자의 해외 증권투자는 1985년에 증권사의 외화증권 인수단 참여와 관련한 규정이 신설되면서 처음 허용되었다. 그 규정에 따라 국내 증권사는 국내 법인이 외국에서 발행하는 외화표시채권 및 주식예탁증서(DR)를 인수할 수 있게 되었다. 당시 증권사별 인수 한도는 총발행액의 1% 이내 또는 100만 달러 이하였다. 이후 투자기관은 증권사에서 투자신탁회사, 보험사 등의 기관투자가로 넓혀졌고 투자 대상 증권

및 한도도 점차 확대되었다.

1994년에는 일반투자가의 외화증권투자가 허용되었는데, 투자 한도는 개인 1억 원, 법인은 3억 원 범위 내로 하였다. 1995년 3월에는 기관투자가의 비상장 증권투자가 투자 잔액의 10% 이내에서 허용되었다. 1996년에는 일반투자가의 외화증권투자 한도가 폐지되고 투자 대상 외화증권 범위도 확대되는 등 외화증권투자가 대폭 자유화되었다. 1999년 4월에는 역외 펀드 설립이 가능해지고 기관투자가의 투자 대상 외화증권 범위 제한이 폐지되었으며, 외화증권투자 전용 거주자계정의 예치 제한도 폐지되었다. 2006년 3월에는 일반투자가의 투자 대상 외화증권 범위 제한이 폐지되어 모든 외화증권에 대한 투자가 가능해졌다.

현행 외국환거래법령상 투자가는 기관투자가와 일반투자가로 구분되며 거주자의 해외 증권투자 절차는 투자가별로 다르다. 기관투자가의 경우 원칙적으로 투자 대상 및 절차에 대한 사전 제한이 없고 사후 보고 의무만 있다. 다만, 기관투자가가 신용파생결합증권을 매매하는 경우에는 그 기관투자가가 외국환업무취급기관으로서 외국환 업무로 취득하는 경우가 아니라면 한국은행 총재에게 신고하여야 한다.

일반투자가의 경우 외화증권투자 대상에는 제한이 없다. 그렇지만 집합투자증권 이외의 외국 증권에 투자하고자 할 때는, 투자중개업자(통상 국내 증권사)에게 외화증권의 매매를 위탁하고 외국환은행에 개설된 외화증권투자전용계정을 통해 투자 자금을 외국으로 송금하여야 한다. 그리고 일반투자가가 「자본시장과 금융투자업에 관한 법률」이 정하는 바에 의하여 외국집합투자증권을 매매하고자 하는 경우에는 국

표 7–7. 거주자의 해외 증권 취득시 신고 예외 사항(중요 사항 예시)

① 기관 투자가가 취득하는 경우(파생결합증권은 제외) 또는 일반 투자가가 투자전용계정을 통해 취득
  하는 경우(외국환거래규정 제7–31조 제1항 제1호)

② 보유하고 있는 주식 또는 지분에 대신하여 합병 후 존속·신설된 법인의 주식 또는 지분을 취득하는
  경우(동 규정 제7–32조 제1항 제4호)

③ 외국의 법령에 의한 의무를 이행하기 위하여 취득하는 경우(동 규정 제7–32조 제1항 제5호)

④ 인정된 거래에 따른 대물변제, 담보권의 행사에 따라 취득하는 경우(동 규정 제7–32조 제1항 제7호)

⑤ 국내 상장증권을 비거주자로부터 취득하는 경우(동 규정 제7–32조 제1항 제11호)

⑥ 정당한 절차를 거쳐 국내증권을 취득한 비거주자로부터 동 증권을 취득하는 경우(동 규정 제7–32
  조 제1항 제12호) 등

내 판매회사(투자매매업자 또는 투자중개업자)와 거래를 하여야 한다.[76] 만일
일반투자가가 투자중개업자 또는 투자매매업자를 통하지 않고 외화증
권에 투자하고자 한다면 사전에 한국은행 총재에게 신고하여야 한다.
한편 기관투자가가 해외 증권을 취득하는 경우, 일반투자가가 투자 전
용 계정을 통해 해외 증권을 취득하는 경우, 거주자가 국민인 비거주자
로부터 국내에서 원화 증권을 내국통화로 취득하는 경우 등에는 「외국
환거래규정」에 따라 별도의 신고를 필요로 하지 않는다. 그 주요 내용
은 표 7–7과 같다. 이러한 신고 없이 취득이 가능한 경우를 제외한 모
든 거래에 대해서는 사전에 한국은행 총재에게 신고하여야 한다.

76. 외국집합투자업자가 외국집합투자증권을 국내에서 판매하고자 하는 경우에는 먼저 해당
외국집합투자기구를 금융위원회에 등록하고 (「자본시장과 금융투자업에 관한 법률」 제279조
제1항), 국내 투자매매업자 또는 투자중개업자에게 위탁하여 판매하여야 한다(동법 제280조
제1항).

거주자의 해외 증권투자 동향

거주자의 해외 증권투자는 1985년에 처음으로 증권사에 허용된 후 1994년에 일반투자가에게도 허용되었으나 2000년까지는 그 규모가 크지 않았다. 그러나 2001년부터 거주자의 해외 채권투자가 증가하기 시작하였으며 2002년부터는 해외 주식투자도 차츰 늘어났다.

2000년 이후 거주자의 해외 증권투자 동향을 주식과 채권으로 나누어 살펴보자. 거주자의 해외 주식투자 규모는 2000년과 2001년에 각각 5억 달러 정도에 그쳤으나 이후 점차 증가하였다. 특히 2006년과 2007년에는 거주자의 해외 주식투자 규모가 각각 153억 달러 및 526억 달러로 대폭 확대되었다. 이는 일반투자가의 투자 대상 외화증권 범위 제한 폐지(2006년 3월), 간접투자 방식의 해외 주식투자에서 발생한 양도차익 분배금에 대한 한시적 비과세 조치(2007년 6월) 등에 힘입은 것으로 풀이된다. 글로벌 금융위기가 발생한 2008년에는 투자자들이 투자 자금을 회수하면서 해외 주식투자 자금이 71억 달러 순유입되었다. 그러나 2009년 이후 국제금융시장 불안이 완화되고 글로벌 주가가 회복되자 다시 순유출(2009~2010년 중 70억 달러)되는 모습을 보였다. 2010년 말 현재 거주자의 해외 주식투자 잔액은 858억 달러를 나타냈다.

한편 2000년 중 4,000만 달러에 불과하였던 거주자의 해외 채권투자는 2001년부터 보험사 등이 가세하여 2005년과 2006년에는 그 규모가 각각 140억 달러 및 160억 달러에 이르렀다. 그러나 2007년 들어서는 미국 서브프라임 모기지 부실 사태 등의 영향으로 투자 규모가 크게 둔화되었다. 글로벌 금융위기가 발생한 2008년에는 해외 채권

표 7-8. 거주자의 해외 증권투자 자금 순유출입 추이*

(억 달러)

	2000	2001~2003 (연평균)	2004	2005	2006	2007	2008	2009	2010	2010년 말 잔액**
주식	-4.8	-13.1	-36.2	-36.9	-152.6	-525.5	71.2	-21.1	-49.0	858
채권	-0.4	-40.0	-81.5	-139.5	-160.2	-38.9	163.6	35.4	13.5	277
계	-5.2	-53.2	-117.8	-176.3	-312.9	-564.4	234.8	14.4	-35.4	1,135

* 국제수지표(BOP) 기준, '+'는 기간중 순유입, '-'는 순유출
** 국제투자대조표(IIP) 기준
• 자료: 한국은행 경제통계시스템(ECOS)

금리의 하락, 신용 위험 증가 등으로 국민연금 등이 투자 자금을 회수하면서 큰 폭(164억 달러)의 순유입을 보였다. 2009년 이후에도 유입세가 지속되어 2010년 말 현재 거주자의 해외 채권투자 잔액은 277억 달러를 나타냈다.

3. 핵심 논점

우리나라는 과거에 두 차례 외국 자본의 급격한 유출로 심각한 위기를 겪은 바 있다. 2009년 이후 선진국의 제로(0) 금리와 양적 완화정책 지속으로 우리나라를 비롯한 신흥시장국으로 외국 자본의 유입이 크게 확대되었다. 이처럼 유입된 외국 자본이 대규모로 유출될 경우 또다시 과거와 같은 위기를 겪을 수 있다. 앞으로 이러한 위기를 되풀이하지 않기 위해서는 외국 자본 유출입의 변동을 완화하기 위한 방안

을 평상시에 마련해야 한다는 주장이 자연스럽게 제기되어 왔다. 이와 관련하여 몇 가지를 정리해보자.

외국 자본의 유출 억제 방안

먼저 외국 자본의 유출에 대해 생각해보자. 혹자는 과거와 같은 외환 위기나 외화유동성 위기를 겪지 않기 위해서는 외국 자본의 유출을 막기 위한 방안을 강구해야 한다고 주장한다. 하지만 어떤 나라가 외국 자본의 유출을 막는다고 하면 그 나라에 대한 평판이 크게 악화되어 외국 자본은 당연히 그 나라를 기피할 것이다. 그렇게 되면 국내 금융기관이나 기업이 영업 활동이나 투자에 필요한 외화자금을 해외로부터 조달하기가 매우 어려워진다. 따라서 외국 자본의 유출을 차단하기 위한 조치는 한 나라가 심각한 경제 위기 상황에 처하는 경우가 아니면 실시되기 어렵다.

우리나라의 경우에는 「외국환거래법」 제6조에 유사시에 대비한 안전장치safeguard로서 기획재정부 장관이 자본거래허가제, 대외 지급의 일시 정지 등과 같은 외국 자본의 유출을 방지하기 위한 조치를 취할 수 있는 근거를 마련해두고 있다. 다만, 그 발동 시기는 긴급한 상황이 발생할 경우로 제한하고 있다. 구체적으로는 기획재정부 장관은 국제수지 및 국제금융상 심각한 어려움에 처하거나 처할 우려가 있는 경우와 국내외 간 자본이동으로 통화정책, 환율정책, 그 밖의 거시 경제 정책을 수행하는 데 있어 심각한 지장을 주거나 줄 우려가 있는 경우에 자본거래에 대한 허가 의무를 부과할 수 있다. 또한 기획재정부 장관은 천재지변, 전시·사변, 국내외 경제 사정의 중대하고도 급격한 변동, 그 밖에 이에 준하는 사태가 발생하여 부득이 하다고 인정되는 경우에 대외 지급의 일시 정지 조치를 실시할 수 있다. 다만, 이러한 조치는 특별한 사유가 없는 한 6개월의 범위에서만 할 수 있고 그 조치 사유가 소멸된 경우에는 이를 즉시 해제하도록 하고 있다. 우리나라는 이러한 조치를 시행하는 즉시 「OECD의 자본이동 자유화 규약」에 따라 이를 경제협력기구(OECD)에 통보하고 그 조치의 정당성에 대해 심사를 받아야 한다.

이와 같이 우리나라는 경제 위기나 거시 경제 정책 수행에 있어 심각한 어려움이 있는 경우가 아니고서는 외국 자본의 유출 방지 조치를 취하는 것은 매우 어렵다.

외국 자본 유입 대응 방안

앞으로 외국 자본의 과도한 유입이 발생할 경우에 대비하여 어떠한 방안을 강구하느냐 하는 것이 지금 우리나라의 중요한 정책 과제이다. 다른 신흥시장국들도 우리나라와 마찬가지 상황에 처해 있다. 외국 자본의 유입에 대응하는 방법으로는 일반적으로 크게 외환시장의 불태화 개입, 국내 거주자의 해외투자 촉진, 자본 유입에 대한 직·간접적인 규제 등을 들 수 있다.

외환시장의 불태화 개입

첫째, 외환시장의 불태화 개입*sterilized intervention* 방법은 한계가 있다. 불태화 개입이란 정책당국이 외환시장에서 달러화를 매입하면 이에 해당하는 자국 통화가 시중에 공급되는데, 이에 따라 늘어나는 과잉 통화를 정책당국이 시장 개입과 동시에 증권 발행 등을 통해 흡수하는 것을 말한다. 다시 말해서 정책당국이 자국 통화의 증발 없이 국내로 유입되는 외국 자본을 흡수할 수 있는 방법이다. 이는 일견 좋은 방법인 것처럼 보인다. 그러나 국내로 대규모로 유입되는 외화자금을 시장 개입을 통해 완전 흡수하기 위해서는 막대한 재원이 필요하다. 그러나 정부(외국환평형기금)의 국채나 한국은행의 통화안정증권 발행을 통해 시장 개입에 필요한 원화 자금을 조달하는 데는 한계가 있을 수밖에 없다. 시장 개입을 위한 국채 발행 규모는 사전 국회 동의를 받아야 하는 제약이 있다. 더욱이 국채 및 통화안정증권 발행 금리가 외화자산 운용수익률보다 높아서 국채와 통화안정증권의 대규모 발행시 재정(외국환평형기금) 및 한국은행의 수지가 크게 악화되므로 국채나 통화안정증권을 무제한적으로 발행할 수도 없다. 또한 국채나 통화안정증권의 대규모 발행은 채권시장의 수급 불균형을 크게 악화시켜 시장 금리의 급격한 상승을 유발할 우려가 있다. 만일 시장 개입 재원을 채권 발행을 통해 조달하지 않고 한국은행의 발권력에 의존할 경우에는 통화 증발로 인플레이션 압력이 높아지는 부작용이 초래될 것이다. 따라서 외환시장의 불태화 개입은 재원이 허용되는 범위 내에서 환율의 급격한 변동을 완화하는 방향으로 제한적으로 실시되어야 한다.

국내 거주자의 해외 투자 촉진

둘째, 국내 거주자의 해외 투자를 촉진하는 방법이다. 외국 자본이 국내로 과도하게 들어오는 경우 거주자가 외화를 매입하여 이 외화자금으로 해외 자산을 사면 정책당국이 시장 개입에 따른 비용 부담을 지지 않으면서 해외에서 유입되는 외화자금을 다시 해외로 유출시킬 수 있다는 것이다. 반대로 외국 자본이 국내에서 유출될 경우 거주자의 해외 투자 자산을 회수하여 외환시장에 공급함으로써 시장에서 자율적으로 조절되도록 한다는 것이다.

이 방법은 논리적으로는 그럴듯하지만 상당한 위험이 따른다. 국내에 들어온 외국 자본이 유출될 때 거주자가 해외 투자 자금을 회수해 온다는 보장이 없다. 외국 자본이 국내에서 유출되는 시기에는 통상 국제금융시장 상황도 좋지 않기 때문에 거주자가 원한다 하더라도 해외 투자 자금을 회수하는 것이 쉽지 않다. 또한 거주자의 해외 주식투자의 단기간 내 급증은 국가 경제 측면에서 단기외채의 증가를 유발할 수 있으며, 개인 투자가 입장에서도 해외 주가의 급락시 재산 손실을 입게 되는 문제가 있다.

실제로 우리나라는 2007년 6월에 실시한 거주자의 해외 증권투자 활성화 조치에서 경험한 바 있다. 정부는 2007년 6월 거주자의 간접투자 방식의 해외 주식투자에서 발생하는 양도차익 분배금에 대해 2009년 말까지 한시적으로 비과세(종전 소득세 14%) 조치를 취했다. 이러한 조치에 영향을 받아 거주자의 해외 주식투자는 2007년 중 526억 달러(국제수지 기준)를 기록하였다. 이는 단기외채 증가의 주요 요인으로 작용하였다. 그러나 2008년 9월 리먼 사태 이후 국내에 들어온 외국 자본이

유출될 때 거주자의 해외 주식투자 자금은 글로벌 주가의 폭락으로 회수되기 어려웠다. 국내에 들어온 외국 자본이 유출될 때 거주자의 해외 증권투자 자금을 회수하여 이를 외환시장에 공급해야 되는데, 이는 실제로 거의 불가능하였다. 정부는 비과세 조치를 더 이상 연장하지 않고 예정대로 2009년 말에 종료했다. 따라서 국내 거주자가 자신의 판단하에 해외 투자를 하는 것은 억제하기 어렵겠지만 이를 세제 혜택까지 부여하면서 적극 장려하는 것은 좋은 방법이 아니라고 본다. 거주자의 해외 증권투자 자유화 조치를 후퇴하라는 이야기가 아니다.

자본 유입 규제

셋째, 자본 유입을 규제하는 방법이다. 앞에서 살펴본 바와 같이 외국 자본의 유출 방지, 외환시장의 대규모 불태화 개입 및 국내 거주자의 해외 투자 촉진은 현실성 있는 처방이 되지 못한다. 이에 따라 자연스럽게 자본 유입 규제 방법으로 귀착된다. 자본 유입 규제의 필요성에 대해서는 외국 자본의 과도한 유출입이 글로벌 금융위기를 촉발한 직접적인 계기가 되었다고 인식하면서 G20, IMF, BIS 회의 등을 통해 이미 국제적 공감대가 형성되어 있다. 2010년 G20 서울 정상회의에서는 외환보유액 수준이 적정하고 환율의 고평가가 심화되고 있는 신흥시장국들이 자본이동의 과도한 변동으로 지나친 조정 부담에 직면하는 상황에서는 거시 건전성 조치*macro-prudential measures*를 통해 대응할 수 있다고 합의하였다. 과거 과도한 자본 유출로 두 차례 위기를 겪은 바 있는 우리나라에게는 좋은 여건이 형성되었다.

우리나라는 이미 외국인의 국내 투자가 거의 완전 자유화되었기 때문에 외국자본의 유입 규제 방법을 찾기가 쉽지 않다. 따라서 외국자본의 유입 규모를 적절한 수준에서 억제하거나 유입 속도를 조절하기 위한 방안을 강구하는 것이 최선의 방법일 것이다. 그 방안으로서 간혹 일부에서는 가변예치의무제(VDR: Variable Deposit Requirement) 실시, 외국인의 증권투자에 대한 자본거래세 부과, 외국인의 주식투자에 대한 자본이득세 부과 등을 제기해왔다. 이들 방안의 우리나라에서의 시행 가능성을 따져보기에 앞서 그 내용에 대해 하나씩 알아보자. 이들을 정리해보면 최근에 왜 다른 방안들을 추진하고 있는지를 이해할 수 있게 된다.

먼저 가변예치의무제는 해외에서 유입되는 외화 자금 중 일부를 중앙은행 등에 무이자로 예치하도록 의무화하는 것을 말한다. 다른 나

표 7–9. 다른 나라의 가변예치의무제 시행 사례

국가	시행 시기	예치 비율*	예치 대상 및 기간
호주	1972. 12~1977. 7	25%(5~33%)	만기 2년 이상 해외 차입 대상 (만기 2년 미만 해외 차입은 금지)
칠레	1991. 6~2001. 4	20%(30%)	모든 해외 차입에 대해 만기에 따라 90일~1년간 예치 → 만기에 관계없이 1년간 예치
콜롬비아	1993. 9~2000. 5	47%	만기 18개월 미만 해외 차입에 대해 1년간 예치
	2007. 5~2008. 10	40%(50%)	외국인 포트폴리오투자 자금에 대해 6개월간 예치
태국	2006. 12~2008. 2	30%	경상 거래 및 외국인 직접투자(FDI) 자금을 제외한 총액 기준 2만 달러 이상 신규 해외 유입 자금에 대해 1년간 예치

* 제도 도입 당시 비율, ( )는 그 이후 변경된 비율
• 자료: 각국 발표 자료

라의 사례를 살펴보면 호주(1972), 칠레(1991), 콜롬비아(1993, 2007), 태국(2006) 등은 자본 유입이 급증하는 상황에서 이를 억제하기 위한 목적으로 가변예치의무제를 시행하였다. 이 제도는 1990년대 초반까지는 칠레 등의 국가에서 자본자유화를 확대하는 과정에서 자본 유입의 속도를 조절하는 데 효과적이었다는 평가를 받았다.

그러나 규제 회피를 위한 우회적인 자본 유입, 해외 투자자의 신뢰 저하, 외환시장의 이분화 등 부작용도 상당했던 것으로 드러났다. 최근에 이 제도를 시행한 국가들도 금융시장의 혼란 등으로 조기에 제도를 완화하거나 폐지하는 등 목적 달성에 성공하지 못하였다. 태국은 2006년 12월 19일 이 제도를 시행하였으나 시행 첫날 주가가 15%나 급락하는 등 금융시장이 요동을 쳤다. 이에 따라 다음날 주식투자 자금을 예치 대상에서 제외하였으며, 이후에도 면제 대상 자금 규모를 상향 조정하는 등 규제를 점진적으로 완화하다가 2008년 3월 3일 그 제도를 폐지하였다.

다음으로 자본거래세financial transaction tax는 외국인의 국내 증권투자, 국내금융기관의 해외 차입 등으로 신규로 유입되는 외화자금을 자국 통화로 환전할 때 그 자금에 대해 일정 비율의 세금을 부과하는 것이다. 최근 브라질은 외국 자본의 유입 급증으로 자국 통화가 주요국 통화에 대해 크게 절상됨에 따라 자본거래세 도입으로 적극 대응해오고 있다. 브라질은 2009년 10월 20일 외국인의 헤알화 표시 채권 및 주식투자에 대해 각각 2%의 거래세를 부과하였으며 이후 채권투자에 대해서는 두 차례 인상하여 현재 6%의 거래세를 부과하고 있다.

한편 자본이득세capital gains tax는 주식투자 등의 양도차익에 대해 세금을 부과하는 것이다. 다른 나라의 사례를 살펴보면 미국, 영국 등 주요 선진국들은 주식 양도차익에 대해 자본이득세를 부과하고 있다. 다만, 세율은 주식 보유 기간 및 양도차익 규모 등에 따라 차등 적용한다. 그러나 중국, 대만 등 신흥시장국들은 주식 거래에 대해 증권거래세만 부과하고 주식 양도차익에 대해서는 과세하지 않는다. 이들 국가는 향후 자본이득세 과세 계획에 대해서도 주식시장에 미치는 영향 등을 우려하여 신중한 입장을 취한다. 예를 들면 중국은 2007년 11월에 주식 양도차익 과세 우려로 주가가 폭락함에 따라 향후 과세 계획이 없음을 밝힌 바 있다. 대만도 1988년 9월에 주식 양도차익에 대한 과세 방침을 발표한 후 주가가 한 달 만에 30% 이상 폭락하는 등 큰 혼란을 겪음에 따라 과세 방침을 철회하였다.

우리나라에 대한 자본 유입 규제 수단별 도입 가능성 점검

우리나라의 경우 가변예치의무제는 「외국환거래법」에 유사시의 안전장치로서 규정되어 있고 외국인의 증권투자에 대한 금융거래세는 도입되어 있지 않다. 그리고 외국인의 주식투자에 대한 자본이득세는 대주주 등에만 제한적으로 적용되어 실제로는 대부분이 과세 대상에서 제외되고 있다. 여기에서 외국인 주식투자에 대한 자본이득세 부과 주장은 소액 주주를 대상으로 하는 것이라고 할 수 있다.

먼저 가변예치의무제를 살펴보면 우리나라는 1999년 4월 1일 시행된 「외국환거래법」에서 자유화에 따른 안전장치로서 자본거래허가제 및 대외지급의 정지 조치와 함께 가변예치의무제를 도입하였다. 구체적으로는 기획재정부 장관은 자본거래와 관련하여 취득하는 지급 수단의 일부를 한국은행, 외국환평형기금 또는 금융기관에 예치하도록 하는 의무를 부과할 수 있다. 하지만 이 제도도 자본거래허가제의 경우와 마찬가지로 그 시행 시기는 국제수지 및 국제금융상 심각한 어려움에 처하거나 처할 우려가 있는 경우와 거시 경제정책을 수행하는 데 있어 심각한 지장을 주거나 줄 우려가 있는 경우로 제한하고 있다. 이 제도는 시행하더라도 상시적으로 할 수 없고 6개월 이내에서 시행해야 하며 조치 사유가 소멸된 때에는 이를 즉시 해제해야 한다.

외국인의 국내 증권투자시 자본이득세 과세 대상을 규정한 「소득세법」 제119조 제11호 및 동법 시행령 제179조 제11항 제1호에 따르면 외국인이 주식(출자 지분 포함)을 양도함에 따라 발생한 소득은 원칙적으로 과세 대상이다. 하지만 소액 주주인 외국인[77]이 증권시장을 통해 양도함에 따라 발생한 소득은 과세 대상이 아니다.[78] 이에 따라 외국인이 국내에서 주식 양도차익을 얻더라도 당해 외국인이 소액 주주가 아니거나 장외에서 매매한 경우에만 과세를 할 수 있다. 이 때문에 외국인의 국내 주식투자는 대부분 과세 대상에서 제외된다.

외국인이 소액 주주가 아니거나 장외에서 주식을 양도하여 소득세법상 양도차익 과세 대상에 해당된다고 하더라도 조세조약에 따라 우

---

77. 주식의 양도일이 속하는 연도와 그 직전 5년의 기간 중 계속하여 해당 주식 발행 총액의 25% 미만을 소유한 외국인(비율 산정시 당해 외국인의 특수 관계인이 소유한 주식도 포함)을 말한다.
78. 상장 주식의 장내 거래 양도차익에 대해 과세를 하지 않는 것은 직접 금융시장을 육성하여 이를 통한 기업들의 자기자본 조달을 용이하게 하기 위한 것이다.

리나라에서 과세를 할 수 없는 경우가 많다. 우리나라는 이중 과세 방지 내용이 포함된 조세조약을 많은 국가와 체결하고 있다. 동 조약에서 외국인 투자자의 국내 주식 양도차익에 대한 과세권을 우리나라(소득 원천지국)가 아닌 투자자 소재지국에 부여한 경우가 많기 때문이다.

이와 같은 「소득세법」 규정 및 조세조약에 따라 현재 외국인의 국내 주식 양도차익은 대부분 과세 대상에서 제외되어 있다. 그런데 「소득세법」(제119조 제11호) 및 동법 시행령(제179조 제11항 제1호)은 증권 중 주식(출자 지분 포함)의 양도차익에 대해서만 일정한 경우 과세하지 않는다고 규정하고 있다. 이 때문에 외국인의 주식 이외 증권(채권 등)의 양도차익은 「소득세법」상 과세 대상이다.

앞으로 우리나라가 앞에서 살펴본 제도를 평상시에 본격적으로 시행하거나 도입하는 데는 제약 요인이 있다. 우리나라는 OECD 회원국이기 때문에 「OECD의 자본이동 자유화 규약」에 따라 국내에 심각한 경제 및 금융 혼란이 발생하지 않는 한 이미 시행 중에 있는 자유화 조치를 후퇴시킬 수 없다. 가변예치의무제, 자본거래세 등이 이에 해당된다. 우리나라가 기존의 자유화 조치를 철회하면 그 내용과 사유를 즉시 OECD에 통보하고 그 조치의 정당성에 대해 심사를 받아야 한다. 하지만 OECD의 심사 과정에서 자유화 조치를 철회할 수 있는 요건이 충족됨을 객관적으로 입증하기가 쉽지 않을 것이다. 특히 가변예치의무제는 「외국환거래법」에서 유사시에만 한시적으로 시행할 수 있도록 하고 있다.

외국인의 증권투자에 대한 자본거래세 부과는 가변예치제보다 간접적인 방법이긴 하지만 OECD 회원국 중에는 실시하는 나라가 없기 때문에 우리나라만이 이를 시행하기가 쉽지 않다. 따라서 우리나라는 앞으로 국제회의에서 자본거래세 도입에 대한 공감대가 형성되는 경우 도입 여부를 결정하는 것이 바람직하다.

그리고 외국인(소액 주주)의 주식 양도차익에 대한 과세는 우리나라가 다른 나라들과 체결한 조세조약, 증권시장 및 외환시장에 대한 부정적인 영향 등을 고려할 때 실시하기가 어려울 것으로 보인다.

외국인의 주식 양도차익에 대한 국내 과세를 위해서는 우리나라 소득세법뿐만 아니라 다른 나라들과의 조세조약도 개정해야 한다. 이는 상당한 시일이 소요될 뿐만 아니라 상대국과 합의되지 않으면 현실적으로 불가능하다. 한편 우리나라가 외국인의 국내 양도차익에 대해 과세하려면 조세조약상의 '내·외국인 동등 대우 규정'에 따라 내국인의 국내 양도차익에 대해서도 동일하게 과세를 해야 한다. 만일 주식 양도차익에 대한 과세 계획을 밝힐 경우 중국·대만의 사례에서와 같이 국내 주식시장에 큰 혼란이 초래될 수 있다. 주식 양도차익 과세 제도에 대한 도입 논의 자체가 시장에 알려질 경우 외국인뿐만 아니라 내국인(기관·개인)도 과세를 회피하기 위해 동시에 주식을 매도하면서 주가가 폭락할 가능성이 크다.[79] 또한 외국인 주식투자 자금이 우리나라에서 과세를 하지 않는 다른 신흥시장국으로 옮겨갈 경우 국내 금융 및 외환시장이 불안해지는 역효과가 발생할 가능성도 있다.

---

79. 우리나라에서도 과거에 조세 형평을 위해 주식 양도차익에 대해 과세를 해야 한다는 주장이 학계 등을 중심으로 제기되었었다. 2006년 1월에 정부의 주식 양도차익 과세 검토설로 주식시장이 크게 혼들리자 정부가 공식적으로 이를 부인한 바 있다.

표 7–10. 「외국환거래법」상 유사시 안전장치

유형	주요 내용	시행 요건
대외결제·거래의 일시정지 (제6조 1항 1호)	• 외국환거래법의 적용을 받는 지급·영수, 거래의 일부 또는 전부에 대한 일시 정지	• 천재지변·전시·사변, 국내외 경제 사정의 중대하고도 급격한 변동, 기타 이에 준하는 사태의 발생으로 인해 부득이 하다고 인정되는 경우
외환집중제 (제6조 1항 2호)	• 지급 수단 또는 귀금속의 한은·정부기관·외평기금 등에의 보관·예치·매각 의무 부과	
자본거래허가제 (제6조 2항)	• 자본거래시 정부 허가를 받도록 의무화	• 국제수지·국제 금융상 심각한 어려움에 처하거나 처할 우려가 있는 경우
가변예치의무제 (제6조 2항)	• 자본거래시 당해 거래와 관련해 취득하는 지급 수단의 일부를 한은·외평 기금 또는 금융기관에 예치토록 의무화	• 자본이동으로 인해 통화정책·환율정책·기타 거시 정책 수행에 있어 심각한 지장을 초래하거나 초래할 우려가 있는 경우
공통조항 시행 기간 (제6조 3항)	• 특별한 사유가 없는 한 6개월 이내에서 시행 가능하며, 그 조치 사유가 소멸된 경우에는 즉시 해지해야 함	
공통조항 제외 대상 거래 (제6조 4항)	• 외국인투자촉진법 제2조 제4호에서 정하는 외국인 직접투자에 대해서는 적용하지 아니함	
공통조항 시행 방법 (시행령 제11조)	• 대상 거래 및 기간, 허가 절차, 예치 대상·비율·금리·기간 등 구체적 내용을 정하여 기획재정부 장관 고시로 시행	

결론적으로 앞에서 살펴본 바와 같이 가변예치의무제, 외국인 증권투자자에 대한 자본거래세 부과 및 외국인의 주식 양도차익에 대한 과세는 평상시에는 우리나라가 실시하기 어려운 방안이다. 따라서 현 시점에서 외국 자본의 유입을 억제하기 위해서는 「OECD 자본이동 자유화 규약」에 저촉되지 않으면서 실현 가능하고 효과를 거둘 수 있는 다른 방법을 찾아야 한다. 그것이 2010년 7월에 도입한 선물환포지션 한도 제도와 2011년 하반기에 도입할 계획인 거시건전성부담금 제도인

데, 이들은 거시 외환건전성 제고 차원에서 다루어지고 있는 것이다. 이에 대해서는 8장에서 자세히 살펴본다.

8

외환건전성 규제 체계

신흥시장국의 경우 금융위기가 외환부문에서 시작되는 경우가 많았기 때문에 외환부문에 대한 건전성 규제는 매우 중요하다. 특히 자본시장이 거의 완전 개방되고 자유변동환율제를 채택한 신흥국의 경우에는 통화불일치 및 만기불일치 위험이 크기 때문에 금융기관의 외환건전성을 잘 관리해야 한다.

우리나라 금융기관의 외환건전성과 관련한 최종적인 규제 권한은 「외국환거래법」에 의거하여 기획재정부 장관에게 있다. 기획재정부 장관은 외환건전성 규제 권한을 한국은행 총재와 금융위원회에 분산 위탁하고 있다.

이 장에서는 먼저 외환건전성 규제의 의의와 목적에 대해 살펴본다. 다음으로 외환건전성 규제가 왜 필요하고 우리나라의 경우 각 기관별로 담당하는 외환건전성 규제의 범위를 알아본다.

1. 외환건전성 규제의 의의와 목적

금융기관의 건전성 규제*prudential regulation*란 개별 금융기관의 건전성을 확보하고 금융시스템 전체의 안정성을 유지하기 위해 각종 건전성 수단*prudential tools*을 사용하는 것을 말한다. 이러한 건전성 규제는 미시건전성 규제*microprudential regulation*와 거시건전성 규제*macroprudential regulation*로 구분된다. 미시건전성 규제는 개별 금융기관의 부실화 또는 도산을 방지하는 데 목적을 두는 한편 거시건전성 규제는 금융시스템 전체의 안정을 도모하는 데 목적을 둔다.

　거시 건전성에 관한 이슈는 1997년에 아시아 금융위기를 거치면서 미시 건전성 접근방식만으로는 금융시스템의 안정을 유지하는 데 한게가 있다는 인식이 확산되면서 중앙은행과 국제금융기구를 중심으로 다루어지기 시작하였다. 최근에는 2008년 9월에 발생한 리먼 사태가 단기간에 글로벌 금융위기로 확산되면서 거시건전성 규제의 중요성이 크게 증대되었다. 이에 따라 G20, IMF, BIS, FSB(금융안정위원회)[80] 등을 중심으로 거시 건전성 정책 수단의 개발을 위한 논의가 활발하게 진행되어 왔다. 특히 2010년 11월에 개최된 G20 서울 정상회의에서는 "외환보유액 수준이 적정하고 환율의 고평가가 심화되는 신흥시장

---

80. FSB(Financial Stability Board)는 G7 국가들로 구성된 기존의 금융안정포럼(FSF: Financial Stability Forum)이 확대 개편된 조직으로, 현재 G20 회원국, 유럽중앙은행, 국제기구 등으로 이루어져 있다. 주요 임무는 금융시스템의 취약성 평가 및 대응 방안의 강구와 감시, 각국 금융시장 및 규제 정책 시행 상황 모니터링 및 권고, 국제금융위기 대응을 위한 비상 대책 관리 등이다.

표 8-1. 외환 부문의 건전성 규제 수단

구분	주요 수단
외환보유액 확충	• 외환시장 개입을 통한 환율 변동성 완화 • 외환보유액 확충
은행 대차대조표 관련 규제 강화	• 금융기관의 외환포지션 한도 설정 • 외화대출 규제 • 통화 및 만기불일치 관리기준 • 유동성 리스크 관리기준
신용 규모 조절	• 지급준비금 제도
자본 유입 규제	• 가변예치의무제, 단기 차입 규제 등 외화차입 규제 • 금융거래세 등

• 자료: Committee on the Global Financial System, "Macroprudential instruments and frameworks: a stocktaking of issues and experiences," CGFS Papers No. 38, BIS, May 2010; Ramon Moreno, "Policymaking from a "macroprudential" perspective in emerging market economies," BIS Working Papers No. 336, January 2011.

국들은 자본이동의 과도한 변동으로 지나친 조정 부담에 직면하는 상황에서는 거시 건전성 조치*macroprudential measures*를 통해 대응할 수 있다"고 합의하였다. 이와 같이 거시건전성 규제의 필요성에 대해서는 국제적인 공감대가 형성되었다고 할 수 있다.

건전성 규제는 규제가 적용되는 통화에 따라 국내 금융부문과 외환부문에 대한 건전성 규제로 구분해 볼 수 있다. 선진국의 경우 각국의 통화가 국제적으로 통용되고 국내 금융과 외화 금융 간 구분이 사실상 어렵기 때문에 국내 금융과 외화 금융에 대한 건전성 규제를 구분하는 것은 별 의미가 없다. 그러나 신흥시장국의 경우에는 금융위기가 외환부문에서 시작되는 경우가 많았기 때문에 외환부문에 대한 건전성 규제(이하에서는 외환건전성 규제라고 함)가 매우 중요하다. 특히 자본시장이 거의 완전 개방된 상황하에서 자유변동환율제를 채택한 신흥국의 경우 통화불일치currency mismatch 및 만기불일치maturity mismatch 위험이 크기 때문에 금융기관의 외환건전성을 적절히 관리해야 한다.[81]

외환부문의 건전성 제고를 위한 수단은 크게 외환보유액 확충, 은행 대차대조표 관련 규제 강화 조치, 신용 규모 조절 장치, 자본 유입 규제 등을 들 수 있다. 금융기관에 대한 외환건전성 규제는 초기에는 외화예금 인출에 대비한 일정 비율의 지급준비금을 부과하는 수준에 불과하였다. 그러나 자본자유화의 진전으로 외환 거래가 증가하고 복잡·다기화되는 한편 과도한 외국 자본의 이동이 금융위기 발생의 주된 원인으로 지적되면서 외환건전성 규제가 점차 강화되어 왔다.

2. 우리나라의 외환건전성 규제 체계

우리나라 금융기관의 외환건전성과 관련한 최종적인 규제 권한은 기획재정부 장관에게 있다. 「외국환거래법」 제11조 제2항은 외환시장의 안정과 외국환업무취급기관 등(외국환업무취급기관,[82] 환전영업자, 외국환중개회사)의 건전성 유지를 위해 필요한 경우 기획재정부 장관은 외국환업무

---

81. Allen(2002) 등은 통화불일치 확대가 신흥시장국의 금융위기를 초래한 주요인이었다고 주장하였으며, Greenspan(2001)은 금융기관들의 통화 및 만기불일치double mismatch 확대는 '대화재의 불씨Tinder Awaiting Conflagration'라고 지적하였다.
82. '외국환업무취급기관'의 정의는 1장 '외환정책 운영 체계'를 참조하라.

취급기관 등의 외국 통화 자산·부채 비율을 정하는 등 외국 통화의 조달과 운용에 대한 제한을 할 수 있다고 규정한다. 그리고 「외국환거래법시행령」 제21조는 기획재정부 장관의 외환건전성 규제 항목 및 규제 기준 등을 규정한다. 이러한 기획재정부 장관의 외환건전성 규제 권한은 외국환거래법령에 따라 한국은행 총재와 금융위원회에 분산 위탁된다(「외국환거래법」 제23조 제1항, 「외국환거래법시행령」 제37조 제2항 및 제3항).

기획재정부 장관의 외환건전성 규제 권한 중 한국은행 총재에게 위탁된 사항은 금융기관의 거시 외환건전성 및 외국환중개회사와 환전영업자의 업무 기준과 관련된 것으로 특정 외화부채에 대한 지급준비금의 최저 한도 설정,[83] 외국환은행의 외국환 포지션 한도 설정, 외화자금의 조달 및 운용 방법 설정, 외국환중개 업무에 대한 기준 설정, 환전영업자에 대한 환전 업무 기준 설정 등 다섯 가지 항목이다. 이 중 외국환은행의 외국환 포지션 구분과 한도는 기획재정부 장관이 「외국환거래규정」 제2–9조 및 제2–9조의 2에서 직접 설정한다. 이 때문에 실제로 한국은행 총재는 매입초과포지션 및 매각초과포지션의 정의, 포지션 산정 기준이 되는 자산 및 부채의 범위, 포지션 산정 및 한도 관리 방법 등에 관한 사항만을 정하고 있다.

한편 금융위원회에 위탁된 사항은 주로 금융기관의 미시 외환건전성과 관련된 것으로, 외국환은행 이외의 외국환업무취급기관에 대한 외국환 포지션 한도 설정, 외화자산 및 외화부채의 비율 설정, 역외계

---

83. 한국은행은 지급준비금의 최저 한도 설정을 중앙은행 고유의 권한으로 인식하고 내부 정책 결정기구인 금융통화위원회가 「외화예금 지급준비규정」을 통해 정한다.

표 8–2. 외국환업무취급기관 등에 대한 외환 건전성 규제 권한 위탁 현황

수탁 기관	규제 대상	규제 사항	규제 기준
한국은행 총재	외국환업무 취급기관	• 특정 외화부채에 대한 지급준비금 최저 한도 설정	• 외화부채의 범위, 지급준비금의 대상 통화·적립 시기 및 최저 한도 설정
		• 외국환 포지션 한도 설정 (외국환은행 대상)	• 포지션 구분 및 한도,* 산정 기준 자산 및 부채의 범위, 산정 방법, 산정시기 및 기간 설정
		• 외화 자금의 조달 및 운용 방법 지정	• 조달·운용 항목과 항목별 조달·운용 방법 설정
	외국환 중개회사	• 외국환중개 업무 기준 설정	• 대상 업무 또는 운용 방법 설정
	환전영업자	• 환전 업무 기준 설정	• 외국 통화의 매도 제한 대상 및 기준 설정
금융위원회	외국환업무 취급기관	• 외국환 포지션 한도 설정 (외국환은행 이외의 외국환업무취급기관 대상)	• 포지션 구분 및 한도,** 산정 기준 자산 및 부채의 범위, 산정 방법, 산정 시기 및 기간 설정
		• 외화자산 및 외화부채 비율 설정	• 만기별 자금의 조달 및 운용 방법과 자산 및 부채의 범위 및 기준 설정
		• 역외 계정 설정	• 설치 대상 기관의 범위, 자금의 조달·운용 방법과 계리 방법의 기준 설정
		• 외국환 계정 계리 기준 설정	• 계정 과목과 계리 방법 설정
		• 위험관리기준 설정	• 대상 업무 및 기준 설정

* 기획재정부 장관이 「외국환거래규정」에서 외국환 포지션의 구분(제2–9조)과 한도(제2–9조의 2)를 직접 정하기 때문에 실제 한국은행 총재는 그 외의 사항만을 정하고 있음.

** 종합금융회사에 대한 외국환 포지션의 구분과 한도는 「외국환거래규정」 제2–23조에 의거해 동 규정 제2–9조와 제2–9조의 2를 준용함.

정 설정, 외국환계정 계리기준 설정, 외국환 업무에 따른 위험관리기준 설정 등 다섯 가지 항목이다.

9

거시 외환건전성 규제

한국은행 총재가 기획재정부 장관으로부터 위탁받은 외환건전성 규제 권한은 주로 거시 외환건전성과 관련된 것으로서 외화예금에 대한 지급준비금의 최저 한도 설정(한국은행은 중앙은행 고유의 권한으로 인식), 외국환은행에 대한 외국환 포지션 한도 설정, 외화 자금의 조달 및 운용 방법 설정 등이다.

한편 기획재정부, 금융위원회, 한국은행 및 금융감독원은 2010년 6월 13일 외환 부문의 거시 건전성 제고를 위해 선물환포지션 한도 제도 도입 등「자본 유출입 변동 완화방안」을 발표하였다. 또한 기획재정부 등은 2010년 12월 19일 급격한 자본 유출입에 따른 경제 위험 요인을 최소화하기 위하여「거시건전성부담금 도입방안」을 발표하였다.

이 장에서는 외화예금 지급준비금, 외화대출 용도 제한, 외환포지션 한도, 거시건전성부담금 등 거시 외환건전성 규제 방법을 각 수단별로 자세히 살펴본다. 다음으로 그동안의 거시 외환건전성 규제에 대한 평가와 앞으로의 추진 방향을 제시한다.

1. 외화예금에 대한 지급준비금의 최저 한도 설정

의의

지급준비제도란 금융기관에 대해 예금 채무 중 일정 비율에 해당하는 지급준비금을 중앙은행에 강제적으로 예치토록 하는 것을 말한다. 이 제도는 원래 예금자 보호를 위한 수단으로 도입되었으나 1930년대부터 금융기관의 신용 공급을 조절하는 통화정책 수단으로서의 기능이 더욱 중시되고 있다. 즉 지급준비제도는 필요지급준비율의 변경을 통하여 금융기관의 신용 창조 능력에 직접적이고 즉각적인 영향을 미칠 뿐 아니라 금융기관은 필요지급준비금을 무이자로 중앙은행에 예치해야 하기 때문에 금융기관의 자금 조달 코스트에도 영향을 미친다.

우리나라의 외화예금 지급준비금 제도

현재 우리나라는 한국은행 금융통화위원회가 금융기관의 원화예수금뿐만 아니라 외화예수금에 대한 지급준비금의 최저 한도를 설정하고 있다. 외화예금에 대한 지급준비제도는 1967년에 한국외환은행이 외국환 전문은행으로 설립되고 5개 시중은행이 갑류 외국환은행으로 승격되는 등 국내 은행의 외국환 업무가 본궤도에 오르기 시작하면서 1967년 7월 하반월부터 도입되었다.

현행 외화예금 지급준비제도를 간단히 살펴보면 외화예금 지급준비금을 한국은행에 예치하여야 하는 자는 외국환거래법상의 외국환은행이다. 지급 준비 대상 외화예금은 외국환은행의 모든 외화예수금 및 양도성예금증서[84]를 그 대상으로 한다. 현재 외화예금의 종류는 계좌를 개설하는 주체에 따라 거주자가 개설하는 거주자계정, 비거주자(또는 외국인 거주자)가 개설하는 대외계정(투자전용대외계정 포함), 해외이주자가 개설하는 해외이주자계정 등으로 구분된다. 거주자계정과 대외계정에는 당좌예금, 보통예금, 통지예금, 정기예금, 정기적금 등 다섯 가지 예금이 있으며, 해외이주자계정에는 정기적금을 제외한 네 가지 예금이 있다. 그리고 계정의 구분이 명확하지 않은 때에는 별단예금으로 개설할 수 있다.

예치해야 될 최저 외화예금 지급준비금의 계산 방법과 과태금 부과에 관하여는 원화예금 지급준비금 관련 규정을 준용한다. 최저 외화예금 지급준비금의 계산 방법은 상반월(1일~15일)과 하반월(16일~말일)로 구분하여 지급 준비 대상 외화예금의 평균 잔액을 계산하고, 여기에 최저 예금지급준비율을 곱하여 산출한다. 매 상반월(1일~15일) 중 매일의 외화예금 잔액을 평균하여 계산한 필요지급준비금은 익월 둘째 주 목요일부터 익월 넷째 주 수요일까지, 매 하반월(16일~말일) 중 매일의 외화예금 잔액을 평균하여 계산한 필요지급준비금은 익월 넷째 주 목요일부터 익익월 둘째 주 수요일까지 한국은행에 당좌예금으로 예치하여야 한다. 예치금에 대해서는 이자를 지급하지 않는다. 지급준비금

---

84. 외국환거래법상 양도성예금증서는 예금이 아닌 증권으로 분류된다(「외국환거래법」 제3조 제1항 제7호, 「외국환거래법시행령」 제4조). 그런데 한국은행 총재는 금융기관의 외화예금을 포함한 외화부채에 대해 지급준비금을 부과할 수 있기 때문에(「외국환거래법시행령」 제21조 제1호, 제37조 제3항 제3호 가목) 외화 표시 양도성예금증서에 대해서도 지급준비금을 부과한다.

예치 통화는 미 달러화로 하되, 엔화 예금의 경우에는 엔화로 예치할 수 있다. 금융기관은 외화예금 지급준비금의 반월평잔이 필요 예금지급준비금에 미달하였을 때에는 평균 부족액의 1% 해당하는 과태금을 당해 예치반월 최종 영업일의 매매기준율로 환산한 원화 금액으로 한국은행에 납부하여야 한다.

외화예금 지급준비율 추이

금융기관의 최저 외화예금 지급준비율 추이를 보면, 1968년 9월 하반월부터 1979년 11월 상반월까지는 저축성 예금과 요구불 예금 간에 차등 지준율을 적용하였다가 1979년 11월 하반월부터는 예금종별 구분 없이 단일 지급준비율을 적용토록 하였다. 그러나 1985년 들어 거주자계정 외화예금이 급증함에 따라, 1985년 7월 하반월부터 거주자계정(단, 개인인 외국인 거주자, 재외 공관 근무자 및 동거 가족이 개설한 외화계정 제외) 외화예금에 대하여는 대외계정(비거주자, 개인인 외국인 거주자, 재외 공관 근무자 및 동거 가족이 개설한 외화계정), 은행계정(금융기관이 개설한 외화계정) 및 해외이주자계정(해외이주자, 재외동포가 개설한 외화계정)의 외화예금보다 높은 수준의 지급준비율을 적용해오고 있다. 이와 같이 거주자계정 외화예금에 대하여 상대적으로 높은 수준의 지급준비율을 적용하는 이유는 원/달러 환율이 상승(절하)하는 시기에 환차익을 목적으로 한 외화예금 수요의 급격한 증가를 억제하기 위한 것이다.

한편, 1999년 4월 1일 「외국환거래법」의 시행과 함께 은행계정을 별도 구분하지 않고, 외국환은행이 개설한 외화계정은 거주자계정, 외

표 9–1. 외화예금 지급준비율 추이

(%)

시행일	저축성 예금	요구불 예금
1967. 2. 8	15.0	15.0
1968. 9. 23	10.0	15.0
1978. 9. 8	5.0	7.0
1979. 11. 23	1.0	1.0
1985. 7. 23	1.0 (20.0)	1.0 (20.0)
1987. 2. 20	1.0 (4.5)	1.0 (4.5)
1990. 3. 8	1.0 (11.5)	1.0(11.5)
1996. 4. 23	1.0 (9.0)	1.0 (9.0)
1996. 11. 8	1.0 (7.0)	1.0 (7.0)
1999. 7. 23	1.0 (7.0*)	1.0 (7.0*)
2000. 4. 8	1.0 (2.0)	1.0 (5.0)
2003. 9. 8	1.0 (2.0**)	1.0 (5.0**)
2006. 12. 23	1.0 (2.0)	1.0 (7.0)

* 1999년 7월 23일부터 외국환은행이 개설한 거주자계정은 1% 적용
** 2003년 9월 8일부터 만기 1개월 미만 외화 정기예금, 만기 30일 미만 외화양도성예금증서, 만기 6개월 미만 외화 정기적금 및 외화통지예금은 요구불예금 지급준비율 적용
• ( )는 거주자계정에 대하여 적용
• 자료: 한국은행, 〈조사통계월보〉

국 소재 금융기관이 개설한 외화계정은 대외계정에 각각 포함되도록 하였다. 이 중 외국환은행이 개설한 거주자계정에 대하여는 종전과 마찬가지로 낮은 수준의 지급준비율을 적용하고자 1999년 7월 하반월부터 거주자계정에서 구분하였다. 2000년 4월 상반월부터는 원화예금 지급준비율과의 형평을 고려하여 거주자계정의 지급준비율을 인하하고 지급준비금 제도의 취지에 따라 요구불 예금과 저축성 예금의 지

급준비율을 차등 적용하였다. 2003년 9월 상반월부터는 저축성 예금이지만 단기 내 인출이 가능한 외화 통지예금의 지급준비율을 인상하고 외화 정기예금, 외화 양도성예금증서 및 외화 정기 적금 등에 대해 최소 만기를 규정하였다.

2011년 2월 말 현재 외국환은행이 한국은행에 예치하여야 할 외화예금 지급준비금의 최저율은 예금 종류별로 1~7%로 되어 있다. 대외계정, 해외이주자계정 및 외국환은행이 개설한 거주자계정 예금과 동 계정 개설 대상 해당자의 외화 양도성예금증서는 1%이다. 거주자계정 중에서 만기 1개월 이상 외화 정기예금, 만기 30일 이상 외화 양도성예금증서 및 만기 6개월 이상 외화 정기적금은 2%이며, 기타 예금은 7%이다.

2. 금융기관의 외화대출 용도 제한

의의

외화대출은 외국환은행 등 외국환업무취급기관이 국내 거주자에게 물품 수입 또는 용역 대금 지급, 해외 직접투자 자금, 대외 외화차입금 원리금 상환 등 주로 해외 사용 목적의 실수요 자금을 달러화, 엔화 등 외화 표시로 자금을 대출하는 것을 말한다.

통상 외화대출은 외국환은행이 외화자금을 조달하여 기업 등에게 대출하는 것을 의미한다. 그렇지만 국제금융기구 등으로부터 차입하여 특정한 용도로 대출되는 전대차관자금 대출, 수출입과 관련하여 신용을 공여하는 매입외환 및 내국수입유산스 등도 넓은 의미의 외화대출에 포함된다.

현재 외화대출 업무를 취급할 수 있는 외국환업무취급기관은 외국환은행 이외에 종합금융회사, 보험회사, 여신전문금융업자 등이 있다. 한국은행은 은행을 포함한 외국환업무취급기관의 외환건전성 유지를 위하여 필요하다고 인정되는 경우 외화대출의 용도를 제한할 수 있다. 이 권한은 「외국환거래법」 제11조 제2항 및 동법 시행령 제21조 제3호에 의거하여 기획재정부 장관에게 속하지만 동법 시행령 제37조 (권한의 위임·위탁) 제3항에 따라 한국은행 총재에게 위탁되어 있다.

금융기관 외화대출 용도 제한의 변천

우리나라의 외화대출 제도는 원자재 및 시설재 도입을 지원하기 위해 1952년 11월 「외화대부에 관한 취급규정」이 제정되면서 시작되었다. 과거 외화대출은 외채 관리, 통화 및 환율 관리상의 목적으로 융자 대상을 물품의 수입 또는 기술 도입 대가, 해외 직접투자 자금, 국산 기계 구입 자금 등으로 제한하고 운전자금 등 원화 소요 자금 용도의 외화대출 취급은 제한하였다. 이는 관리변동환율제도 시행 당시 환위험이 거의 없는 상황에서 외화대출이 원화 대출에 비해 금리면에서 크게 유리함에 따라 용도를 제한하지 않을 경우 외화대출이 크게 늘어나고 외채가 누증할 것을 우려하였기 때문이었다.

그러나 외환위기 이후 자유변동환율제도로의 전환, 외환 자유화 추세 등 금융 환경이 크게 변화하였고, 외국인 투자 기업의 자금 관리 및 중소기업의 외화자금 조달 애로를 해소해 줄 필요성이 커졌다. 이에 따라 2001년 10월 외화대출 용도 제한이 전면 폐지되면서 외화대출은 완전 자유화되었다.

2005년 이후 외화대출은 원화 사용에 목적을 둔 운전자금 대출을 중심으로 빠른 속도로 늘어나기 시작하였고 2006년에는 그 증가세가 크게 확대되었다. 원화 사용 목적의 운전자금 외화대출은 사실상 원화대출이 외화대출로 전환된 것이다. 이는 과도하게 증가할 경우 해외로부터의 외화차입(외채)을 크게 증가시키고 외환시장 공급 요인으로 작용하여 원화절상 압력을 가중시키는 문제가 있었다. 또한 저금리 엔화 표시 운전자금 대출은 환율 변동 위험에 노출되어 엔화가 강세를 나타낼 경우 원금 상환 부담이 크게 늘어날 우려가 있었다. 정책당국은 2006년에 외국환은행을 대상으로 외화대출을 실수요 위주로 취급토록 창구 지도를 실시하였으나 운전자금용 외화대출은 계속 큰 폭으로 증가하였다.

이에 대응하여 2007년 8월 한국은행은 건전성 규제 차원에서 외국환은행의 거주자에 대한 외화대출의 용도를 해외 실수요 자금과 제조업체에 대한 국내 시설자금으로 제한하였다. 이에 따라 제조업체의 국내 시설자금을 제외한 원화 사용 목적 자금과 대내 외화차입금 원리금 상환 자금 등 기타 해외에서 사용함을 목적으로 하지 않는 자금에 대한 외화대출은 금지되었다. 이후 제조업체와 타업종 간 형평성 문제 등을 감안하여 2008년 1월에는 비제조업체에 대한 국내 시설자금 목적의 외화대출을 허용하였다.

이 조치 이후 원/달러 환율 및 원/엔 환율의 급등세가 지속되면서 외화대출자들의 어려움이 커졌다. 이에 따라 만기가 도래하는 원화 사용 목적 운전자금 외화대출 차주들의 상환기일을 조절할 수 있도록 한국은행은 2008년 3월 운전자금 외화대출 상환 기간을 1년간 연장하고 10월에는 운전자금 외화대출 상환 기간을 추가로 1년간 연장하였다. 또한 그해 10월에는 국내 수출 기업이 환위험 헤지 목적으로 가입한 KIKO(Knock–In Knock–Out)[85] 등 통화옵션 거래 결제 자금에 대한 외화대출을 허용하였다. 이는 KIKO 등 통화옵션 상품에 가입한 국내 수출 중소기업들의 경우 거래 손실 또는 평가 손실의 큰 폭 증가로 도산 가능성이 높아지는 등 어려움이 증대되고, 이로 인해 실물 경제가 위축될 것으로 우려되었기 때문이었다. 이후 그해 12월에는 2007년 8월 10일 외화대출 용도 제한 조치 이전에 실행된 운전자금 외화대출에 대한 상환 기한 제한을 폐지하여 해당 외화대출에 대한 만기 연장은 외국환은행이 자율적으로 판단하여 시행하도록 하였다.

한편 글로벌 금융위기의 영향으로 2009년에 크게 감소하였던 외화대출이 2010년에 들어 다시 증가세로 돌아섰다. 향후 국내 경기 회복세 지속, 원화 및 외화대출 간 금리 격차 상존, 원화가치 절상 기대 등에 따라 외화대출 수요가 국내 시설자금 대출로 확산될 경우 외화대출이 빠르게 증가할 가능성이 대두되었다. 앞으로 원화 사용 목적의 국내 시설자금 외화대출이 과도하게 증가할 경우 이는 외화차입(외채)

---

85. KIKO는 수출 기업들이 환율 변동의 위험을 헤지하기 위하여 가입하는 통화옵션 상품을 말한다.

증가 요인으로 작용하는 한편 금융 불안 발생시 급격한 자본 유출을 가져옴으로써 자본 유출입 변동을 확대시키게 될 것으로 예상되었다. 또한 기업의 환위험 노출 확대로 원화가치가 급락(절하)할 경우에는 기업의 원리금 상환 부담이 크게 증가할 것으로 우려되었다.

이에 따라 2010년 7월 1일부터 한국은행은 외화대출 용도를 고유의 성격에 맞추어 해외에서 사용함을 목적으로 하는 자금만으로 제한하고 국내 시설자금 외화대출에 대한 신규 취급을 원칙적으로 금지하였다. 다만 용도 제한 조치 시행일 이전에 취급된 기존 국내 시설자금 용도 외화대출의 만기 연장은 외국환은행의 자율적 판단하에 허용할 수 있도록 하였다. 이와 함께 중소 제조업체에 대한 국내 시설자금 대출의 경우에는 중소 제조업체의 해외 차입 어려움, 수입 대체 효과 등을 통한 제조업 육성 필요성을 감안하여 외국환은행별로 2010년 6월 말 현재 기존 대출 잔액 이내에서 외화대출을 취급할 수 있도록 허용하였다.

현황

외국환은행을 포함한 외국환업무취급기관의 외화대출은 2005년 이후 원화 사용 목적 운전자금 대출을 중심으로 빠르게 증가하였다. 2004년 말 202억 달러에 머물렀던 외화대출은 2005년과 2006년에 각각 50억 달러 및 160억 달러가 늘어나면서 2006년 말에는 411억 달러로 크게 증가하였다. 이와 같이 외화대출이 단기간 내에 급증함에 따라 한국은행은 2007년 8월 외화대출에 대한 용도 제한 조치를 실시하였다. 이 조치의 영향으로 외화대출 증가세가 둔화되면서 2007년과 2008년에는 외화대출 증가액이 각각 38억 달러 및 57억 달러에 그쳤지만 외화대출 잔액은 2008년 말 506억 달러로 사상 최고치를 기록하였다. 이후 외화대출은 글로벌 금융위기의 영향으로 2009년에는 82억 달러가 감소하였으나 2010년 1~4월에는 경기 회복 등에 힘입어 다시 23억 달러 증가로 전환하였다.

2010년 4월 말 현재 외국환업무취급기관의 외화대출 잔액은 446억 달러를 기록하였다. 이를 기관별로 보면 국내 은행 및 외은지점의 대출이 346억 달러 및 99억 달러로 각각 전체의 77.6% 및 22.2%를 차지하였으며 보험회사, 종합금융회사, 여신전문금융업자 등 기타 기

표 9–2. 외국환은행 등의 외화대출 추이

(억 달러)

	2004년 말	2005년 말	2006년 말	2007년 말	2008년 말	2009년 말	2010년 4월 말
외화대출 합계	202.2	251.8	411.3	449.2	505.7	423.4	445.9
(증감액)	(12.7)	(49.6)	(159.5)	(37.8)	(56.5)	(−82.3)	(22.5)
국내 은행	176.5	222.2	361.6	385.4	431.3	348.6	345.8
	(8.6)	(45.7)	(139.5)	(23.7)	(45.9)	(−82.6)	(−2.8)
외은지점	24.7	28.8	49.5	63.2	73.6	74.3	99.2
	(3.2)	(4.1)	(20.7)	(13.7)	(10.4)	(0.7)	(24.9)
기타*	1.0	0.8	0.2	0.6	0.8	0.5	0.9
	(0.9)	(−0.2)	(−0.7)	(0.4)	(0.2)	(−0.4)	(0.4)

* 보험사, 종합금융회사, 여신전문금융회사
• (   )는 전기 말 대비 증감액
• 자료: 한국은행

관들의 대출은 0.9억 달러에 불과하였다. 용도별로는 시설자금용 외화대출이 232억 달러(전체 외화대출 잔액의 52.0%)로 가장 컸으며, 운전자금용 외화대출이 140억 달러로 그 뒤를 이었다. 통화별로는 미 달러화 대출 잔액이 278억 달러(전체 외화대출 잔액의 62.4%)로 가장 컸으며, 엔화 대출 잔액은 155억 달러를 기록하였다. 차주별로는 대기업 및 중소기업 대

표 9-3. 외국환은행 등의 기관별·용도별·통화별·차주별 외화대출

(억 달러, %)

		2004년 말	2005년 말	2006년 말	2007년 말	2008년 말	2009년 말	2010년 4월 말	비중
외화대출 합계		202.2	251.8	411.3	449.2	505.7	423.4	445.9	〈100.0〉
기관별	국내 은행	176.5	222.2	361.6	385.4	431.3	348.6	345.8	〈77.6〉
	외은지점	24.7	28.8	49.5	63.2	73.6	74.3	99.2	〈22.2〉
	기타*	1.0	0.8	0.2	0.6	0.8	0.5	0.9	〈0.2〉
용도별	시설자금	62.0	69.8	92.9	163.9	243.6	231.8	232.0	〈52.0〉
	(국내 시설)	(38.6)	(46.0)	(64.8)	(115.0)	(178.3)	(160.2)	(156.7)	〈35.1〉
	운전자금	92.1	136.0	261.8	219.4	178.8	120.3	139.7	〈31.3〉
	기타**	48.1	46.0	56.6	65.8	83.3	71.3	74.1	〈16.6〉
통화별	달러화	99.1	141.4	245.3	309.6	316.9	247.9	278.2	〈62.4〉
	엔화	95.8	99.4	150.6	123.8	174.4	160.2	154.8	〈34.7〉
	기타	7.3	11.0	15.5	15.8	14.4	15.2	12.8	〈2.9〉
차주별	대기업	85.8	118.1	201.4	258.1	262.7	212.9	242.2	〈54.3〉
	중소기업	109.3	132.0	208.6	190.7	242.7	210.3	203.5	〈45.6〉
	기타	7.0	1.8	1.3	0.4	0.3	0.2	0.2	〈0.0〉

* 보험사, 종합금융회사, 여신전문금융회사

** 정책금융, 외화차입금 상환 자금, 해외 직접투자 자금 등

• ( )는 국내 시설자금 외화대출

출이 각각 242억 달러(전체 외화대출 잔액의 54.3%) 및 204억 달러를 기록하였다.

3. 금융기관에 대한 외환포지션 한도 설정

의의

외환당국은 개별 은행의 건전한 경영을 유도하고 과도한 외환포지션 구축으로 인한 외환시장 교란을 방지하기 위하여 포지션 한도를 규제한다. 외국환포지션은 일정 시점에 있어서 외국환은행의 외화자산과 외화부채의 차이를 의미하는데, 외화자산 및 외화부채의 규모에 따라 다음과 같이 구분된다. 외화자산 잔액이 외화부채 잔액을 초과하는 경우 매입초과포지션*over-bought position, long position*, 외화부채 잔액이 외화자산 잔액을 초과하는 경우 매각초과포지션*over-sold position, short position*, 외화자산 잔액과 외화부채잔액이 일치하는 경우 스퀘어포지션*square position*이라고 한다. 그리고 외국환포지션은 포지션 산정에 있어 포함되는 자산의 범위에 따라 현물환포지션, 선물환포지션 및 종합포지션으로 구분된다. 현물환포지션은 현물 외화자산과 외화부채의 차이를 말하고 선물환포지션은 선물 외화자산과 외화부채의 차이를 말하며 종합포지션은 현물과 선물 외화자산의 합계와 외화부채의 합계의 차이를 말한다.

　외국환포지션 제도는 1964년 11월 현물환을 대상으로 처음 도입되었으며 1980년 7월에 선물환거래를 허용하면서 현물환과 선물환포지션 한도를 구분하여 관리하였다. 1981년 4월 종합포지션 관리제도가 도입될 당시에도 현물환과 선물환포지션 한도를 별도로 관리하였으나 1998년 7월에 국내 금융기관에 대한 외화자산 운용상의 제약을 완화하기 위해 종합포지션 한도로 일원화하였다. 종합포지션 한도는 1998년 7월 전월 말 자기자본의 15%에서 2006년 3월에 30%로, 2006년 5월에는 50%로 상향 조정되었다. 한편 2010년 7월에는 선물환포지션 한도 제도가 다시 도입되었다.

종합포지션 한도

외국환업무취급기관에 대한 종합포지션 한도는 현재 전월 말 자기자본의 50% 이내로 되어 있다. 종합 매입초과포지션 한도는 각 외국 통화별 매입 초과액의 합계액 기준으로 전월 말 자기자본의 50% 이내로 하며, 다만 한국수출입은행의 경우는 외화자금 대출 잔액의 150% 이내로 한다. 종합 매각초과포지션 한도는 각 외국 통화별 매각 초과액의 합계액 기준으로 전월 말 자기자본의 50% 이내로 한다. 포지션 한도의 기준이 되는 자기자본의 범위는 국내 은행의 경우 납입 자본금, 적립금 및 이월이익잉여금의 합계로 하고 외은지점의 경우 갑기금, 을기금, 적립금 및 이월이익잉여금의 합계로 한다. 종합 매입초과포지션은 해당 외국 통화의 현물 자산 잔액 및 선물 자산 잔액의 합계액이 현물 부채 잔액 및 선물 부채 잔액의 합계액을 초과하는 경우 그 차액으로 한다. 종합 매각초과포지션은 해당 외국 통화의 현물 부채 잔액 및 선물 부채 잔액의 합계액이 현물 자산 잔액 및 선물 자산 잔액의 합계액을 초과하는 경우 그 차액으로 한다. 종합포지션 산정 방법으로는 모든 외국 통화의 현물 자산·부채 포지션과 선물 자산·부채 포지션을 합산한 순합산포지션net aggregate position 방식과 각 외국 통화별 종합 매입초과포지션의 합계와 종합 매각초과포지션의 합계 중 큰 금액으로 하는 간편포지션shorthand position 방식이 있다. 현재 우리나라는 간편포지션 방식을 채택하고 있고, 외국환은행은 일별 외국환포지션 상황을 매월 한국은행에 보고한다.

그동안 종합포지션 한도 제도는 금융기관의 환리스크 관리 등 미시 건전성 제고를 위해 운용되어 왔다. 그러나 금융기관들이 자율적인 환리스크 관리를 강화함에 따라 종합포지션 한도 제도는 그 유의성을 찾기가 어려운 실정이었다. 국내 은행의 종합포지션은 대체로 균형을 유지해 왔으며 외은지점의 경우에도 한도를 크게 하회함에 따라 종합포지션 한도 제도가 금융기관의 포지션 관리에 있어 실질적인 제약 요인으로 작용하지 않았다. 더욱이 종합포지션 한도 제도하에서 외국환은행(특히 외은지점)의 선물환 및 현물환포지션은 각각 대규모 매입 초과 및 매도 초과를 보이는 등 극단적 괴리를 나타내었다. 이는 외채 급증, 현물환율의 하락 압력 증대, 선물환 및 스왑시장의 불균형 초래 등 외환부문의 거시 건전성을 악화시키는 요인으로 작용하였다. 즉 외국환은행은 해외 차입이 가능한 한 자기자본 규모에 관계없이 거액의 선물환을 매입할 수 있었으며, 이는 선물환 매입 규모만큼 외채(특히 단기외채)를 증가시키는 요인으로 작용하였다. 이에 따라 외채 규모가 크게 증가하고 외채 구조도 악화되었다. 이러한 외채 사정 악화는 2008년

9월 글로벌 금융위기가 발생하였을 때 외채 구조 등 우리나라의 대외 지급 능력에 대한 우려를 확산시키는 요인으로 작용하였다. 또한 외국환은행은 선물환 매입과 동시에 환리스크를 헤지하기 위하여 현물환을 매도하게 되므로 과도한 선물환 매입은 현물환율의 하락 압력을 가중시키는 요인이 되었다. 이로 인해 2006년과 2007년에는 원/달러 환율은 크게 하락하여 기초 경제 여건 등을 감안한 균형환율 수준에 비해 고평가된 것으로 추정되었다. 한편 외국환은행의 과도한 선물환 매입은 선물환시장과 스왑시장의 수급 불균형을 확대시켰으며, 이는 재정거래 유인을 증대시켜 외국인의 국내 채권투자를 과도하게 늘리는 결과를 가져왔다.

이에 대응하여 외환 당국은 2010년 7월에 외환부문의 거시 건전성을 제고하기 위하여 현행 종합포지션 한도 제도를 유지하면서 선물환포지션 한도 제도를 별도로 도입하였다.

선물환포지션 한도

기획재정부는 2010년 7월 9일 은행 등 외국환업무취급기관에 대한 선물환포지션 한도 제도를 신설하였다. 그 한도는 「외국환거래규정」 제2–9조의 2 제2항에 따라 국내 은행의 경우 전월 말 자기자본의 50% 이내로 하고 외은지점은 전월 말 자기자본의 250% 이내로 하였다. 그럼에도 불구하고 기획재정부 장관은 자본 유출입의 변동성이 확대되는 등 외환시장 안정 등을 위하여 긴급히 필요한 경우에는 상기 한도를 100분의 50 범위 내에서 가감하여 정할 수 있도록 했다. 그리고 외

[참고]

종합포지션 산정 방법(예시)

A은행의 통화별 포지션이 다음과 같을 경우 종합포지션은 다음과 같이 산정된다.
(4개 통화에 대한 포지션 보유, 단, 각 금액은 모두 미 달러화 환산 금액임, 억 달러)

1. 통화별 포지션(순합산포지션 방식으로 산정)

   ① 미 달러화: 매입초과포지션 100(현물 자산 70, 선물 자산 30)

   • 현물 자산 70(현물 자산 100, 현물 부채 30)
   • 선물 자산 30(선물 자산 50, 선물 부채 20)

   ② 엔화: 매입초과포지션 50(현물 자산 −30, 선물 자산 80)

   • 현물 자산 −30(현물 자산 70, 현물 부채 100)
   • 선물 자산 80(선물 자산 100, 선물 부채 20)

   ③ 유로화: 매각초과포지션 70(현물 자산 30, 선물 부채 100)

   • 현물 자산 30(현물 자산 70, 현물 부채 40)
   • 선물 부채 100(선물 자산 20, 선물 부채 120)

   ④ 파운드화: 매각초과포지션 20(현물 자산 −10, 선물 부채 10)

   • 현물 자산 −10(현물 자산 70, 현물 부채 80)
   • 선물 부채 10(선물 자산 20, 선물 부채 30)

2. 통화별 종합 매입 초과 · 종합 매각초과포지션의 합계

   ① 종합 매입초과포지션의 합계: 150(미 달러화 100, 엔화 50)

   ① 종합 매각초과포지션의 합계: 90(유로화 70, 파운드화 20)

3. 종합포지션: 매입초과포지션 150(전월 말 자기 자본의 50%를 초과하면 안됨)

   • 간편포지션 150(= Max[150, 90])
   • 총 합산 포지션: 240(= 150 + 90)
   • 순합산포지션*: 60(= 150 − 90)

• 절대값으로 표시

국환포지션 한도의 초과가 필요하다고 인정되는 외국환은행에 대하여는 한국은행 총재가 앞에서 정한 포지션 한도 외에 별도 한도를 인정할 수 있도록 하였다. 이러한 선물환포지션 한도 제도는 한도를 급격하게 축소해야 하는 은행의 부담을 감안하여 3개월간의 유예 기간을 두어 2010년 10월 9일부터 시행하였다.

한국은행은 기획재정부로 위탁받은 업무인 선물환포지션 매입 초과액과 매각 초과액의 구분, 선물 외화자산 및 부채의 범위, 선물환포지션 산정 방법 및 관리기준 등을 정하였다. 구체적으로는 선물환 매입초과포지션은 해당 외국 통화의 선물 외화자산 잔액이 선물 외화부채 잔액을 초과하는 경우 그 차액으로 정하였다. 선물환 매각초과포지션은 해당 외국 통화의 선물 외화부채 잔액이 선물 외화자산 잔액을 초과하는 경우 그 차액으로 정하였다. 선물환포지션을 산정할 때 적용되는 선물 외화자산 및 부채의 범위는 현행 종합포지션과 동일하게 통화 관련 모든 파생상품을 포함하도록 하였다. 선물 외화자산은 통화 관련 파생금융 거래(통화 선도, 통화 선물, 통화스왑, 통화옵션) 매입분, 신용 및 기타 파생금융 거래 중 통화 관련 매입분을 포함한다. 선물 외화부채는 통화 관련 파생금융 거래 매도분, 신용 및 기타 파생금융 거래 중 통화 관련 매도분을 포함한다. 다만, 콜옵션 매입분 및 풋옵션 매도분은 선물 외화자산으로, 콜옵션 매도분 및 풋옵션 매입분은 선물 외화부채로 정하였다. 다만 환리스크 관리를 목적으로 하는 종합포지션 제도의 경우 델타헤징 관련 통화옵션 거래는 환리스크가 헤지된 거래이므로 이를 한도 관리 대상에서 제외하는 것이 타당하다. 하지만 외채 증가 억제가 목적인 선물환포지션 제도의 경우 현물환 매도를 통한 델

그림 9-1. 외국환은행의 선물환매입 메커니즘

1. 국내 은행이 선물환 매입하는 경우

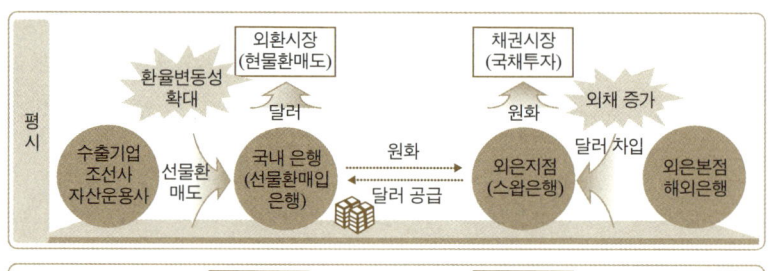

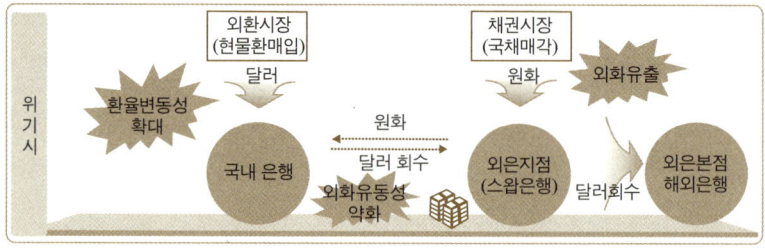

2. 외은지점이 선물환 매입하는 경우

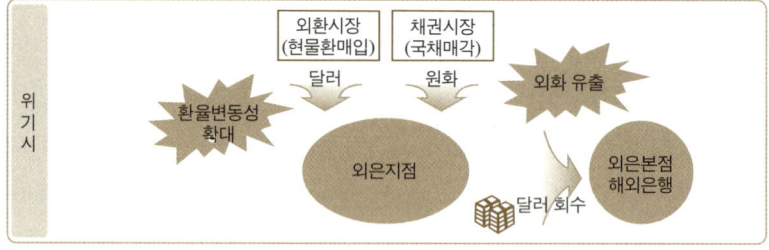

• 자료: 기획재정부 등, "자본 유출입 변동 완화 방안," 2010. 6. 14.

타헤징 거래는 외채 증가를 수반하므로 이를 한도 관리 대상에 포함시켰다.

외국환은행의 구조적 요인에 따라 발생하는 포지션은 현행 종합포지션과 동일하게 원칙적으로 선물환포지션 한도관리 대상에서 제외하도록 하였다. 즉 자본금 또는 영업기금 환리스크 헤지 및 외은지점의 국내 영업 충당을 위한 한국은행과의 스왑거래는 종합포지션과 같이 선물환포지션 한도관리 대상에서 제외하도록 하였다. 선물환포지션 산정 방식은 통화별 선물환 매입초과포지션의 합계에서 통화별 선물환 매각초과포지션의 합계를 차감한 순합산포지션net aggregate position 방식으로 하도록 하였다. 이는 선물환포지션 제도의 도입 목적이 외채 증가 억제를 통한 거시 건전성 제고에 있으므로 선물환포지션 순액만큼 외채가 늘어날 가능성을 고려한 것이다.

선물환포지션 관리에 있어서는 제도 시행일(2010년 10월 9일) 익영업일부터는 제도의 도입 목적과 선물환포지션의 변동성 등을 감안하여 직전 영업일로부터 과거 1개월(calendar year) 동안의 일별 선물환포지션 잔액의 이동 평균moving average을 기준으로 영업일별로 관리하도록 하였다. 별도 한도 인정과 관련하여서는 이월이익잉여금 헤지 거래에 대한 별도 한도는 현행 종합포지션 제도와 같이 선물환포지션 제도에서도 인정하며 인정 기간은 1년 이내로 하고 기존 선물환거래(선물환포지션 제도 도입전 거래)로 인한 한도 초과분에 대해서는 최장 2년까지 별도 한도로 인정하되 필요시 연장할 수 있도록 하였다.

한편 금융위원회는 그간 일부 기업의 과다한 외환파생상품거래가 문제화되었음에도 불구하고 금융회사의 거래 상대방에 대한 신용 리스크 관리가 미흡하였던 점을 감안하여 「은행업감독업무 시행세칙」 별표 15-2에 「외환파생상품거래 위험관리기준」을 200년 12월 말일자로 신설하였다.

이에 따라 기업의 과도한 환헤지를 방지하기 위해 국내 은행 및 외은지점에 대해 2010년 1월부터 기업과 외환파생상품거래를 할 때 실물거래대비 125% 이내에서 하도록 하였다. 그 후 2010년 8월부터는 그 비율을 100% 이내로 강화하였다. 다만, 헤지 비율을 상향 조정하여 운영할 필요가 있다고 판단되는 경우에는 개별 건별로 리스크관리위원회 등의 승인을 얻어 거래를 실행할 수 있도록 하였다.

4. 금융기관에 대한 거시건전성부담금 도입

도입 배경

기획재정부는 2010년 12월 19일 「거시건전성부담금 도입 방안」을 발표하였다. 이 제도의 도입 배경은 선물환포지션 한도 제도 및 외국인의 국내 채권투자에 대한 과세 면제 환원 조치와 함께 급격한 자본 유출입에 따른 경제 위험 요인을 최소화하기 위하여 상시적이고 선제적인 거시 건전성 장치를 확보하고자 하는 데 있다.

우리나라는 1997년 말 외환위기 및 2008년 9월 글로벌 금융위기 때 국내로 유입된 외자가 해외로 일시에 유출되면서 위기가 발생하였다. 자본 유출 규모는 1997년 11월~1998년 3월 중 214억 달러, 2008

년 9월~2008년 12월 중 695억 달러에 달하였다. 이러한 급격한 자본 유출에 따른 부작용을 완화하기 위해 2010년 7월에 선물환포지션 한도 제도를 도입하였다.

최근 선진국의 저금리 지속 및 양적 완화정책으로 인한 글로벌 유동성 급증으로 신흥시장국으로 자본 유입이 가속화되는 상황이다. 그동안 G20 정상회의에서 신흥시장국의 과도한 자본 유출입을 완화하기 위한 거시 건전성 제고 조치의 필요성에 대해 국제적 공감대가 형성되었다. 이러한 가운데 우리나라가 빠른 경기 회복세를 보이고 안정적인 투자처로 인식됨에 따라 2009년 이후 외국인 투자 자금의 국내 유입이 급격히 확대되었다. 정부는 이에 대한 대책의 일환으로 2010년 12월에 세법 개정을 통해 외국인 투자자의 국내 채권투자에 대한 과세 면제 조치를 환원하였다.

한편 그동안 국제 사회에서의 은행부과금bank levy 논의 동향을 살펴보자. 2009년 9월 G20 피츠버그 정상회의에서 금융기관의 과도한 자산 확대에 따른 위험 요인을 억제하고 위기 대응 재원을 사전에 마련하기 위해 은행부과금bank levy 도입 방안이 제안되었다. 이어서 2010년 6월 G20 토론토 정상회의에서 각국 정상들은 은행부과금 도입에 관한 일반 원칙[86]에 합의하고 각국이 국별 상황에 맞게 제도 도입을 추진키로 하였다. 이후 영국, 독일, 프랑스 등 일부 유럽 국가들은 자국의 정책 수요에 맞는 은행부과금 도입 방안을 마련하고 2011년 중에 시행

---

86. ① 납세자 보호, ② 금융시스템의 리스크 축소, ③ 신용 흐름 보호, ④ 개별 국가의 상황 및 정책 등을 고려, ⑤ 공정 경쟁 촉진에 기여.

표 9-4. 주요국의 은행부과금 제도 개요

	영국	독일	프랑스
부과 대상 기관	은행 및 은행 그룹	은행	은행
부과 대상	비예금 부채	비예금 부채	위험 가중 자산
부과 요율	매년 0.075%	매년 0.02~0.04%	매년 0.25%
연간 부과 규모	약 25억 파운드	약 8~15억 유로	약 5억 유로
활용 방안	재정 확충	정리기금	재정 확충

- 스웨덴은 독일과 유사한 형태의 정리기금 재원 마련을 위해 2009년 12월 은행부과금제도를 도입하여 2010년부터 이미 시행중임
- 자료: 기획재정부 등, "거시건전성부담금 도입 방안," 2010. 12. 19; 각국 정부 발표 자료

할 예정이다. 영국은 은행세 부과와 관련한 세법개정안이 2011년 봄에 의회를 통과하면 은행세를 1월 1일부터 소급하여 적용할 계획이다. 독일은 2010년 12월 은행구조조정법을 제정하여 은행세 부과의 법적 근거를 마련하고 2011년 9월부터 은행세를 부과할 예정이다. 독일의 은행세는 재정 자금 조달 수단이 아니라는 점에서 영국, 프랑스 등의 은행세와는 상이하다. 구체적 내용은 표 9-4와 같다.

거시건전성부담금 도입 방안

현재 은행부과금을 도입하였거나 추진 중인 주요 국가들은 금융기관의 과도한 자산 확대를 억제하는 한편, 징수되는 부과금은 재정 확충 또는 부실 금융기관 정리기금 설립 목적으로 활용할 예정이다. 이에 비해 우리나라는 재정 상태가 상대적으로 양호한 가운데 지난 글로벌

금융위기시 직접적인 재정 손실이 없었고 금융기관 부실에 따른 리스크를 방지할 제도[87]도 갖추고 있다. 이에 따라 외국과 동일한 방식의 제도를 도입할 필요성이 적었다. 그러나 급격한 외자 유출입으로 인한 시스템 리스크가 유발될 요인이 있어, 이에 대비하기 위한 제도적 장치가 필요하였다. 이러한 우리의 경제 여건 및 외환시장 상황을 감안하여 거시 건전성 제고, 외화부채의 구조 개선 및 위기 대응 능력 강화라는 정책 목표를 달성하기 위하여 거시건전성부담금 제도를 도입하기로 하였다. 거시건전성부담금은 비예금 외화부채 잔액*stock*에 부과하는 건전성 강화 조치로, 외환 및 증권 거래 때마다 과세하는 거래세(토빈세*Tobin tax*)와는 차이가 있다.

정부가 발표한 세부 방안을 살펴보면 먼저 부담금 명칭은 우리 경제의 거시 건전성을 제고하고 금융시스템의 안정을 도모한다는 차원에서 '거시건전성부담금*Macro-prudential Stability Levy*'으로 정하였다. 부담금 부과 대상은 금융기관의 비예금 외화부채 잔액으로 하였다. 이는 우리 경제의 시스템 리스크가 주로 대외부문에서의 급격한 자본 유출입 변동으로 인해 발생되어 온 점을 감안한 것이다. 비예금 외화부채는 전체 외화부채에서 외화예수금을 차감한 것이다. 2010년 10월 말 은행권의 비예금 외화부채 잔액은 국내 은행 1,689억 달러, 외은지점 1,046억 달러 등 2,735억 달러이다. 외화예수금은 예금보험제도가 적용되고 있어 이에 대한 부담금 부과시 이중 부담이 되므로 부과 대상에서 제외하였다. 그리고 외환 거래 과정에서 일시적으로 발생하는 부

---

87. 예금보험기금, 구조조정기금, 금융안정기금, 은행자본확충펀드 등.

채 계정 등[88]은 자금 차입 성격이 아니므로 부과 대상에서 제외하였다. 한편 비예금 원화 부채에 대한 부과 문제는 추후 국제적 논의 동향 및 금융시장 상황을 보아가며 신중히 검토하기로 하였다.

부과 대상 기관은 관련 법률에서 금융업권 간 형평성, 우회 조달 방지 등을 위하여 기본적으로 모든 금융기관을 규정할 계획이다. 다만, 금융시장에서 차지하는 비중, 시스템 리스크 유발 가능성 등을 고려하여 관련 시행령에서 우선 은행권에만 부담금을 부과할 방침이다. 2010년 9월 말 현재 은행권의 비예금 외화부채가 전체 금융기관이 보유한 비예금 외화부채의 대부분(96.2%)을 차지하였다.

부과 요율은 제도 도입으로 인해 금융기관의 외화 조달에 과도한 부담이 발생하지 않도록 한다는 원칙하에 책정될 것이다. 이 원칙에 따라 유출입의 변동성이 매우 큰 단기외채의 축소 또는 장기화를 유도하기 위하여 기간별로 차등 적용할 예정이다. 구체적인 부과 요율은 정책도입 효과, 금융기관 부담 수준 및 전문가와 이해관계인의 의견 등을 종합 감안하여 추후 결정할 계획이다. 부담금은 외화로 징수하여 새로운 기금의 신설 없이 기존 외국환평형기금에 구분 계리하여 적립하고 기존 계정과 엄격히 구분하여 관리하기로 하였다. 적립 재원은 위기시 금융기관에 대한 외화유동성 공급 용도로 활용하기로 하였으며, 평상시에는 원칙적으로 외환보유액에 준하는 방식으로 해외 안전 자산 등에 운용할 것이다. 부담금의 주관 기관은 기획재정부로 하되 한국은행에 부담금 징수 및 운용 업무를 위탁하기로 하였다. 이러한 거시건전

---

88. 미지급 미결제 현물환, 파생상품 평가 손실, 정책자금 처리 계정 등.

성부과금 제도는 2011년 상반기 중 「외국환거래법」 등 관련 법령 개정 작업을 완료하여 도입하고 하반기 중 시행할 예정이다.

5. 핵심 논점

우리나라는 외환위기 이후 위기의 재발을 방지하기 위해 외환보유액의 확충과 함께 1999년 1월에 국내 은행에 대한 외화유동성 비율 및 만기불일치 비율(갭비율) 규제, 중장기 외화대출 재원조달비율 규제 도입 등을 통해 외환부문의 건전성을 강화하였다. 2008년 9월 글로벌 금융위기 당시 국내 은행들은 모두 이들 비율들을 충실히 지켰다. 그럼에도 불구하고 국내 은행들은 외화유동성 위기를 겪었다. 이는 외은지점을 제외한 국내 은행만을 대상으로 한 미시 외환건전성 규제만으로는 충분하지 않다는 것을 시사하였다. 이에 따라 2010년 이후 외환부문의 거시 건전성을 제고하기 위해 기업의 환헤지 한도 설정, 금융기관의 선물환포지션 한도 제도 도입 등의 조치들을 취해오고 있다. 그동안의 거시 외환건전성 규제 조치에 대한 평가와 앞으로의 추진 방향을 제시해 본다.

최근 다른 나라의 거시 건전성 제고 조치

우리나라가 실시한 조치를 살펴보기에 앞서 다른 나라의 최근 사례를 살펴보자. 선진국과 신흥시장국은 모두 거시 건전성 제고를 위해 외국 자본의 유입을 억제하는데 초점을 두고 있다. 선진국의 경우 영국, 독일, 프랑스 등 유럽 국가를 중심으로 은행세*bank levy*를 도입하여 2011년 중에 시행할 계획이다. 신흥시장국의 경우에는 나라마다 자국의 금융·경제 상황을 고려한 제도를 도입하였다.

　　외국 자본의 유입에 대해 가장 적극적으로 대응하고 있는 나라가 브라질이다. 브라질은 자국 통화가 주요국 통화에 대해 가장 큰 절상 압력을 받아왔기 때문이다. 브라질은 현재 외국인의 국내 채권투자에 대해 6%, 국내 주식투자에 대해 2%의 거래세를 각각 부과한다. 페루는 외자 유입에 따른 유동성을 억제하기 위해 지급준비율을 인상하는 조치를 시행하였다. 인도네시아도 외화예금에 대한 지급준비율을 2010년 3월부터 순차적으로 인상하기로 결정하고, 외국인이 중앙은행 채권을 매입할 때 최소한 28일 이상 보유토록 조치하였다. 중국은 해외 거주자의 중국 내 송금 등을 제한하는 조치를 취하였다. 대만은 외국인 주식투자 자금의 30%까지 운용 가능한 만기 1년 미만의 투자 대상 금융 상품에서 정기예금을 제외하고 외국인의 신규 국내 금융자산 투자에 대해 국채와 MMF 투자 비중을 30% 이내로 제한하는 조치를 실시하였다. 태국은 2005년부터 시행해 온 외국인의 채권투자 소득에 대한 세금(15%) 면제를 철회하는 조치를 취하였다. 태국 정부는 2006년 12월에 실시한 중앙은행 무이자 예치의무제의 실패 경험 때문에 자

표 9-5. 주요국의 자본 유입 규제 조치 내용

(2011년 2월 말 현재)

국가	조치 내용		
브라질	외국인의 헤알화 표시 채권 및 주식투자에 대해 거래세 부과		
		2009. 10. 20	2010. 10. 5	2010. 10. 18
	채권	2.0%	4.0%	6.0%
	주식	2.0%	2.0%	2.0%
중국	해외 거주자의 중국 내 송금 등 제한(2009. 11. 25) • 홍콩 거주자의 1일 2만 위안 이상 대 중국 송금 금지, 해외 거주자의 초단기간 내 외화를 대 중국 분산(5명 이상) 송금 금지 등		
대만	외국인 주식투자 자금의 30%까지 운용 가능한 만기 1년 미만의 단기 투자 대상 금융상품에서 정기예금을 제외(2009. 11. 10) 외국인의 주식투자는 자금 유입 후 1주일이내 주식을 매입토록 조치(2010. 1. 6) 외국인의 신규 투자시 대만 국채와 MMF 투자 비중을 30%로 제한(2010. 11. 9)		
인도네시아	외국인의 중앙은행 채권 매입시 최소 28일 이상 보유하도록 조치(2010. 6. 19) • 28일 경과 이전에 매도할 경우 중앙은행 앞 매도 의무 부과 외화 예금에 대한 지급준비율을 순차적으로 인상하기로 결정(2010. 12. 29) • 1% → 5%(2011. 3) → 8%(2011. 6)		
페루	외화 유입에 따른 유동성을 억제하기 위하여 지급준비율 인상		

외화 유입에 따른 유동성을 억제하기 위하여 지급준비율 인상 (페루)

대상 예금	지급준비율	시행 일자
– 외은지점의 누에보솔화 표시 단기 예금 증가분	65 → 120%	2010. 9. 1
– 외화 및 누에보솔화 표시 기존 예금	8.5 → 9.0%	2010. 10. 1
– 외화 예금 증가분	50 → 55%	··
– 누에보솔화 예금 증가분	15 → 25%	··

국가	조치 내용
태국	2005년부터 시행한 외국인의 채권투자 소득에 대한 세금(15%) 면제 조치 철회(2010. 10. 12) 자본 유입에 대응하여 국내 기업에 대한 자본자유화 확대 조치 시행 • 기업의 환헤지 거래(종전 2만 달러 한도) 및 기업의 해외 자회사 투자 한도(종전 2억 달러 한도) 자유화(2010. 2. 1)

• 자료: 각국 발표 자료

본 유입 규제에는 매우 신중한 입장인 것으로 전해진다.[89] 이들 나라의 자본 유입 규제에 대한 자세한 조치 내용은 표 9-5와 같다.

이와 같이 외국 자본의 유입을 규제하기 위한 조치들은 나라마다 다르다. 유럽 국가들을 중심으로 한 일부 선진국들은 은행세를 부과할 계획이며, 신흥시장국들은 각국의 금융·경제 상황에 따라 다양한 조치를 취하였다.

우리나라의 거시 외환건전성 조치에 대한 평가

우리나라는 2010년 1월 기업의 환헤지 한도를 설정하고 같은 해 7월 선물환포지션 한도 제도를 도입하였으며 2011년 1월부터는 외국인의 국내 채권투자에 대한 과세 면제 조치를 환원하였다. 그리고 2011년 하반기 중에는 거시건전성부담금 제도를 도입할 예정이다. 현재까지 우리나라는 외환부문의 거시 건전성을 제고하기 위해 다른 나라에 비해 비교적 잘 대응해온 것으로 생각된다. 특히 선물환포지션 한도 제도는 다음과 같은 점에 비추어볼 때 순조롭게 정착되고 있다고 본다.

첫째, 선물환포지션 한도 비율을 국내 은행과 외은지점에 대해 동시에 적용하였다는 점이다. 물론 외은지점에 대해서는 국내 은행보다 훨씬 높은 포지션 한도 비율을 적용한다는 지적이 있을 수 있다. 자본금 규모의 차이 등을 고려한다면 반드시 외은지점을 우대한 것이라고 보기 어렵다. 지금까지 외화유동성 비율, 만기불일치 비율 등의 적용

---

89. 태국은 바트화 안정을 위하여 2006년 12월 19일 단기 자본 유입액의 30%에 대한 중앙은

에 있어 외은지점을 제외하여 우대해온 점에 비추어 보면 선물환포지션 한도 제도는 크게 진일보한 것이다. 이 제도 도입은 각 은행에 대해 자기자본을 기준으로 선물환을 매입할 수 있는 총한도를 정해둔다는 데 큰 의미가 있다. 종전에는 외은지점은 해외로부터 외화자금을 조달할 수 있는 한 현물환 매도를 통한 포지션 조정이 가능하였기 때문에 대규모의 선물환을 매입할 수 있었다. 당시 일부 외은지점의 경우 현행 최고 한도(자기자본의 250%)의 몇 배에 달했던 것으로 알려져 있다.

둘째, 제도 도입 이후 현재까지 별다른 부작용이 나타나지 않았다는 점이다. 일부에서는 선물환포지션 한도 제도 도입이 스왑시장의 불균형 심화, 국내 기업의 환헤지 수요 충족 미흡과 환헤지 비용 증가 우려, 심지어 외국은행 국내 지점의 철수 가능성 등의 부작용을 초래할 수 있다는 점을 지적하였다. 하지만 현재까지 그러한 상황은 발생하지 않고 있다.

셋째, 국내 채권시장으로의 외자 유입이 축소되고 환율의 변동성도 종전보다 어느 정도 완화되었다는 점이다.

이와 같은 선물환포지션 제도의 순조로운 정착은 기획재정부와 한국은행이 6개월여 동안 한도 비율의 설정 등 관련 제도 마련과 보완대책 강구 등 제반 사항을 철저히 준비하였기 때문인 것으로 보인다.

또한 외국인의 국내 채권투자에 대한 과세 면제 조치의 환원도 적절한 조치였다고 본다. 상당한 수준의 차익거래 유인이 존재하는 상황

행 무이자예치의무제*Unremunerated Reserve Requirement*를 시행하였으나 주가 폭락(당일 15% 하락) 등 금융시장 불안으로 3일 만에 규제를 철회한 바 있다.

에서 세금 면제 혜택까지 부여하는 것은 외자 유입을 더욱 촉진시킬 수 있기 때문이다.

향후 거시 외환건전성 추진 방향

그러면 앞으로 어떻게 해야 할까? 앞으로도 외국 자본의 과도한 유입이 지속되는 경우 이를 적절하게 억제해야 한다. 이는 다음과 같은 기본 원칙하에 추진하는 것이 바람직하다. 첫째, 자유변동환율제와 자본 자유화의 근간을 헤치지 않아야 한다. 둘째, 이미 유입되어 있는 외국 자본의 유출을 통제하지 않아야 한다. 셋째, 외국 자본의 유입을 완전히 막을 수는 없으므로 유입 속도를 적절하게 조절해야 한다. 외국 자본 유입에 대한 새로운 규제 방안을 도입하는 경우 우리나라가 외국 자본을 통제하는 국가라는 인식을 심어주는 일이 없도록 유의해야 한다. 다시 말해서 시장 친화적인 조치를 강구함으로써 외국 자본이 우리나라를 기피하는 일이 없도록 하여야 한다.

2011년 들어 외자 유입 규모가 둔화되고 있으므로 현 시점에서는 외자 유입을 억제하기 위한 새로운 제도를 추가로 도입하기보다는 선물환포지션 한도 제도를 확고하게 정착시켜 나가는 것이 바람직하다. 아울러 하반기에 도입할 거시건전성부담금 제도 도입을 차질 없이 준비해야 할 것이다.

선물환포지션 한도 제도의 정착과 관련해서는 외자 유출입 동향 및 기업의 환혜지 수요 등에 대한 면밀한 분석을 통해 시의적절하게 대응해야 한다. 현재 국내 은행보다 크게 높은 비율을 적용받는 외은지점의 선물환포지션 한도는 중장기적으로 낮추어 가야 하겠지만 단기간 내의 수시 조정은 바람직하지 않다고 본다. 이제는 선물환포지션의 총한도가 자기자본 기준으로 묶여져 있기 때문에 시장의 부작용을 유발하지 않으면서 자연스럽게 낮추어 가는 것이 좋다. 예를 들면 대다수 외은지점들의 선물환포지션의 실제 비율이 최고 한도 비율보다 낮은 수준에서 유지된다면 그 차이만큼의 비율은 하향 조정해도 시장에는 별 영향을 미치지 않을 것이다. 외은지점의 선물환포지션 한도는 앞으로 하향 조정하더라도 국내 영업 자금이 해외로부터의 외화차입금에 기반을 둔 특수성을 감안할 때 국내 은행과의 차등 적용은 불가피할 것이다.

한편 외국인의 국내 채권투자가 선물환 시장과 상당 부분 연계되어 있으므로 외국인의 국내 채권투자와 선물환 시장의 움직임을 면밀히 분석해야 한다. 외국인의 국내 채권투자의 상당 부분(예를 들면 2/3 정도)은 선물환 매도 등을 통해 환헤지를 한다. 이 때문에 외국환은행의 선물환 매입 수요를 적절하게 조정하면 외국인의 국내 채권투자를 어느 정도 조절할 수 있다. 따라서 선물환 시장의 불균형이 구조적으로 심화되는 경우, 즉 기업 등의 선물환 매도가 매수를 구조적으로 크게 초과하는 경우에는 외은지점에 대한 선물환포지션 한도의 축소 조정을 검토할 필요가 있다. 다만, 이 경우 기업의 환헤지를 위한 실수요가 위축되지 않도록 유의해야 한다.

이러한 노력과 함께 2011년 하반기에 시행될 거시건전성부담금 제도는 그동안 선물환포지션 한도 도입과 운영의 경험을 거울삼아 제반 사항을 차질 없이 준비해야 할 것이다.

지금까지 살펴본 바와 같이 선물환포지션 한도 제도의 시행, 기업의 환헤지 한도 설정, 외국인의 국내 채권투자에 대한 과세 면제 조치 환원, 거시건전성부담금 부과 예정 등으로 외국인 채권투자 자금 및 외은지점 차입자금의 과도한 유입에 대해서는 어느 정도 장치가 갖추어졌다.

한편 거시 외환건전성 제고 방안으로 외화예금에 대한 지급준비율과 외화대출 규제를 생각해 볼 수 있겠지만, 이는 현 시점에서는 필요하지 않은 것으로 판단된다. 외화예금은 주로 국내 기업이 수출 대금 또는 수입 결제 자금을 예치해 둔 것으로 외국인들의 예금은 많지 않은 것으로 알려진다. 따라서 외화예금에 대한 지급준비율 조정은 외국인 투자 자금의 국내 유입 억제에 도움이 되지 않는다. 또한 2010년 7월에 이미 외화대출 용도가 해외 사용 목적으로 제한되었기 때문에 추가적인 외화대출 규제는 강화할 필요가 적다.

10

미시 외환건전성 규제

금융위원회가 기획재정부 장관으로부터 위탁받은 사항은 주로 금융기관의 미시 외환건전성과 관련된 것으로서 외화자산 및 외화부채의 비율 설정, 역외계정 관리, 외국환 업무에 따른 위험관리기준 설정 등이다.

금융위원회와 금융감독원은 글로벌 금융위기 전개 과정에서 금융기관의 외환부문 취약 요인이 드러남에 따라 향후 위기 재발 방지를 위해 2009년 11월 「금융회사의 외환건전성 제고 및 감독 강화 방안」을 발표하고 2010년 1월과 8월 두 차례에 걸쳐 관련 제도를 개선하였다.

이 장에서는 외화자산 및 부채의 비율 설정, 역외금융 관리 및 위험관리기준 설정 등 미시 외환건전성 규제 방법을 각 수단별로 자세히 살펴본다. 다음으로 학계 등을 중심으로 제기한 외은지점에 대해 외화유동성 비율 등을 적용해야 한다는 주장이 현실성이 있는가 하는 문제를 다룬다.

1. 외화자산 및 외화부채의 비율 설정

의의

금융위원회는 개별 금융기관의 외화자산과 부채 간의 규모 및 만기불일치에 따른 외화유동성 위험을 방지하기 위하여 (1) 외화유동성 비율 및 외화자산과 부채의 만기불일치 비율(갭비율), (2) 중장기 외화대출 재원조달비율, (3) 외화안전자산 보유 비율 등을 설정한다.

특히 금융위원회는 2010년부터 은행의 외환건전성 규제를 강화하기 위해 외화유동성 비율을 산출할 때 외화자산의 유형별 가중치를 정하여 자산의 유동화 정도를 반영하고 중장기 외화대출 재원조달비율을 상향 조정하였다. 또한 외화안전자산 보유 최저 한도를 정하여 이를 준수토록 의무화하였다.

이들 가운데 (1)의 외화유동성 비율과 갭비율 규제는 외국환업무 취급기관 등록을 한 국내 은행, 종합금융회사, 총자산 대비 외화부채 비율이 1% 이상인 금융투자업자(증권회사, 선물회사)·보험회사·여신전문금융회사(신용카드회사, 시설대여회사, 할부금융회사, 신기술사업 금융회사) 등에 대해 적용된다. 그리고 (2)와 (3)의 규제는 국내 은행에 대해서만 적용된다.[90] 한편 외은지점에 대해서는 위와 같은 규제가 모두 적용되지 않는데, 이는 우리 경제에 외화자금을 공급하는 외은지점의 역할을 감안한 것으로 보인다.

---

90. 2010년 말 현재 외환건전성 규제 대상 금융기관은 총 62개이다.

외화유동성 비율 및 만기불일치 비율(갭비율) 규제

외화자산 및 외화부채의 만기 관리

외국환업무취급기관은 외화유동성 위험에 대비하여 외화자산 및 외화부채를 각각 잔존 만기별로 구분하여 관리하고 일정 비율을 유지하여야 한다(「은행업감독규정」 제64조 제1항, 「금융투자업규정」 제3-46조 제1항, 「보험업감독규정」 제5-19조 제1항, 「여신전문금융업감독규정」 제30조 제1항). 잔존 만기의 구분 방법, 자산·부채의 범위 및 비율의 산정 방법은 금융위원회의 위탁을 받은 금융감독원장이 「은행업감독업무 시행세칙」, 「금융투자업규정 시행세칙」, 「보험업감독업무 시행세칙」, 「여신전문금융업감독업무 시행세칙」 등에서 정한다.

우선 외화자산 및 외화부채의 잔존 만기는 7단계로, 구체적으로는 7일 이내, 7일 초과 1개월 이내, 1개월 초과 3개월 이내, 3개월 초과 6개월 이내, 6개월 초과 1년 이내, 1년 초과 3년 이내 및 3년 초과로 구분하여야 한다(「은행업감독업무 시행세칙」 〈별표 14〉 제1장 2, 「금융투자업규정 시행세칙」 〈별표 15〉 ①, 「보험업감독업무 시행세칙」 〈별표 1〉 ①, 「여신전문금융업감독업무 시행세칙」 〈별표 6〉).

	은행	종금	증권	보험	여전	선물	합계
전체 기관	55	1	62	53	63	9	243
외국환업무취급기관	55	1	57	47	37	8	205
국내 외국환 기관*	18	1	46	35	37	8	145
외환건전성 규제 대상	18	1	9	3	23	8	62

* 본점이 국내에 위치한 금융회사(외국계 금융회사 지점 제외)

• 자료: 금융감독원, "2010년 12월 말 국내 금융회사의 외환건전성비율 준수 현황," 2011. 2. 28.

한편 외화자산 및 부채의 만기와 관련하여 다음과 같은 특례가 적용된다(「은행업감독업무 시행세칙」〈별표 14〉제1장 3).

① 통화는 만기 7일 이내 외화자산으로 분류한다.

② 예치금 중 유가증권 및 파생상품거래 등과 관련하여 증거금으로 제공된 경우는 1년 초과 3년 이내로 분류하고, 기타 담보로 제공된 예치금은 담보 기간과 예치금의 만기 중 장기로 분류한다.

③ 외화 유가증권은 다음과 같이 분류한다.

　　1) 시가평가 대상 유가증권 중 시장성이 있다고 판단되는 증권은 7일 이내 외화자산으로 분류한다.

　　2) 담보로 제공된 유가증권의 경우 담보 기간과 유가증권 만기 중장기인 것으로 잔존 만기를 분류. 단, 상기 1)의 시장성 유가증권은 담보 기간과 7일 이내 중장기로 분류한다.

　　3) 시장성이 없다고 판단되는 기타 유가증권이나 만기보유 목적인 유가증권은 만기일을 기준으로 분류하되 Put option이 있는 경우 Put date를 기준으로 잔존 만기를 분류한다.

④ 매입외환 중 만기가 경과되었으나 부도 통지가 없고 단기간 내에 자금 회수가 확실시되는 경우 회수 예상 기간을 추정하여 잔존 만기별로 분류한다.

⑤ 자산 건전성 분류 기준에 의하여 고정 이하로 분류된 외화자산은 잔존 만기에도 불구하고 "고정 이하 분류자산"으로 별도 분류한다.

⑥ 만기가 경과되고 연체 중인 외화자산 중 고정 이하로 분류되지 않은 외화자산은 3년 초과로 분류한다.

⑦ 요구불 예수금은 다음과 같이 분류한다.

1) 요구불 예수금 중 과거 1년간의 매월 평균 잔액을 단순 평균하여 연간 평균 잔액과 표준편차를 산출한 후 연간 평균 잔액에서 표준편차의 2배수를 차감한 금액(핵심예금*Core Deposit*)[91]은 1년 초과 3년 이내의 외화부채로 분류한다.

2) 핵심예금을 초과하는 요구불 예수금은 7일 이내의 외화부채로 분류한다.

⑧ 은행의 한국은행 단기 영업자금 지원용 외화 수탁금, 종금사의 외국환평형기금 콜머니 및 지분율 30% 이상 외국인 주주 차입금은 3개월 초과 6개월 이내의 외화부채로 분류한다.

⑨ 외화 발행 금융 채권 및 외화차입금의 대주가 Put option을 보유한 경우 Put date를 기준으로 잔존 만기를 분류한다.

⑩ 해외 현지법인의 경우 자기자본을 조달란의 본지점 계정에 3년 초과로 분류한다.

외화유동성 비율 규제

잔존 만기 3개월 이내 외화부채에 대한 잔존 만기 3개월 이내 외화자산의 비율은 통상 '3개월 외화유동성 비율'이라고 한다. 국내 은행과 종합금융회사는 이 비율을 85% 이상 유지하여야 하며, 금융투자업자·보험회사·여신전문금융회사 등은 80% 이상을 유지하여야 한다(「은행업감독규정」 제64조 제1항 1호, 「금융투자업규정」 제3-46조 제1항 1호, 「보험업감독규정」

---

91. 핵심 예금*Core Deposit*의 산출 기준은 「은행감독업무 시행세칙」 〈별표 3-4〉 '유동성비율 산출기준'을 참조하라.

제5-19조 제1항 1호, 「여신전문금융업감독규정」 제30조 제1항).

2010년 12월 말 현재 국내 18개 은행의 3개월 외화유동성 비율은 99.3%로 지도 기준인 85%를 14.3%포인트 상회한다. 이는 국내 은행들이 3개월 이내에 갚아야 할 외화부채의 99.3%를 3개월 이내에 만기가 도래하는 외화자산으로 보유하고 있다는 것으로 이해하면 된다.[92]

외화자산 및 외화부채의 만기불일치 비율 규제

기간별 외화자산과 외화부채의 차이를 총 외화자산으로 나누어 산출하는 것을 외화자산 및 부채의 만기불일치 비율이라고 하는데, 통상이를 '갭비율'이라고 한다. 국내 은행은 7일 이내 갭비율(잔존 만기 7일 이내 자산이 잔존 만기 7일 이내 부채를 초과하는 비율)을 −3% 이내로, 1개월 이내 갭비율(잔존 만기 1개월 이내 자산이 잔존 만기 1개월 이내 부채를 초과하는 비율)은 −10% 이내로 유지하여야 한다. 금융투자업자와 보험회사는 7일 이내 갭비율은 0% 이내; 1개월 이내 갭비율은 −10% 이내로 각각 유지하여야 한다.

2010년 12월 말 현재 국내 18개 은행의 7일과 1개월의 외환 보유 상황을 나타내는 7일 이내 갭비율과 1개월 이내 갭비율은 각각 1.2%와 0.3%로 지도 기준(각각 −3%, −10%)을 각각 4.2%포인트 및 10.3%포인트 상회한다.[93]

---

92. 2010년 말 현재 제2금융권의 3개월 외화유동성 비율은 종금사 89.6%, 증권사 123.4%, 보험사 161.0%, 여신전문금융회사 130.4%, 선물회사 122.6%로 지도 비율(80%, 종금 85%)을 상회한다.
93. 2010년 말 현재 제2금융권의 7일 갭비율은 종금사 6.3%, 증권사 17.7%, 보험사 29.4%, 여

표 10-1. 국내 은행의 외환건전성 비율 현황

(%)

	2008년 말	2009년 말	2010년 6월 말	2010년 9월 말	2010. 12월 말
3개월 (≥85%)	98.9	105.1	107.4	97.5	99.3(111.3)
7일 갭비율 (≥△3%)	3.2	2.8	2.4	1.2	1.2(2.2)
1개월 갭비율 (≥△10%)	0.4	1.1	2.3	0.9	0.3(3.2)

• 2010년 9월 말 및 12월 말 유동성 비율은 유동화 가중치 적용 후(12월 말의 괄호는 유동화 가중치 적용 전 비율)
• 자료: 금융감독원(2011)

외화유동성 비율 및 만기불일치 비율 산정을 위한 외화자산 및 외화부채의 범위는 다음과 같다(「은행업감독업무 시행세칙」 〈별표 14〉 제1장 1).

① 대차대조표상 난내계정 외화자산 및 외화부채
② 아래의 선물 자산 및 선물 부채
  1) 원화와 외국 통화 간 및 외국 통화 간 외환스왑, 통화스왑거래 중 미결제 통화 선도 계약분
  2) 차액결제선물환(NDF)을 포함한 통화 선도 계약분(Outright Forward)
  3) 통화 선물 계약분(Futures)

신전문금융회사 1.4%, 선물회사 1.2%로 지도 비율(0%)을 크게 상회한다. 그리고 1개월 갭비율도 종금사 -3.5%, 증권사 15.3%, 보험사 27.7%, 여신전문금융회사 1.3%, 선물회사 13.2%로 지도 기준(-10%)을 상회한다.

③ 대차대조표 난외계정 "확정지급보증–외화지급보증–인수" 중 대외부문 잔액의 100분의 20

④ 위 ①~③의 외화자산 및 외화부채는 국내 본지점, 해외 지점, 해외현지법인 및 각각의 역외계정 보유분을 모두 포함한다.

한편 외화자산의 규모를 산정할 때는 유동화 정도를 감안하여 다음과 같은 가중치를 부여한다(「은행업감독업무 시행세칙」 〈별표 14〉 제1장 4).

① 외국 통화 및 예치금, 외화 콜론, 매입 외환은 가중치를 100%로 한다.

② 외화대출금(리스 포함)의 가중치는 다음과 같이 한다.

　1) 은행 간 외화대출(외화 콜론 제외), 내국수입유산스 및 분할 상환 시설자금 대출은 가중치를 100%로 한다.

　2) 해외 실수요 자금, 시설자금, 신디케이트론 및 외화 리스 자산은 가중치를 90%로 한다.

　3) 운전자금 및 기타 외화대출금은 가중치를 80%로 한다.

　4) "해외 실수요 자금"은 수입 대금, 해외 직접투자 자금 및 외화차입금 상환 자금 등 해외에서의 사용을 목적으로 한 자금을 의미한다.

　5) 시설자금, 운전자금 및 기타 외화대출금은 은행 간 외화대출, 내국수입유산스, 해외실수요자금 및 신디케이트론을 제외한 외화대출금을 용도에 따라 분류한다.

③ 외화 유가증권의 가중치는 다음과 같이 한다.

　1) 국공채는 신용등급에 따라 A등급 이상은 100%로, BBB등급 이상 A등급 미만은 90%로, BBB등급 미만은 60%로 한다.

2) 회사채는 신용등급에 따라 A등급 이상은 90%로, BBB등급 이상 A 등급 미만은 85%로, BBB등급 미만은 50%로 한다.

3) 주식(수익 증권 포함)은 상장 여부에 따라 상장 주식은 55%로, 비상장 주식은 35%로 한다.

4) "국공채"는 중앙정부, 지방정부, 중앙은행 및 국제기구가 발행하거나 보증한 채권을 의미한다.

5) "신용등급"은 국제신용평가기관의 유가증권 발행자 또는 지급 보증자에 대한 신용등급을 기준으로 하되 신용 연계 채권*Credit Linked Notes* 등에 대한 투자는 발행자와 기초 자산 발행자의 신용등급 중 낮은 등급을 기준으로 한다. (2개 이상의 신용평가기관에 의한 복수 신용등급이 있는 경우에는 이 중 가장 낮은 신용등급을 기준으로 한다.)

④ 선물 자산은 가중치를 85%로 한다.

⑤ 기타 외화자산은 가중치를 100%로 한다.

중장기 외화대출 재원조달비율 규제

상환 기간이 1년 이상인 외화대출에 대한 상환 기간이 1년 초과인 외화자금 조달의 비율은 '중장기 외화대출 재원조달비율'이라고 한다. 국내 은행은 상환 기간이 1년 이상인 외화대출(외화 만기 보유 증권 포함)의 100% 이상을 상환 기간이 1년 초과인 외화자금으로 조달하여야 한다. 다만, 외화대출 잔액이 5000만 달러 미만인 경우는 제외한다(「은행업감독규정」 제65조 제1항). 즉 상환 기간 1년 이상 외화대출 잔액이 상환 기간 1년 초과 외화 조달 잔액보다 많아서는 안 된다.

중장기 외화대출 재원조달비율 산정을 위한 외화 조달 및 외화대출의 범위는 다음과 같다

① 외화 조달은 은행 차입금, 외화 발행 금융 채권(FRN과 후순위채를 포함한다. 다만, 한국 채택 국제회계기준에 의해 연결 범위에 포함되는 자산 유동화 관련 SPC 등이 2010년 1월 1일 이전에 발행한 외화 발행 금융 채권을 제외한다.), 기타(전대차입금, 원화 표시 외화차입금, 기타 외화차입금 및 외화 환매조건부 채권매도를 포함한다) 등의 외화 차입과 핵심예금*Core deposit*, 외화 정기 예·적금 등 외화예금을 포함한다.

② 외화대출은 일반 외화대출금, 외화리스 및 외환만기보유증권 등을 포함한다. 단, 한국은행으로부터의 외화대출 지원용 외화 수탁금을 재원으로 한 외화대출금은 제외한다.

③ 국내 본지점, 해외 지점, 해외 현지법인 및 각각의 역외계정 보유분을 모두 포함한다.

그리고 외화 조달 및 외화대출의 만기는 다음과 같이 분류한다.

① 외화 조달의 만기는 조달 당시의 상환 기간(거치 기간 포함)을 기준으로 1년 이하, 1년 초과 및 3년 이상으로 분류한다.

② 외화대출의 만기는 대출 당시의 상환 기간(거치 기간 포함)을 기준으로 1년 미만, 1년 이상 및 3년 이상으로 분류한다.

③ 외화 만기 보유 증권의 만기는 매입일로부터 증권 만기까지의 기간을 기준으로 1년 미만, 1년 이상 및 3년 이상으로 분류한다.

표 10-2. 국내 은행의 중장기 외화대출 재원조달비율 현황

(%)

	2008년 말	2009년 말	2010년 6월 말	2010년 9월 말	2010년 12월 말
중장기 외화대출 재원조달비율 (≥ 100%)	105.6	128.9	132.7	136.5	137.3

• 자료: 금융감독원(2011)

이러한 외화 조달 및 외화대출의 만기 분류 기준에도 불구하고 핵심 예금은 만기 1년 초과로 분류하고, 외화 조달의 경우 대주가 Put option을 보유한 경우 Put date를 기준으로 만기를 분류한다.

외화안전자산 보유 비율 규제

국내 은행은 1년 이내 만기 도래 차입금 × 2/12 × [1 − 최저차환율] 또는 총 외화자산(직전 분기 대차대조표상의 외화자산을 말함)의 2% 중 어느 하나에 해당하는 금액 이상을 외화안전자산으로 보유하여야 한다(「은행업 감독규정」 제64조의2 제1항).

'외화안전자산'의 범위는 국제적으로 인정받는 신용평가기관에서 부여받은 신용등급이 A등급 또는 이에 준하는 등급(이하 "A등급") 이상인 국가의 정부 또는 중앙은행이 발행한 채권, 중앙은행 예치금, A등급 이상 회사채, A등급 이상 금융기관에 대한 예치금 및 이에 준하는

자산으로서 금융감독원장이 정한 자산을 말한다[94, 95](「은행업감독규정」 제64조의2 제2항).

　'1년 이내 만기 도래 차입금'의 범위는 외화 발행 금융 채권, 외화차입금, 외화 콜머니, 외화 환매조건부 채권매도 및 이에 준하는 차입금을 말한다. '최저차환율'이란 해당 금융기관의 약정 만기 1년 이내 차입금(일일물은 제외)의 월 중 만기 도래 금액 대비 약정 만기 1년 이내 차입금의 월 중 신규 조달 금액의 비율로, 금융감독원장이 정하는 기간 중 가장 낮은 3개월 평균 비율을 말한다(「은행업감독규정」 제64조의2 제3항 및 제4항).

---

94. 금융감독원상이 정한 외화안전자산의 범위는 다음과 같다(「은행업감독업무 시행세칙」 〈별표 14-1〉 1).
　가. 외화안전자산은 유동성이 높고 처분에 제한이 없는 양질의 외화 표시 자산을 의미한다.
　나. 외화안전자산은 ① 외국통화, ② 신용등급 A등급 이상 국가의 중앙은행 및 A등급 이상 금융회사에 대한 예치금, ③ A등급 이상인 국가의 정부 또는 중앙은행이 발행하거나 보증한 채권, ④ A등급 이상 회사가 발행하거나 보증한 회사채 등을 말한다.
　다. 나항의 '신용등급이 A등급 이상'이란 S&P, Moody's, Fitch사 등 국제적으로 인정받는 신용평가기관이 부여한 A⁻(S&P 기준), A3(Moody's 기준), A⁻(Fitch 기준) 등급 및 이에 상응하는 등급 이상을 의미한다.
　라. 2개 이상의 신용평가기관에 의한 복수 신용등급이 있는 경우에는 이 중 가장 낮은 신용등급을 기준으로 한다.
　마. 담보 제공 등으로 회수 및 처분이 제한된 자산은 해당 기간 동안 외화안전자산에서 제외한다.
95. 외화안전자산 보유 필요 금액 산정은 아래 기준을 따른다(「은행업감독업무 시행세칙」 〈별표 14-1〉 2).
　가. 총 외화자산은 직전 분기 말 대차대조표 기준으로 국내 본지점, 해외 점포(해외현지법인 포함) 및 역외계정을 포함한다.

2. 역외금융 관리

역외금융이란 외국환은행이 비거주자(다른 '역외계정' 포함)로부터 자금을 조달하여 비거주자(다른 '역외계정' 포함)를 대상으로 운용하는 것을 말한다. 외국환은행이 역외금융을 하고자 하는 경우에는 역외계정을 설치하고 이를 일반계정과 구분하여 계리하여야 한다(「외국환거래규정」 제2–10조 제1항, 「은행업감독규정」 제66조 제1항). 역외계정과 일반계정 간의 자금 이체는 기획재정부 장관의 허가를 받아야 한다. 다만, 직전 회계 연도 중 역외 외화자산 평잔의 10% 범위 내에서의 자금 이체는 허가 없이 가능하다. 이와 같이 역외금융 조달자금의 용도를 해외 사용으로 제한하고 있는 것은 일반계정에서의 해외 차입에 대한 규제(5000만 달러 초과 외화자금을 상환 기간 1년 초과의 조건으로 차입시 기획재정부 신고)를 면제받고 차입한 외화자금이 국내로 들어와 국내 외환시장에 혼란이 발생되는 것을 방지하기 위한 것이다.

　역외금융계정의 자금 조달 방법은 비거주자 또는 다른 역외금융계정으로부터의 차입, 비거주자 또는 다른 역외금융계정으로부터의 예수, 외국에서의 외화증권발행 및 비거주자에 대한 외화채권의 매각으

나. 1년 이내 만기 도래 차입금은 직전 분기 말 차입금 잔액을 기준으로 산출하며, 차입금의 범위에는 외화 발행 금융 채권, 외화차입금, 외화 콜머니, 외화 환매조건부 채권매도(RP) 등이 포함된다.
다. 차환율은 약정 만기 1년 이내 차입금(O/N 제외)의 월 중 만기 도래 금액 대비 약정 만기 1년 이내 차입금(O/N 제외)의 월 중 조달 금액의 비율을 말한다. 최저차환율은 당해 금융기관의 2008년 10월~2009년 5월의 차환율 중 비율이 가장 낮은 3개월의 월평균 차환율을 의미한다.

로 제한되며, 자금 운용 방법도 비거주자 또는 다른 역외금융계정에 대한 대출 및 예치, 비거주자가 발행한 외화증권의 인수 및 매입으로 제한되어 있다(「은행업감독규정」 제66조 제2항).

3. 위험관리기준 설정·운용

외국환은행(외국은행 국내 지점 제외)[96]은 국가별 위험, 거액 신용 위험, 파생 금융 거래 위험, 시장 위험 등 외국환 거래에 따르는 위험의 종류별로 관리기준을 자체적으로 설정·운영해야 한다(「은행업감독규정」 제67조 제1항). 아울러 외국환은행은 위험관리기준을 설정·변경하거나 동 기준을 초과하여 외국환 거래를 취급하고자 할 경우에는 내부 위험관리기구의 결의를 거쳐야 한다(동조 제2항). 그리고 금융감독원장은 위험의 종류별로 예시 기준을 정하여야 하며[97] 외국환은행의 위험관리기준이 부적절하다고 판단될 경우에는 이의 시정을 요구할 수 있다(동조 제3항).

한편 외국환은행(외국은행 국내 지점 포함)은 외환 파생상품거래에 따르는 위험을 관리하기 위한 기준(이하 "외환 파생상품거래 위험관리기준"이라고 함)을 자체적으로 설정·운영하여야 한다(「은행업감독규정」 제67조의2 제1항). 이 기준은 금융기관의 거래 상대방에 대한 신용 리스크 관리를 강화하기 위

---

96. 금융투자업자 및 보험회사도 은행과 마찬가지로 위험관리기준을 설정·운용할 의무가 있다(「보험업감독규정」 제5–25조, 「금융투자업규정 시행세칙」 제2–12조).
97. 금융감독원장이 정한 '국가별·거액 신용·시장리스크 관리기준'은 「은행업감독업무시행세칙」 〈별표 15〉, '외화유동성 관리기준'은 〈별표 15–1〉을 각각 참조하라.

표 10-3. 금융회사 외환건전성 제고 방안

		주요 내용	시행 시기
1차	① 중장기 외화대출 재원조달비율(강화)	중장기 차입 산정 방법 변경(1년 이상 → 1년 초과)	2010. 1. 1
		규제 수준 상향 조정(80% 이상 → 90% 이상)	
	② 외화유동성 리스크 관리 기준(신설)	국내 은행에 비상 자금 조달 계획 등 외화유동성 리스크 관리기준 신설 의무화	
	③ 외환파생상품거래 리스크 관리기준(신설)	국내 은행·외은지점이 기업 투자자와 외환 파생상품 거래시 실물 거래 대비 125% 이내로 시행	
	④ 외화유동성 비율(개선)	7일 갭비율 하향 조정(0% 이상 → △3% 이상)	
		비율 산정시 외화자산에 유동화 가중치 적용	2010. 7. 1
	⑤ 외화안전자산 보유(신설)	국내 은행에 외화안전자산 최저 한도(총 외화자산의 2% 또는 2개월 이내 최대 유출 가능액) 이상 보유 의무화	
2차	① 외화유동성 비율(강화)	자율적으로 외환건전성 비율을 일별 관리하고 그 현황을 금융당국에 월별 보고	2010. 8. 1
	② 중장기 외화대출 재원조달비율(강화)	비율 산정시 중장기 외화대출에 외화 만기 보유 증권 포함	
		규제 수준 상향 조정(90% 이상 → 100% 이상)	
	③ 외환 파생상품 거래 리스크 관리기준(강화)	기업 투자자와 외환 파생상품 거래시 실물 거래 대비 한도를 강화(125% 이내 → 100% 이내)	
	④ 외화유동성 리스크 관리 기준(확대)	외은지점에도 비상 자금 조달 계획 등 외화유동성 리스크 관리기준 신설 의무화	2010. 11. 1

• 자료: 금융감독원·금융위원회, "금융회사 외환건전성 제고 방안 이행 상황 점검," 2010. 9. 16.

해 도입된 것으로 일부 기업의 과다한 외환파생상품거래를 억제하기 위해 2010년에 새로이 마련되었다. 「외환 파생상품거래 위험관리기준」에는 금융감독원장이 정하는 사항이 포함되어야 한다(동조 제2항).[98] 그리고 금융감독원장은 외국환은행의 건전성을 위하여 필요한 경우 외국환은행에 대하여 「외환 파생상품거래 위험관리기준」의 변경 및 시정을 요구할 수 있다(동조 제3항).

4. 핵심 논점

국내 은행의 외환건전성을 제고하기 위해 종전에 외화유동성 비율 및 만기불일치 비율(갭비율) 규제, 중장기 외화대출 재원조달비율 규제 등의 제도가 도입·시행되어 왔다. 하지만 2008년 9월 글로벌 금융위기 전개 과정에서 국내 금융기관의 외환부문 취약 요인이 드러남에 따라 금융위원회와 금융감독원은 외환부문의 건전성을 제고하기 위해 2010년에 두 차례에 걸쳐 이들 비율 규제를 강화하였다. 그러나 학계 등에서는 외환건전성 규제의 효과를 제고하기 위해서는 외화유동성 비율 등의 규제를 외은지점에도 국내 은행과 마찬가지로 적용해야 한다고 주장한다.

지금까지 외은지점에 대해 외화유동성 비율 등을 적용하지 않았

---

98. 금융감독원장이 정한 '외환파생상품거래 리스크 관리기준'은 「은행업감독업무시행세칙」〈별표 15-2〉, 외국은행 지점의 '외화유동성 리스크 관리기준'은 〈별표 15-3〉을 참조하라.

던 것은 외은지점이 국내에 필요한 외화자금의 조달 창구로서의 역할을 수행하였기 때문이다. 외은지점은 그동안 주로 단기 외화자금을 해외로부터 조달하여 국내에 외화대출, 스왑시장 등을 통해 공급해 왔다. 외은지점의 해외로부터의 외화자금 조달 규모는 2010년 12월 말 현재 단기 자금 582.8억 달러, 장기 자금 88.5억 달러 등 총 671.3억 달러에 달한다. 이는 외국환은행 총외채의 약 39%에 해당된다.

이러한 현실을 감안할 때 외은지점에 대해 국내 은행과 마찬가지로 외화유동성 비율 등의 규제를 단기간 내에 시행하는 것은 어렵다. 금융 제도나 관행은 장기간에 걸쳐 구축된 것이기 때문에 이를 짧은 기간 내에 변경하게 되면 오히려 큰 혼란만 초래할 가능성이 크기 때문이다. 만일 외은지점에 대한 외화유동성 비율 등의 적용을 단기간 내에 실시하기로 하면 외은지점은 이들 비율을 충족시키기 위해 국내 은행이나 기업에 공급한 외화자금 또는 국내 채권투자 자금의 상당 규모를 회수할 수밖에 없을 것이다. 이 경우 외환 수급의 차질 등으로 국내 금융·외환시장에 큰 혼란을 가져올 수 있다. 특히 외은지점이 장기 운용자산을 단기 운용자산으로 전환할 경우 국내 은행 및 기업은 외화유동성 관리에 큰 어려움을 겪을 것이다. 이렇게 되면 외은지점에 대한 제도 보완이라는 득보다는 시장의 불안 초래와 같은 실이 더 클 것이다. 따라서 외은지점에 외화유동성 비율 등을 적용하는 문제는 중장기적으로 검토해 나가는 것이 바람직하다.

정책당국은 외화유동성 비율 등의 규제에 대한 구체적인 시행 방안, 시행에 따른 예상되는 부작용과 보완 대책 등 제반 사항을 철저히 준비해야 한다. 하지만 그 추진은 국내 외환시장과 외화자금 시장의 수용 능력을 보아가며 중장기적으로 서서히 해야 한다. 앞으로 외은지점에 대해 외화유동성 비율 등을 적용한다 하더라도 선물환포지션 제도의 경우와 마찬가지로 국내 은행과 동일한 비율을 적용하기가 어려울 것이다.

만일 중장기적으로 추진하게 될 경우 그 방안은 크게 세 단계로 나누어 볼 수 있다. 첫 번째 단계는 가장 낮은 수준에서 시작하는 것이 좋다. 가장 낮은 수준이란 거의 모든 외은지점들이 충족시킬 수 있는 비율을 적용하는 것을 말한다. 그렇게 하면 일부에서는 외은지점에 대한 비율 규제 적용의 의미가 없을 것이라는 반론을 제기할 수 있다. 하지만 그렇게 하더라도 상당한 의미가 있다고 본다. 일단 외은지점에 외화유동성 비율 등의 규제를 도입한다는 것이 중요하다. 그 규제가 가장 낮은 수준에서 시작하더라도 그 이후에는 외은지점의 통화불일치 및 만기불일치 사정이 규제 도입 이전보다 더 이상 나빠지지는 않을 것이기 때문이다. 두 번째 단계는 운용 성과를 보아가며 비율 규제를 조금씩 높여가는 것이다. 마지막 단계는 비율 규제를 어느 수준까지 높이는 것이다. 외은지점에 부과하는 비율을 국내 은행과 일치시킬 필요는 없다. 이것은 선물환포지션 한도 제도의 경우와 마찬가지로 외은지점의 특수성을 인정할 필요가 있기 때문이다.

11

앞으로 추진해야 할
정책 과제

우리나라는 글로벌 금융위기 이후 국내외 여건 변화를 배경으로 2010년부터 외환부문의 건전성을 제고하기 위한 조치들을 취해오고 있다. 앞으로도 이러한 정책적 노력은 지속되어야 한다.

특히 중장기 과제는 외자의 과도한 유입을 억제하고 통화 및 만기불일치 구조를 개선하는 데에 초점이 두어져야 할 것이다. 이와 관련한 제도 개선 작업은 금융·외환 시장의 부작용이 발생하지 않도록 유의하면서 점진적으로 추진해야 한다.

이 장에서는 향후 정책당국이 추진해 나가야 할 과제를 제시한다.

1. 외환정책의 개선 방향

우리나라는 1997년 말 외환위기 이후 외환부문의 건전성을 강화하기 위해 외환보유액의 지속적 확충과 함께 1999년 1월에 국내 은행에 대한 외화자산과 부채의 만기불일치 비율(갭비율) 규제, 중장기 외화대출 재원조달 비율 규제 등을 도입하였다. 2008년 9월 글로벌 금융위기 당시 국내 은행들은 모두 이들 비율을 충실히 지켰다.

그럼에도 불구하고 국내 은행들은 글로벌 자금 회수*deleveraging*의 영향으로 환율의 급격한 상승과 외화자금 시장의 극심한 불안 속에서 외화유동성 위기를 겪었다. 과거 두 차례의 위기는 외자의 급격한 유출 때문에 발생하였다. 이는 국내 은행만을 대상으로 한 미시 외환건전성 규제만으로는 충분하지 않고 외자의 과도한 유입을 억제하기 위한 거시 외환건전성 규제가 필요하다는 것을 시사하였다.

이러한 가운데 국제적으로 G20, 국제통화기금(IMF), 국제결제은행(BIS) 등을 중심으로 거시건전성 규제가 필요하다는 공감대가 형성되었다. 최근 국내외 여건 변화를 배경으로 우리나라는 2010년 이후 외환부문의 거시 건전성을 제고하기 위한 조치들을 취해오고 있다. 앞으로도 이러한 정책적 노력은 지속되어야 한다.

특히 중장기 과제는 외자의 과도한 유입을 억제하고 통화 및 만기 불일치 구조를 개선하는 데에 초점이 두어져야 한다. 우리나라는 다른 신흥시장국과 마찬가지로 외환의 최종 대부자 기능을 무제한으로 수행할 수 없는 한계를 지니고 있기 때문이다. 이와 관련된 제도의 변경은 충분한 연구와 검토가 있은 후에 시행해야 한다. 외환 제도나 관행은 장기간에 걸쳐 구축된 것이어서 이를 단기간 내에 변경하게 되면 제도 개선이라는 원래의 기대와는 달리 오히려 시장의 큰 혼란만 초래할 수 있기 때문이다. 따라서 제도 개선 작업은 금융·외환시장의 부작용이 발생하지 않도록 유의하면서 중장기간에 걸쳐 점진적으로 추진해야 한다.

2. 여섯 가지 정책 과제

앞으로 정책당국은 다음과 같은 과제를 추진해 나가야 한다.

첫째, 외환부문의 통계 자료 공개를 확대하는 것이다. 예를 들면 외국환은행의 기관별 종합포지션 및 선물환포지션 비율, 외국환은행의 기관별·용도별·통화별·차주별 외화대출, 외국환은행의 통화별·주체별 외화예금 등과 같은 기본 통계를 포함하여 가능한 범위 내에서 월별 또는 분기별로 정기적으로 공개하는 것이 좋다. 여기서 기관별이란 국내 은행 및 외은지점 전체를 말하며 개별 은행을 의미하는 것이 아니다. 이러한 통계 자료의 공개 확대는 정책당국으로서는 민간에 대한 서비스 제공을 확대한다는 점에서, 그리고 민간부문에게는 외환 정보에 대한 접근 기회를 넓혀 필요한 경우 정책당국에 충실한 정책 제언을 제공하게 할 수 있다는 점에서 바람직하다.

통계 자료의 공개에 있어서는 개별 금융기관의 자료를 공개하지 않도록 유의해야 한다. 개별 금융기관의 자료가 공개될 경우 일부 금융기관이 평판 위험*reputation risk*에 노출되어 자칫하면 경영상 어려움에 처해질 수 있기 때문이다.

둘째, 정책당국의 외환부문에 대한 모니터링과 동향 분석을 강화하는 것이다. 이러한 분석에 있어서는 흐름의 변화를 파악하고 그러한 변화가 일시적인지 구조적인지 여부를 판단하는 것이 중요하다. 그것은 진단 결과에 따라 처방이 달라져야 하기 때문이다. 하지만 그러한 변화를 파악하는 것은 사실상 쉬운 일이 아니다.

그래서 경제분석가들은 금융·경제에 관한 충분한 이론 지식과 함께 풍부한 실무 지식도 갖추어야 하는 것이다. 그렇게 해야 신속하고 올바른 진단(판단)을 할 수 있고 그에 맞는 현실성 있는 처방을 찾을 수 있다. 외환부문의 불균형이 일시적이라면 단기간 외화자금의 공급 확대로 해결할 수 있다. 하지만 그 불균형이 구조적이라면 장기간 외화자금을 공급하는 것은 불가능하기 때문에 자금 공급보다는 제도 개선에서 처방을 찾아야 한다. 예를 들면 2010년 7월에 시행한 선물환 시장의 구조적 불균형을 개선하기 위한 선물환포지션 한도 제도와 같은 것이다.

셋째, 정책당국의 외화유동성 공급 방식을 현재보다 시장 친화적 방식으로 변경하는 것이다. 한국은행은 2007년 9월 이후 외화자금시장(스왑시장)의 불균형을 완화하기 위해 시장 상황을 보아가며 때때로 거래대행기관을 통해 스왑시장에 참여해온 것으로 알려져 있다. 이러한 스왑시장 참여거래 방식은 앞으로 경쟁입찰 방식 스왑거래로 점차 전환해 나가는 것이 바람직하다. 다만, 스왑시장의 불균형이 상당히 해소되기까지는 현재의 스왑시장 참여거래 제도를 경쟁입찰 방식 스왑거래와 병행하여 실시할 필요가 있을 것이다.

경쟁입찰 방식 스왑거래 실시는 다음과 같은 긍정적인 효과를 기대할 수 있다. 무엇보다도 이 제도는 외화유동성 공급의 예측 가능성과 효율성을 높일 수 있다. 한국은행은 2008년 10월 경쟁입찰 방식 스왑거래 제도를 도입하면서 제도 도입의 목적이 이와 같은 점에 있다고 밝힌 바 있다. 또한 경쟁입찰 방식 스왑거래를 실시하면 외환보유액의 계속적인 증가에도 불구하고 스왑시장의 불균형을 완화하기 위한 정책당국의 노력이 미흡하다는 일부 시장 참가자들의 오해를 푸는데 기여할 수 있다. 뿐만 아니라 외환보유액의 활용도를 높여야 한다는 주장을 완화하는 데도 기여할 수 있을 것으로 본다. 그리고 경쟁입찰 방식 스왑거래는 입찰 규모의 공개를 통해 공시 효과*announcement effect*를 거둘 수 있을 뿐 아니라 이를 통해 전체 스왑시장 및 개별 금융기관의 외화자금 사정에 관한 정보를 얻을 수 있는 이점이 있다.

넷째, 외환보유액을 계속 철저히 관리하는 것이다. 현재의 우리나라 외환보유액 수준에 대해서는 IMF나 국제 신용평가기관들은 긍정적으로 평가하고 있다. 외환보유액 규모는 앞으로도 미 달러화 이외 다른 통화(유로화 등)의 급격한 약세와 같은 요인이 발생하지 않는 한 운용 수익 증가, 환율의 급격한 변동을 완화하기 위한 미세조정*smoothing operation* 등으로 꾸준히 증가할 것으로 예상된다. 따라서 외환보유액의 인위적인 확충보다는 철저한 관리가 더 중요한 과제다.

과거에 겪었던 두 차례의 위기는 우리에게 평상시에 외환보유액의 충분한 축적과 철저한 관리가 중요하다는 것을 확인시켜 주었다는 귀중한 교훈을 잊어서는 안 될 것이다. 앞으로는 지역 단위 또는 글로벌 차원의 위기가 언제 어디서 어떤 형태로 발생할지를 사전적으로 예측하기가 더욱 어려워질 것이다.

그럼에도 불구하고 앞으로 외환보유액 규모가 계속 증가하면 일부에서는 외환보유액 규모가 적정 수준보다 많다고 하면서 이 중 일부를 활용하여 해외 자원 개발 사업 등에 사용하자는 주장이 제기될 수 있다. 그러나 외환보유액 규모는 외환정책의 결과로 나타나는 것으로서 현재의 규모가 적정 수준보다 많다거나 적다고 판단하기는 쉽지 않다. 아직까지 국제금융기구 등도 외환보유액의 적정 수준 여부를 평가하기 위한 국제적으로 통용되는 기준을 제시하지 못하는 실정이다.

따라서 현재의 외환보유액 수준의 적정성에 대한 판단은 정책당국에 맡겨야 할 것이라고 본다. 설사 외환보유액이 적정 수준보다 많다고 하더라도 위기가 발생할 때 사용해야 할 국가 비상금으로서의 성격에 비추어볼 때 외환보유액은 평상시에 장기 고정자산보다는 안전성과 유동성이 높은 대외자산으로 보유하는 것이 옳다. 해외 자원 개발 사업, 사회간접자본 투자 등은 투자 자금이 장기간 고정화되고 원금 회수의 불확실성 등 리스크가 크기 때문에 정책당국이 국가 비상금인 외환보유액으로 이에 투자하는 것은 적절치 않다. 이는 과거에 두 차례 위기를 겪었던 시기를 돌이켜 생각해 보면 스스로 분명해진다.

한편 일부에서는 외환보유액의 운용수익이 비용보다 작기 때문에 외환 보유에 따른 수익과 비용 간의 균형을 유지하기 위해서는 외환보유액을 국채 등에 비해 안전성이 다소 떨어지더라도 수익성이 높은 자산에 투자해야 된다고 주장한다. 그러나 외환보유액의 성격에 비추어 본다면 외환보유액은 1차적으로는 수익성보다는 안전성에 우선을 두어야 한다. 이는 글로벌 금융위기 당시 일부 해외 언론들이 우리나라 외환보유액의 가용성에 대한 의문을 제기하였던 점을 돌이켜 생각해 보면 당연하다. 외환보유액의 충분한 축적은 위기시에 대비하기 위한 것이므로 외환보유액 보유에 따른 비용은 정책적으로 불가피한 측면이 있다. 따라서 외환보유액은 우선적으로 안전성을 확보하는 가운데 수익성도 제고할 수 있도록 운용하는 것이 가장 바람직하다.

한편 리먼 사태에서 경험한 바와 같이 글로벌 위기시에는 개별 국가가 충분한 외환보유액을 가지고 있다고 하더라도 이것만으로는 위기에 대응하는 데는 한계가 있는 것으로 드러났다. 따라서 우리나라는 2010년 3월에 출범한 CMI 다자화와 같은 지역 금융안전망을 더욱 강화하는데 적극 노력함과 아울러 G20 회의에서의 글로벌 금융안전망 구축 논의에도 능동적으로 참여해야 한다.

다섯째, 외환부문의 거시 건전성을 제고하기 위한 제도 개선 노력을 계속해 나가는 것이다. 외환부문의 거시 건전성 제고는 외화자금의 유출입 변동성을 축소하는 것이 핵심이며, 이는 결국 외국 자본의 과도한 유입을 적절하게 억제하는 것이라고 할 수 있다.

최근 외국환은행에 대한 선물환포지션 한도 제도 도입, 기업의 환헤지 한도 설정 및 외국인의 채권투자 소득에 대한 과세 면제 환원 조치 시행과 2011년 하반기 중 거시건전성부담금 부과 예정 등으로 외국 자본의 과도한 유입을 억제하기 위한 제도적 보완 장치가 상당히 갖추어졌다. 이에 따라 외환부문의 거시 건전성은 종전보다 많이 제고되었으며, 현재까지 우리나라는 다른 나라에 비해 잘 대응해 온 것으로 평가된다.

앞으로도 외환시장의 수급 불균형을 유발하는 구조적 요인을 개선하기 위한 제도적 측면의 노력이 지속되어야 한다. 2011년에 들어 외자 유입 규모가 다소 둔화되고 있는 점을 고려할 때 현 시점에서는 외자 유입을 억제하기 위한 새로운 제도를 추가로 도입하기보다는 선물환포지션 한도 제도를 확고하게 정착시켜 나가는 것이 더 바람직하다.

이와 관련해서는 현재 국내 은행(자기자본의 50%)보다 크게 높은 비율을 적용받는 외은지점의 선물환포지션 한도(자기자본의 250%)를 외자 유출입 동향 및 기업의 환헤지 수요 등에 대한 면밀한 분석을 통해 중장기적으로 서서히 낮추어 가야 한다. 이제 선물환포지션의 총한도가 자기자본 기준으로 묶여져 있다. 따라서 외은지점의 선물환포지션 한도는 단기간 내에 무리하게 하향 조정하는 것보다는 시장의 부작용을 유발하지 않으면서 중장기간에 걸쳐 자연스럽게 낮추어 가는 것이 바람직하다. 예를 들면 대다수 외은지점들의 선물환포지션의 실제 비율이 최고 한도보다 낮은 수준에서 유지된다면 그 차이만큼의 비율은 하향 조정해도 시장에는 별 영향을 미치지 않을 것이다. 외은지점의 선물환포지션 한도는 앞으로 하향 조정하더라도 국내 영업 자금을 해외로부터의 차입금에 기반을 두고 있는 외은지점의 특수성을 감안할 때 국내 은행과는 차등 적용하는 것이 불가피할 것이다.

만일 앞으로 선물환 시장의 불균형이 구조적으로 심화된다면, 즉 기업 등의 선물환 매도가 매수를 구조적으로 크게 초과하는 경우에는 국내 은행과 외은지점에 대한 선물환포지션 한도의 축소 조정, 기업의 환헤지 비율 하향 조정 등을 검토할 필요가 있을 것이다. 다만, 이 경우 기업의 환헤지를 위한 실수요가 위축되지 않도록 유의해야 한다.

이와 함께 2011년 하반기에 시행될 거시건전성부담금 제도는 그

동안 선물환포지션 한도 제도 도입과 운영의 경험을 거울삼아 제반 사항을 차질 없이 준비해야 한다.

앞으로 이러한 조치들이 순조롭게 정착되면 선물환 시장 및 스왑 시장의 구조적 불균형은 점진적으로 개선될 것이며, 이는 외채 규모 증가 억제 및 구조 개선을 유도하고 환율의 변동성을 완화하는 데도 기여할 것으로 기대된다.

여섯째, 외환부문의 미시 건전성을 제고하는 것이다. 그 핵심은 개별 금융기관의 통화불일치 및 만기불일치 문제를 개선하는 것이다. 이를 위해서는 현재 국내 은행에만 적용하는 외화유동성 비율, 외화자산과 부채의 만기불일치 비율, 중장기 외화대출 재원조달비율 등의 규제를 외은지점에도 적용하는 것이다. 하지만 이는 외은지점의 급격한 자금 유출을 가져올 수 있는 매우 민감한 사안이므로 신중하게 접근해야 된다. 과거에도 이 같은 논의가 대두될 때마다 스왑시장이 크게 흔들리면서 불균형이 더욱 심화되었다.

지금까지 외은지점이 국내에 필요한 외화자금의 조달 창구로서의 역할을 해 온 현실을 감안할 때 외은지점에 대해 외화유동성 비율 등의 규제를 단기간 내에 추진하는 것은 어렵다. 외은지점은 그동안 주로 단기 외화자금을 해외로부터 조달하여 국내에 콜론, 외화대출, 스왑시장 등을 통해 공급해 왔다. 외은지점의 단기외채 규모는 2010년 말 현재 583억 달러에 달하며, 이는 외국환은행 단기외채(1,013억 달러)의 58%, 우리나라 전체 단기외채(1,350억 달러)의 43%에 해당된다.

이러한 상황에서 만일 외은지점에 대한 외화유동성 비율 등의 적용을 단기간 내에 실시하기로 하면 외은지점은 이들 비율을 준수하기 위해 국내 은행이나 기업에 공급한 외화자금 또는 국내 채권투자 자금의 회수에 나설 수밖에 없을 것이다. 이 경우 외환 수급의 차질 등으로 국내 금융·외환시장에 큰 혼란이 일어날 수 있다. 이렇게 되면 외은지점에 대한 제도 보완이라는 득보다는 시장의 불안 초래와 같은 실이 더 클 것이다. 따라서 외은지점에 대한 외화유동성 비율 등의 적용 문제는 중장기적으로 검토해 나가는 것이 바람직하다.

정책당국은 외은지점에 대한 외화유동성 비율 등의 규제에 관한 구체적인 시행 방안, 예상되는 부작용과 보완 대책 등 제반 사항을 철저히 준비해야 한다. 하지만 그 추진은 국내 외환시장과 외화자금 시장의 수용 능력을 보아가며 중장기적으로 서서히 해야 할 것이다.

만일 중장기적으로 추진하게 될 경우 그 방안은 크게 세 단계로 나누어 볼 수 있다.

첫 번째 단계는 가장 낮은 수준에서 시작하는 것이 좋다. 가장 낮은 수준이란 초기에 거의 모든 외은지점들이 준수할 수 있는 비율을 적용하는 것을 말한다. 그렇게 하면 일부에서는 외은지점에 대한 비율 규제 적용의 의미가 없을 것이라는 반론을 제기할 수 있겠지만 그렇게 하더라도 상당한 의미가 있다고 본다. 일단 외은지점에 외화유동성 비율 등의 규제를 도입한다는 것이 중요하다. 그 규제가 가장 낮은 수준에서 시작하더라도 그 이후에는 외은지점의 통화불일치 및 만기불일치 사정이 규제 도입 이전보다 더 이상 나빠지지는 않을 것이기 때문이다. 두 번째 단계는 운용 성과를 보아가며 비율 규제를 조금씩 높여가는 것이다. 마지막 단계는 비율 규제를 어느 수준까지 높이는 것이다. 이때 외은지점에 대한 비율 규제는 선물환포지선 한도 제도의 경우와 마찬가지로 외은지점의 특수성을 감안하여 국내 은행과 차등 적용하는 것이 불가피할 것이다.

Epilogue

2010년 8월 말 연수원으로 자리를 옮길 때, 후배들과의 회식 자리가 있었다. 앞으로의 계획을 묻는 질문에, 당시 특별한 계획이 없었지만 별 주저함 없이 책을 쓰려한다고 답했다. 평소 생각하던 일 중 하나였기 때문이었다. 그 후 후배들이 책 쓰는 일은 어떻게 되어 가느냐고 물어오기 시작했다. 집필의 첫 걸음은 그렇게 하여 떼어졌다. 사석에서 입 밖으로 내었던 말이 씨가 되어 하루하루 쓰다 보니 7개월여 만에 이렇게 결실을 맺게 되었다.

한국은행 국제국장으로 3년 3개월여 동안 다양하고 많은 경험과 산지식을 쌓았던 나였지만 막상 혼자서 그것을 글로 옮기는 작업은 결코 쉽지 않았다. 그동안 같이 근무한 후배들이 관심과 격려를 보내지 않았다면, 통계와 그래프 등 관련 자료의 수집에 흔쾌히 도움을 주지 않았다면, 이 책이 출간되기까지는 상당한 시일이 더 걸렸을 것이다.

막상 집필을 끝내고 나니 독자들의 반응이 궁금해지는 것은 어쩔 수 없다. 외환정책에 관해 상당한 지식이 있는 분들이라면, 이미 아는 내용일 수 있겠지만 최소한 핵심 논점 부분과 향후 정책 과제 만큼은

숙고해 볼 가치가 있을 것이라고 확신한다. 그렇지 않은 독자들에게는 다소 어렵게 느껴질 수 있어 책의 내용을 알기 쉽게 풀어 쓰려고 많은 노력을 기울였다.

두 차례 큰 위기를 겪은 우리에게는 외환정책의 올바른 이해는 이제 선택이 아니라 필수가 되었다. 외환정책이나 국제금융에 관심이 있는 독자들이 외환정책의 내용과 이와 관련한 핵심 이슈를 이해하는 데 이 책이 조금이나마 도움이 되기를 바란다.

「외국환거래규정」상 외화 유출입에 대한 절차 현황

(2010년 12월 말 현재)

1. 지급과 영수

1) 거주자의 지급과 영수

구분	유형	외국환거래규정상 절차
거주자 지급	거주자의 지급 (4-3조)	– 연간 5만 달러 이내에서 지정 거래 외국환은행을 통해 지급 가능 – 연간 5만 달러를 초과하는 지급으로서 당해 거래의 내용과 금액을 서류를 통해 외국환은행의 장이 확인할 수 있는 경우
	외국인 거주자의 지급 (4-4조)	– 연간 5만 달러 이내에서 지정 거래 외국환은행을 통해 지급 가능 – 국내에서의 보수, 소득 및 사회보험 및 보장급부 또는 연금 등은 지정 거래 외국환은행을 통해 지급 가능
	일반 해외 여행 경비 (4-5조)	– 금액 한도 없음 – 외국환은행을 통해 지급하거나 휴대 수출 – 1만 달러 초과 휴대 수출하여 지급시 세관 신고 및 국세청 통보 – 신용카드로 지급(해외에서 현금 인출 포함) 가능
	해외 체재비, 해외 유학 경비 (4-5조)	– 금액 한도 없음 – 지정 거래 외국환은행을 통해 지급하거나 휴대 수출 – 연간 10만 달러 초과 지급시 국세청 통보 – 신용카드로 지급(해외에서 현금 인출 포함) 가능
	해외 이주비 (4-6조)	– 금액 한도 없음 – 지정 거래 외국환은행을 통해 지급하거나 휴대 수출 – 10만 달러 초과시 관할 세무서장이 발급하는 자금출처확인서 제출
	재외 동포 재산 반출 (4-7조)	– 지정 거래 외국환은행을 통해 지급하거나 휴대 수출 – 부동산 처분 대금인 경우 관할 세무서장이 발행한 부동산 매각 자금 확인서 제출 – 10만 달러 초과시 관할 세무서장이 발급하는 자금출처확인서 제출
	해외 예금 및 신탁 (7-11조, 12조)	– 예금 계좌 개설시 신고 예외 사항을 제외하고 지정 거래 외국환은행에 신고하며, 지정 거래 외국환은행을 통해서 송금 – 거주자(기관 투자가, 전년도 수출입 실적 500만 달러 이상인 자, 해외 건설업자 등은 제외)가 5만 달러 초과하여 국내에서 송금한 자금으로 예치하고자 하는 경우 한국은행에 신고

거주자 지급	비거주자에 대한 대출(7–16조)	– 외국환업무취급기관의 외국환 업무로서 허용된 경우는 제외하고 거 주자가 비거주자에게 대출하는 경우 한국은행에 신고 – 다른 거주자의 보증 또는 담보 제공받는 경우 및 10억 원 초과하는 원화 자금 대출시 비거주자가 한국은행에 신고
	보증 및 담보 (7–17조, 18조, 19조)	– 신고 예외, 외국환은행 신고 사항을 제외하고 거주자와 비거주자의 거래 또는 비거주자 간 거래에 관하여 거주자가 채권자인 거주자 또 는 비거주자와 채무의 보증 계약에 따른 채권의 발생 등에 관한 거 래를 하고자 하는 경우 한국은행에 신고
	채권 등 매매 (7–21조)	– 신고 예외 사항을 제외하고 거주자가 비거주자와 외국의 부동산·시 설물 등의 이용·사용 또는 이에 관한 권리의 취득에 따른 회원권의 매입 거래를 하고자 하는 경우 외국환은행에 신고 – 그 외의 경우 한국은행에 신고
	증권 취득 (7–31조)	– 기관 투자가는 신고 없이 외화증권 취득 가능 – 일반 투자가의 투자중개업자를 통한 위탁매매시 신고 예외 – 그 외의 경우 한국은행에 신고
	파생상품 거래 (7–40조)	– 외국환업무취급기관과의 파생상품 거래는 신고 예외 – 그 외의 거주자와 비거주자 간 파생상품거래는 한국은행에 신고 – 비정형적 거래는 거래 주체에 관계없이 한국은행에 신고 • 액면 금액의 20% 이상을 옵션 수수료 등 선급 수수료로 지급하는 거래 • 기체결된 거래를 변경·취소 및 종료할 경우에 기체결된 거래에서 발 생한 손실을 새로운 거래의 가격에 반영하는 거래 • 외국환거래법 및 시행령, 외국환거래규정에서 정한 신고 등의 절차 를 회피하기 위하여 행하는 거래
	기타 자본거래 – 임대차 (7–44조, 45조, 46조)	– 건당 3000만 달러 이하의 임대차 계약은 외국환은행에 신고 – 소유권 이전을 제외하고 국내 외항운송업자와 비거주자 간의 선박 이나 항공기 임대차시 임대차 기간 1년 미만은 신고 예외, 1년 이상 은 외국환은행에 신고 – 그 외의 경우 한국은행에 신고
	기타 자본거래 – 사용대차 (7–44조, 45조, 46조)	– 거주자가 비거주자에게 부동산 이외의 물품을 무상으로 임대하는 경우 한국은행에 신고
	기타 자본거래 – 증권대차 (7–44조, 45조, 46조)	– 거주자가 원화 증권 및 원화 연계 외화 증권을 비거주자에게 동일인 당 500억 원을 초과하여 대여하는 경우 비거주자가 한국은행에 신고
	기타 자본거래 – 증여 (7–44조, 45조, 46조)	– 비거주자가 거주자로부터 상속, 유증을 받는 경우 신고 예외 – 거주자가 비거주자에게 증여하는 경우 한국은행에 신고

거주자 지급	기타 자본거래 – 해외 학교·병원 설립·운영 (7–44조, 45조, 46조)	– 해외에서 학교 또는 병원의 설립·운영 등과 관련된 행위 및 그에 따 른 자금 지급을 하고자 하는 경우 한국은행에 신고
	기타 자본거래 – 자금 통합 관리 (7–44조, 45조, 46조)	– 거주자의 자금 통합 관리 및 그와 관련된 행위를 하고자 하는 경우 한국은행에 신고(한도: 3000만 달러)
	기타 자본거래 (7–44조, 45조, 46조)	– 신고 예외 사항을 제외하고 한국은행에 신고
	현지 금융 (8–2조)	– 거주자(개인 제외)의 보증 제공으로 현지법인 등이 현지 금융을 받 고자 하는 경우에는 지정 거래 외국환은행에 신고
	해외 직접투자 (9–5조)	– 거주자가 해외 직접투자를 하고자 하는 경우에는 지정 거래 외국환 은행에 신고
	역외 금융 회사 등에 대한 해외 직접투자 (9–15조의 2)	– 거주자(개인 제외)가 역외 금융 회사 등에 대한 해외 직접투자를 하 고자 하는 경우에는 한국은행에 신고
	국내 기업의 해외지사 (9–18조, 19조, 20조)	– 비금융기관이 해외 지사를 설치하고자 하는 경우에는 지정 거래 외 국환은행에 신고 – 해외 지점의 영업 기금(비독립 채산제 제외), 설치비 및 유지 활동비 는 지정 거래 외국환은행을 통해 지급
	외국 기업 국내 지사 의 결산이익금 송금 (9–35조)	– 설치 신고를 한 지점이 결산 순이익금을 외국에 송금하고자 하는 경 우에는 지정 거래 외국환은행을 통해 지급
	외국 부동산 취득 (9–39조)	– 거주자가 투자 목적, 해외 체재 목적으로 외국 부동산을 취득하는 경우 지정 거래 외국환은행 신고 수리 – 그 외의 임차권 등을 취득하는 경우 한국은행 신고 수리
거주자 영수	외국인 거주자의 해 외 재산 반입(4–2조)	– 외국환은행을 통해 수령하거나 휴대 수입(1만 달러 초과시 세관 신 고) 가능
	외화자금 차입 (7–14조)	– 거주자(개인 및 비영리 법인을 제외)가 3000만 달러 초과하여 차입 하고자 하는 경우 지정 거래 외국환은행을 경유하여 기획재정부 신고 – 3000만 달러 이하인 경우에는 지정 거래 외국환은행에 신고 – 개인 및 비영리 법인이 비거주자로부터 외화자금을 차입하고자 하 는 경우 지정 거래 외국환은행을 경유하여 한국은행에 신고
	원화자금 차입 (7–15조)	– 거주자가 비거주자로부터 원화자금(비거주자 자유원계정에 예치된 내국 지급 수단)을 차입하고자 하는 경우 지정 거래 외국환은행을 경유하여 기획재정부에 신고
	기타 자본거래 – 자금 통합 관리 (7–44조, 45조, 46조)	– 거주자의 자금 통합 관리 및 그와 관련된 행위를 하고자 하는 경우 한국은행에 신고(한도: 3000만 달러)
	외국 기업 국내 지사 의 영업 자금 도입 (9–34조)	– 국내 지사가 외국의 본사로부터 영업 자금을 도입하고자 하는 경우 지정 거래 외국환은행을 통하여 도입

2) 비거주자의 지급과 영수

구분	유형	외국환거래규정상 절차
비거주자 지급	대외 지급 수단 매매 신고 (2–3조)	– 재외동포를 제외한 비거주자가 국내 재산을 반출하고자 할 때 한국은행에 대외 지급 수단 매매 신고
	비거주자의 지급 (4–4조)	– 연간 5만 달러 이내에서 지정 거래 외국환은행을 통해 지급 가능 – 국내에서의 보수, 소득 및 사회보험 및 보장급부 또는 연금 등은 지정 거래 외국환은행을 통해 지급 가능
	재외동포 재산 반출 (4–7조)	– 지정 거래 외국환은행을 통해 지급 – 처분일로부터 5년 이하의 부동산 처분 대금의 경우 관할 세무서장이 발행한 부동산 매각 자금 확인서 제출 – 10만 달러 초과시 관할 세무서장이 발급하는 자금출처확인서 제출
비거주자 영수	비거주자의 해외 재산 반입(4–2조)	– 외국환은행을 통해 수령하거나 휴대 수입(1만 달러 초과시 세관 신고) 가능
	증권 취득 (7–32조)	– 투자 전용 계정을 통한 국내 원화 증권투자시 신고 예외 – 외국인투자촉진법의 규정에 의하여 인정된 외국인 투자인 경우 신고 예외(외국인 투자 신고 필요) – 비거주자가 거주자로부터 국내 법인의 비상장·비등록 내국통화 표시 주식 또는 지분을 외국인투자촉진법에서 정한 외국인 투자에 해당하지 않는 경우 외국환은행에 신고 – 그 외의 경우 한국은행에 신고
	기타 자본거래 (7–44조, 45조, 46조)	– 신고 예외 사항을 제외하고 한국은행에 신고
	외국 기업의 국내 지사 (9–33조)	– 비거주자가 국내 지사를 설치하고자 하는 경우 지정 거래외국환은행에 신고
	국내 부동산 취득 (9–42조)	– 비거주자가 거주용으로 국내 부동산 임차하는 경우 신고 예외 – 국민인비거주자가 국내에 있는 부동산을 취득하는 경우 신고 예외 – 신고 예외 사항을 제외하고 비거주자가 국내 부동산을 취득하고자 하는 다음의 경우 외국환은행에 신고 • 외국으로부터 휴대 수입 또는 송금된 자금으로 취득 • 거주자와 인정된 거래에 따른 담보권을 취득 – 그 외의 경우 한국은행에 신고

2. 지급수단 수출입

1) 거주자의 수출입

구분	외국환거래규정상 절차
거주자 수출 (제6장)	– 1만 달러 이하 가능 – 외국환은행의 환전용 내국 통화 수출 가능 – 5만 달러 이내의 기념 주화 등의 수출 가능 – 외국환은행을 통하지 아니하는 지급 등 신고를 한 경우 가능 – 자본거래 관련 규정에 의하여 신고를 한 자가 그 신고 내용에 따라 지급 수단 등을 수출하는 경우 가능 – 국민인 거주자가 1만 달러 초과하는 지급 수단 수출시 관할 세관에 신고 – 그 외의 기타 지급 수단의 수출시 관할 세관에 신고
거주자 수입 (제6장)	– 1만 달러 이하 가능 – 외국환은행의 환전용 내국 통화 수입 가능 – 5만 달러 이내의 기념 주화 등의 수입 가능 – 자본거래 관련 규정에 의하여 신고를 한 자가 그 신고내용에 따라 지급 수단 등을 수입하는 경우 가능 – 1만 달러 초과하는 지급 수단 수입시 관할 세관에 신고 – 그 외의 기타 지급 수단의 수입시 관할 세관에 신고

2) 비거주자의 수출입

구분	외국환거래규정상 절차
비거주자 수출 (제6장)	– 1만 달러 이하 가능 – 최근 입국시 휴대 수입한 범위 내 또는 국내에서 인정된 거래에 의하여 취득한 대외 지급 수단을 취득하는 경우 외국환은행의 확인 필요 – 그 외의 기타 지급 수단의 수출시 관할 세관에 신고
비거주자 수입 (제6장)	– 1만 달러 이하 가능 – 대외 지급 수단을 대외 계정 및 비거주자 외화 신탁 계정의 인출 등으로 취득하거나 송금을 수령하는 경우 외국환은행의 확인 필요 – 1만 달러 초과하는 지급 수단 수입시 관할 세관에 신고 – 그 외의 기타 지급 수단의 수입시 관할 세관에 신고

참고 문헌

국회 기획재정위원회. 〈2011년도 기획재정위원회 소관 기금운용계획안 검토보고〉
　　(II). 2010. 11.

금융감독원. "2010년 12월말 국내 금융회사의 외환건전성비율 준수 현황." 2011. 2.
　　28.

금융감독원·금융위원회. "금융회사 외환건전성 제고방안 이행상황 점검." 2010. 9.
　　16.

──── "금융회사의 외환건전성 제고 및 감독 강화 방안." 2009. 11. 19.

기획재정부·금융위원회·한국은행·금융감독원. "거시건전성부담금 도입방안."
　　2010. 12. 19.

──── "자본유출입 변동 완화방안." 2010. 6. 14.

──── "자본유출입 변동 완화방안 Q & A." 2010. 6. 14.

김인준·이영섭.《국제경제론》. 다산출판사. 2010.

김정한·이윤석·임형준. 〈외환보유액 관리비용과 필요외환보유액 추정〉. 한국금융연
　　구원. 2009. 12.

박용민·권경호. "조선업체 환혜지가 외환부문에 미치는 영향," 〈조사통계월보〉. 한
　　국은행. 2010. 2.

박찬호·김아름. "내외금리차와 환율간 관계분석," 〈조사통계월보〉. 한국은행. 2008. 2.

안병찬. "자본자유화하에서의 환율제도 및 통화정책과 통화위기 전염에 대한 정책대
　　응에 관한 고찰," 〈외환국제금융 리뷰〉 제4호. 한국은행. 2004. 12.

양양현·이혜림. "차익거래 유인과 외은지점 및 외국인의 국내채권투자에 관한 분석," 〈조사통계월보〉. 한국은행. 2008. 8.

어윤대·임윤수.《국제 금융》. 학현사. 2006.

오정렬. "우리나라 외환자유화의 현주소와 향후 과제," 한은 금요강좌. 한국은행. 2010. 8. 6.

이강남.《국제금융론》. 법문사. 2008.

정진영·정대선. "외환보유액의 적정성 평가 및 시사점," 〈SERI 경제 포커스〉 제318호. 삼성경제연구소. 2010. 11. 23.

한국은행. "우리나라의 외환제도와 외환시장." 2010. 12.

────. "선물환포지션 한도 제도 세부방안 실시." 2010. 7. 11.

────. "외화대출 용도제한 실시." 2010. 6. 23.

────. "미 연준과의 통화스왑 자금을 활용한 경쟁입찰방식 외화대출 실시." 2008. 11. 27.

────. "경쟁입찰방식 스왑거래 실시." 2008. 10. 17.

────. 연차 보고서. 각 연도.

Aizenman, J., M. D. Chinn, & H. Ito. "Assessing the emerging global financial architecture: measuring the trilemma's configurations over time," NBER working paper 14533. December 2008.

──── & N. Marion. "The High Demand for International Reserves in the Far East: What is Going On?" *Journal of the Japanese and International Economies* 17 & NBER Working Paper 9266. 2003.

Allen, M. "A Balance Sheet Approach to Financial Crisis," IMF Working Paper. 2002.

Barth, James R., Tong Li, Wenling Lu, & Glenn Yago. *Capital Access Index 2009*. Milken Institute. April 2010.

Ben–Bassat, A. & D. Gottlieb, "Optimal International Reserves and Sovereign

Risk," *Journal of International Economics* 33(3). 1992.

BIS. "Revisiting Foreign Exchange Reserve Adequacy," A Note for a Meeting of Governors. 9 February 2004.

―――― IMF, OECD, & World Bank. Joint *BIS–IMF–OECD–World Bank Statistics on External Debt.* November 2001.

Cline, William R. & John Williamson, "Currency Wars?" Policy Brief. Peterson Institute International Economics. November 2010.

Committee on the Global Financial System. "Macroprudential instruments and frameworks: a stocktaking of issues and experiences," CGFS Papers No. 38. BIS. May 2010.

Dornbusch, Rudiger. "Expectations and Exchanage Rate Dynamics," *Journal of Political Economy* 84, 1976.

Fleming, J. Marcus. "Domestic Financial Policies Under Fixed and Floating Exchange Rates," IMF Staff Papers 9. November 1962.

Flood, R. & N. Marion. "Holding International Reserves in an Era of High Capital Mobility," IMF Working Paper 02/62. 2002.

Frenkel, Jacob A. "A Monetary Approach to the Exchange Rate: Doctrinal Aspects and Empirical Evidence," *Scandinavian Journal of Economics* 78. May 1976.

Garcia, Pablo S. & Claudio Soto, "Large Hoarding of International Reserves: Are they worth it?" Central Bank of Chile Working Papers 299. 2004.

Greenspan, Alan. "Globalization," *BIS Review* 88. 2001.

―――― "Currency Reserves and Debt, remarks before the World Bank Conference on Recent Trends in Reserves Management." Washington DC. April 29, 1999.

G20. "The G20 Seoul Summit Leader's Declaration." November 12. 2010

Hoggarth, G., R. Reis, & V. Saporta. "Costs of banking system instability:

some empirical evidence," Bank of England Working Paper. 2001.

Hau, H. & H. Rey. "Exchange Rates, Equity Prices and Capital Flows," *Review of Financial Studies* 19. 2006.

International Monetary Fund. *World Economic Outlook*. January 2011.

―― External Debt Statistics: *Guide for Compilers and Users*(Final Draft, Nov. 2001). October 2003.

―― "Financial Crises: Characteristics and Indicators of Vulnerability," *World Economic Outlook*. May 1998.

―― *World Economic Outlook*(Statistical Appendix). May 1997.

Jeanne, O. & R. Rancière. "The Optimal Level of International Reserves For Emerging Market Countries: Formulas and Applications." IMF Research Department. 2005.

Moreno, Ramon. "Policymaking from a "macroprudential" perspective in emerging market economies," BIS Working Papers No. 336. January 2011.

Mundell, Robert A. "Capital Mobility and Stabilization Policy Under Fixed and Flexible Exchange Rates," *Canadian Journal of Economics and Political Science* 29. November 1963.

OECD. OECD Code of Liberalisation of Capital Movements. 2010.

Rosenberg, Michael R. *Currency Forecasting: A Guide to Fundamenral and Technical Models of Exchange Rate Determination.* Irwin Professional Publishing. 1996.

The Heritage Foundation and The Wall Street Journal. *2011 Index of Economic Freedom*. January 2011.

Triffin, Robert. *Gold and the Dollar Crisis.* Yale University Press. 1960.

Rowland, P. "Determinants of Spread, Credit Ratings and Creditworthiness for Emerging Market Sovereign Debt: A Follow-Up Study Using Polled Data

Analysis," *Borradores de Economía* No. 296. Banco de la República. 2004.

Wijnholds J. O. & A. Kapteyn. "Reserves Adequacy in Emerging Market Economies," IMF Working Paper WP/01/143. 2001. 9.

World Bank. *Global Development Finance*. 2002.

http://www.abs.gov.au

http://www.bcb.gov.br

http:// www.bis.org

http://www.bok.or.kr

http://www.commerce.gov

http://www.fss.or.kr

http://www.imf.org

http://www.moleg.go.kr

http://www.oecd.org

http://www.treasury.gov

http://www.world–exchanges.org